DANS LA PEAU D'UN MIGRANT

DU MÊME AUTEUR

Dans la peau d'un maton, Fayard, 2011, rééd. J'ai lu, 2012.
J'ai vu des hommes tomber, Don Quichotte, 2012.

Arthur Frayer-Laleix

Dans la peau d'un migrant

De Peshawar à Calais, enquête sur le « cinquième monde »

Fayard

ISBN : 978-2-213-67244-1

Couverture : conception graphique © Atelier Didier Thimonier
Photo : © Santi Palacios / AP / SIPA

Dépôt légal : octobre 2015.

À la mémoire de Tiphaine, qui est parti.
À Hugo, qui vient d'arriver.
À Gaëlle, toujours là.

On ne peut pas dire qu'ils furent esclaves.
De là à dire qu'ils ont vécu...

JACQUES BREL,
« Jaurès »

Prologue

Aux environs du village de Radovets, Bulgarie, 22 mai 2014

Le policier ouvre le coffre de la voiture, pousse dans un coin les trois bricoles qui traînent à l'intérieur et m'aboie de grimper dedans. « Sans faire de manières, sinon ça va barder ! » Il se tient droit comme un *i*, le cheveu très court façon militaire, les mains croisées sur sa bedaine, les yeux vissés dans les miens, les jambes arquées comme un soldat d'opérette. Mon regard glisse furtivement vers la manche de son uniforme où scintille l'écusson des forces de l'ordre bulgares : un lion héraldique brandissant une épée. À ses côtés, quatre collègues affichent un air menaçant, la main sur le manche de leur matraque, la mâchoire serrée. Avançant d'un pas, ils resserrent encore le cercle qu'ils forment autour de moi.

Moi, le clandestin cueilli au petit matin.

Nous sommes en retrait d'une petite route, sur un carré d'herbe sèche. Le soleil tape fort. Ici, personne ne peut nous voir ni nous entendre. Il n'y a que les flics, moi et l'immensité de la campagne bulgare. Leur dureté, avec leur uniforme bleu nuit, les armes, les matraques, les talkies-walkies, le gyrophare, le mot « POLICE » inscrit en grosses lettres blanches sur le véhicule, tout cela forme un contraste saisissant avec l'atmosphère calme et printanière des alentours.

Je ne bouge pas. Les policiers s'avancent encore, m'acculant contre la carrosserie. Vont-ils me frapper ? Une sueur froide inonde mon dos, mes mains agrippent la bretelle de mon sac, la laine de mon bonnet me picote le front. Ma tête bourdonne. Le policier qui a ouvert le coffre dégaine sa matraque et m'en colle un coup sec sur la cuisse, provoquant une brève sensation de brûlure. Rien de très douloureux, mais l'avertissement est clair : que je ne m'avise pas de résister ni de fuir. Il répète dans son anglais mal assuré : « Toi monter dedans ! Toi pas faire de problème ! » Cela le fait rire. Les quatre autres, dociles petits soldats, observent la scène sans rien dire, dardant sur moi leur regard noir.

J'obtempère. Le coffre n'étant pas assez large pour que je puisse étendre mes jambes, je me couche en chien de fusil. Contre mon estomac, je serre mon sac, celui que les officiers viennent de fouiller et dont ils ont extirpé ma carte SIM et mon petit couteau. J'ai aussi gardé quelques lires turques dans la poche.

Ils replacent la plage arrière, referment le coffre, et je me retrouve dans le noir, à l'exception d'un faible rai de lumière là où le caoutchouc est décollé. Tandis que mes yeux s'habituent à l'obscurité, j'entends leurs voix étouffées.

Où vont-ils m'emmener ? Je sais seulement que nous ne sommes pas loin du village de Radovets. C'est là qu'ils m'ont ramassé au point du jour, pensant avoir affaire à un Syrien qui venait de franchir la frontière. Pour eux, je ne suis qu'un clandestin de plus, une unité parmi les centaines d'hommes et de femmes qui affluent chaque jour en Bulgarie depuis un an en provenance de la Turquie, un migrant qu'ils comptent bien renvoyer, comme les autres, de l'autre côté des collines. Illégalement. Oubliées, les réglementations européennes et les caméras de télévision que les autorités bulgares convient ponctuellement à venir constater les efforts qu'accomplit leur pays pour accueillir « dignement » les migrants.

Les portières claquent et la voiture démarre.

Ces policiers bulgares n'imaginent pas une seule seconde que je puisse être un journaliste français. Lorsqu'ils m'embarquent en ce jour du printemps 2014, cela fait près d'un an que j'ai commencé mon enquête.

À force d'entendre la chronique quotidienne des migrants morts sur la route de l'Europe, j'ai fini par éprouver une sensation de vertige, de puits sans fond, de trou noir. Comme si le sujet ne cessait de se dérober. Comme si le décompte macabre occultait tout le reste.

Mille questions ont commencé à me trotter dans la tête : qui sont les passeurs ? D'où viennent-ils ? Comment opèrent-ils ? Comment leur transfère-t-on l'argent ? Quelle est la proportion de migrants économiques et de clandestins fuyant la guerre ? Comment les exilés trouvent-ils des boulots au noir ? Combien paient-ils pour un logement surpeuplé ? Comment coexistent les communautés : les Soudanais avec les Afghans, les Érythréens avec les Bangladais ? Y a-t-il concurrence ou solidarité ? Quel est le poids du commerce de faux papiers ?

Et, derrière toutes ces interrogations, un soupçon lancinant : la tragédie des migrants ne cache-t-elle pas un monde invisible ? Un univers autonome et souterrain qui ne relèverait plus d'aucune des catégories que nous utilisons habituellement : « tiers-monde », « pays en développement », « pays du Sud » ?

J'ai décidé de pénétrer dans cette contre-société et de la raconter de l'intérieur. Pour cela, il m'a semblé que le moyen le plus sûr était de me glisser dans la peau d'un clandestin. J'avais déjà opté pour cette méthode quelques années auparavant afin de réaliser une enquête sur les surveillants de prison[1]. Une fois de plus, c'est celle qui m'a paru le plus appropriée pour pouvoir approcher incognito les passeurs, les logeurs et les intermédiaires du trafic de clandestins sans éveiller leurs soupçons. Je me suis fixé pour règle de redevenir journaliste dès que l'infiltration n'était plus nécessaire afin de vivre parmi les migrants, mais aussi d'interroger les policiers, les magistrats, les avocats qui défendent les trafiquants. J'ai choisi d'aller et venir entre les marchands

1. Voir *Dans la peau d'un maton*, Fayard, 2011.

d'hommes et ceux qui les traquent. De mener une investigation entre infiltration sur le terrain et plongée dans les dossiers de justice.

Le Pakistan m'est apparu comme un excellent point de départ. D'après Frontex, la police des frontières européennes, c'est un pays clé sur la route des migrants. Afghans, Bangladais, Indiens, Birmans y transitent avant de partir pour l'Europe. Mon enquête doit ensuite me mener en Turquie, dans les Balkans, dans le nord de la France, aux Pays-Bas, en Allemagne… là où le vent me portera.

Clarifions un point de vocabulaire : je m'intéresse au « trafic de clandestins », et non au « trafic d'êtres humains ». Une différence plus qu'une nuance. Les anglophones distinguent le *human smuggling* du *human trafficking*. Le premier a pour finalité l'acheminement en Europe de l'homme-marchandise. Dans le second, le transport des hommes n'est qu'une étape ; la finalité est leur exploitation comme prostitués, travailleurs forcés, esclaves domestiques, etc. Parfois, mais rarement, les deux catégories se recoupent.

En septembre 2013, j'ai acheté un billet d'avion pour Peshawar et je suis parti. Huit mois plus tard, j'allais me retrouver dans le coffre des policiers bulgares.

Première partie

PAKISTAN

1

Changement de peau

Il est 9 heures quand je m'éveille, la tête à l'envers à cause du décalage horaire, le dos en compote à cause du matelas sur lequel je viens de passer la nuit, pas plus épais que du papier à cigarette. Des rideaux froufroutent aux fenêtres et un tapis vert émeraude chargé d'arabesques entrelacées recouvre le sol. Aucun meuble, à l'exception d'un téléviseur. Un ventilateur mouline au plafond. Je roule le matelas dans un coin et file dans la petite salle de bains attenante. La maison est encore parfaitement silencieuse.

Nous sommes le 18 septembre 2013, quelque part dans la périphérie de Nowshera, une ville de 120 000 âmes le long de la grande nationale qui sillonne l'ouest du pays. À force d'entendre répéter que les migrants fuient la « guerre » et la « misère », j'ai eu le sentiment que ces mots avaient perdu toute matérialité. Qu'ils étaient usés jusqu'à la corde, aussi vides qu'une coquille d'escargot en plein soleil. Je me suis dit qu'aller partager pendant quelque temps la vie de ceux qui voulaient mettre les voiles serait le meilleur moyen de redonner du sens à ces mots sans corps. Comme m'avait dit Hanan : « Faut que tu le voies avec tes yeux à toi pour comprendre pourquoi on part tous. »

Hanan est mon interprète et mon guide ici. Mon fil d'Ariane. Cet homme de 35 ans aux yeux verts et à la silhouette efflanquée a accepté de m'accueillir dans sa famille durant un mois. La maison de Nowshera appartient à ses parents. Lui-même est un ancien immigré clandestin. Au début des années 2000, il a pris la route de l'Europe. Après deux années d'une vie d'errance, de vols dans les champs et de soupe claire, il a fini par obtenir l'asile en France. À Paris, des amis communs nous ont présentés ; on a décidé de partir ensemble.

Être accueilli pendant un mois dans un foyer pakistanais est une occasion rare. Les Occidentaux ont déserté la région de Peshawar depuis les attentats du 11 septembre 2001, et la zone, base arrière des talibans, vit désormais quasiment coupée du monde. Les rares étrangers qu'on y croise n'y restent guère plus de quelques jours.

Le crâne dégarni de Hanan apparaît dans l'entrebâillement de la porte. Il s'exprime dans son français mal assuré : « Tu as tout ce qu'il te faut ? Ta tenue est posée là, tu as vu ? » Il pointe du doigt une tunique accrochée sur un cintre. À peine ai-je le temps de le remercier qu'il s'éclipse pour me laisser m'habiller.

Cette grande tunique en coton léger bleu clair est l'habit traditionnel des Pachtounes, le *shalwar kameez*, littéralement « pantalon-chemise ». La toile du pantalon, ample et lisse, glisse sur ma peau, me donnant la sensation d'être encore nu. Un gros cordon blanc enserre ma taille. La veste est de même facture, fabriquée avec du coton de Karachi, le meilleur du Pakistan, et tombe au-dessous de mes genoux. Je boutonne le col et les manches, légèrement plus rigides que le reste du tissu. En dessous, je porte un simple tricot de corps. Seule différence, mais invisible, entre les Pachtounes et moi : je conserve un caleçon sous mon pantalon. Eux ne portent rien. C'est pourquoi ils prennent grand soin, après avoir uriné, d'éponger le bout de leur sexe avec de l'herbe, du sable ou des cailloux, pour éviter qu'une gouttelette ne tache leur habit. Pour ma part, je suis incapable d'uriner dans la même position qu'eux : accroupis, les fesses sur les talons et les pieds parfaitement à plat sur le sol. Nos tendons d'Achille à nous, Occidentaux, ne sont pas assez souples.

Pour parfaire la panoplie, je troque mes Adidas contre des sandales en cuir marron. De toute façon, il fait beaucoup trop chaud pour pouvoir supporter des chaussures fermées toute la journée.

Face au petit miroir de la salle de bains, je me surprends quelques secondes à chercher mes propres traits derrière la barbe dense et sombre de l'homme qui me fait face, enveloppé dans ce qui ressemble à une chemise de nuit. Ses yeux, sous ses mèches noires, me fixent. Je ne suis plus moi. Je porte des lunettes depuis toujours à cause d'une myopie. Mais comment espérer me fondre parmi les Pakistanais et les clandestins alors qu'aucun migrant n'en porte ? Quant aux lentilles de contact, sur la longue durée, elles sont peu confortables. Je me suis donc décidé, quelques mois avant mon départ, à me faire opérer des yeux. Ce reflet sans mes lunettes me paraît irréel, comme si ce n'était pas moi qui me regardais dans le miroir, mais un étranger qui aurait vaguement les mêmes traits.

En me voyant sortir de la salle de bains, Hanan s'esclaffe : « Incroyable ! On dirait un vrai Pachtoune ! » Il est en compagnie de ses trois frères, Saïd, Najib et Rachid. Lorsque nous sommes arrivés la veille au soir, ils lui ont sauté au cou, heureux de retrouver leur aîné, absent depuis si longtemps. Saïd, 29 ans, fier et élégant, une pierre précieuse au doigt, son iPhone 4 toujours à portée de la main, a des airs de pharaon. Il parle un anglais recherché. Lorsqu'il n'est pas sûr d'un mot, il s'aide d'une application qu'il a téléchargée. En l'absence de Hanan, il commande les deux autres. Najib, 27 ans, joue les playboys, se parfume tous les matins et lisse ses cheveux noirs en arrière à la façon de Shahid Afridi, le joueur de cricket pakistanais. Rachid, 17 ans, timide et effacé, obéit sans protester à ses deux aînés. En sa qualité de cadet, il a la charge de toutes les petites tâches du quotidien.

« Si tu évites de parler, me dit Saïd, personne ne se doutera que tu es un Français. Tu vas pouvoir voir toi-même la vie qu'on mène ici. Mais, avant, il faut te trouver un nom. » Tous quatre réfléchissent un instant. « Akhter [prononcer Arteur], c'est bien, non ? Cela ressemble à ton prénom ! »

Akhter est la transcription en langue pachtoune du mot arabe *aïd*. Pour se souhaiter « bonne fête de l'Aïd », les Pachtounes se disent « *Akhter moubarak* », et les Arabes « *Aïd moubarak* ».

Me voilà donc Akhter, le quatrième frère de Hanan, pour les trente prochains jours. « Tu habites dans notre maison, il n'y a plus de différence entre toi et nous maintenant. »

Reste à savoir si mon personnage est crédible aux yeux d'inconnus. Il est 11 heures quand je mets le nez dehors pour la première fois, sous un soleil de plomb. Je découvre la vaste maison de l'extérieur : trois étages, un carré de pelouse où poussent de belles fleurs jaunes et rouges, un mur d'enceinte envahi par le lierre. Une Toyota noire est stationnée dans l'allée de dalles blanches qui mène à la maison. Un chemin caillouteux passe devant la porte d'entrée. En contrebas, dans une tranchée dissimulée par les herbes, les eaux usées du quartier serpentent en un filet, au milieu d'emballages plastique, de restes de repas, d'os et de canettes vides.

« Personne ne ramasse jamais les poubelles, déplore Hanan. C'est pas comme chez vous, en France, avec les éboueurs. Nous, le gouvernement n'existe pas pour ce genre de choses. Du coup, tout le monde jette ses poubelles devant chez lui, et les enfants attrapent des maladies. » L'année dernière, son neveu de 3 ans a contracté une maladie de peau qui s'est manifestée par des points rouges sur tout le corps et qu'aucun médecin n'est parvenu à soigner. Maintenant, on croirait qu'il a la varicelle en permanence.

La famille de Hanan loge dans ce que l'on nomme ici une « colonie », une petite ville dans la ville, protégée par un haut mur, avec ses centaines de maisons, ses commerces de détail, ses quatre mosquées et ses triporteurs qui vous conduisent en quinze minutes au centre de Nowshera.

Avec Hanan, nous nous sommes fixé quelques règles simples : ne jamais se parler en français ni en anglais dans la rue, à moins d'être certains que nous sommes parfaitement seuls ; ne questionner les gens qu'à l'abri des maisons et des jardins. Outre sa famille, seule une poignée de personnes doit connaître ma réelle identité. S'il m'arrivait quelque chose, un rapt ou des violences, l'honneur familial serait bafoué. La *melmastia*, le devoir de recevoir un hôte avec tous les égards, est l'une des valeurs cardinales du code d'honneur des Pachtounes, le *pashtounwali*.

J'avance sur le chemin, encadré par la silhouette effilée de Hanan et par Rachid, le cadet timoré, comme deux gardes du corps qui surveilleraient mes arrières. Je sens Hanan anxieux. Je regarde autour de moi, plus par curiosité que par peur. Il n'y a pas grand danger. La colonie somnole. Pas de vendeurs de rue ni de policiers. Pas de cris. Pas de klaxons. Les chiens sont assoupis dans la poussière. Seul signe de vie : des gosses armés de bâtons qui jouent à la guerre entre les déchets. Je continue de marcher d'un air faussement décontracté, imitant la cadence de Hanan et le balancement des bras de son petit frère.

Ce dernier me montre trois maisons au loin dont on devine les toits derrière les arbres : « Dans ces maisons, je sais qu'ils ont des fils qui sont partis pour l'Europe. Je ne sais pas pourquoi exactement, je les connaissais pas, je crois que c'est pour aller gagner de l'argent. » Il désigne une autre baraque : « Dans celle-là aussi, quelqu'un est parti. » Et encore une autre : « Là, le type a fui à cause d'un problème avec la police. »

Un peu plus loin, trois hommes discutent à l'ombre d'un arbre. Mon premier test. Lorsque nous arrivons à leur niveau, ils nous saluent d'un geste de la main et lancent : « *Tsangé ?* » (« Comment ça va ? »), sans attendre la réponse, comme on le fait entre voisins. Ils ne posent même pas les yeux sur moi. Parfait, ça marche !

Les choses se corsent dix minutes plus tard quand nous croisons Moumine, qui habite la maison d'à côté. On dit qu'il a tué un homme dans sa jeunesse et a passé sa vie caché dans les montagnes. À l'orée de la vieillesse, il est revenu vivre parmi les humains et s'est fait construire une petite maison en parpaings. Hanan se penche à mon oreille : « Le fils de Moumine veut partir en Europe, mais sa famille est trop pauvre pour l'envoyer. »

Nous nous arrêtons pour le saluer. La soixantaine, Moumine a une barbe de patriarche et de beaux yeux gris qu'il plonge dans les miens lorsque nous nous serrons la main. En me donnant l'accolade, il me murmure : « *Tsangé ?* » Je lui réponds, comme Hanan me l'a appris : « *Reyam, tiktak.* » (« Je vais bien, merci. ») Nos bustes s'éloignent. C'est gagné, il n'a rien soupçonné.

2

« Nous sommes de vrais musulmans, plus que les Arabes »

De retour à la maison, nous déjeunons dans la *hojra*, la « pièce des invités », qui est celle où je viens de passer la nuit. À la fin du repas, le père de Hanan, un homme de 60 ans avec le crâne dégarni, l'embonpoint de ceux qui aiment la bonne nourriture, une moustache blanche et des pierres précieuses rouges et vertes aux doigts, fait signe à Rachid de servir le thé. « Sers l'Anglais en premier », ordonne-t-il. De qui parle-t-il ? « De toi ! » me dit Hanan.

Il m'explique que c'est ainsi que les Pachtounes appellent les Européens, qu'ils soient anglais, français, espagnols, italiens ou néerlandais. Le terme s'est forgé aux XIXe et XXe siècles, au cours desquels Anglais et Afghans se sont opposés. Les Anglais voulaient faire de l'Afghanistan une zone tampon pour empêcher l'empire tsariste d'accéder à l'océan Indien – c'est ce que Rudyard Kipling a appelé le Grand Jeu. Les Afghans les ont fait reculer et ont conservé une farouche hostilité à leur égard. De ces guerres anglo-afghanes date aussi la frontière entre l'Afghanistan et le Pakistan, appelée « ligne Durand », du nom de l'officier britannique qui l'a tracée. Aujourd'hui, elle coupe le peuple pachtoune en deux, ce qui explique que Hanan ait une grande partie de sa famille en Afghanistan. C'est là-bas qu'il vivait quand il a fui pour gagner l'Europe. C'est pour ces raisons historiques qu'un grand nombre d'Afghans et de Pakistanais tournent aujourd'hui leurs regards vers l'Angleterre.

Dès mon arrivée, Hanan m a fait connaître deux règles de vie fondamentales de la maison, deux lois auxquelles j'ai juré de me soumettre : 1° je n'ai pas le droit de croiser les femmes de la maison ; 2° je n'ai accès qu'à une seule pièce, la *hojra.* Les « femmes de la maison », ce sont sa mère et sa grand-mère, ses sœurs, ses belles-sœurs et les six enfants de ses frères. Seuls les gosses ont le droit de circuler dans toutes les pièces.

Petit déjeuner, déjeuner et dîner se prendront dans la *hojra*, sur le sol. Cette pièce est aussi celle où on regarde la télévision, discute, joue aux cartes… Mon ange gardien me prévient que des voisins du quartier viennent parfois y passer quelques heures, même sans la présence d'un membre de la famille. Que je ne sois pas surpris si je tombe sur un inconnu devant la télé.

La loi des Pachtounes est ainsi faite. Ils semblent fiers de vivre ici et maintenant comme on vivait il y a mille ans. « Nous, les Pachtounes, m'a souvent dit Hanan, nous sommes de vrais musulmans, plus que les Arabes. Ici, les gens s'habillent et vivent encore comme le Prophète. Même les Arabes ne le font plus. » Quand, prudemment, j'ai émis l'idée que les femmes, « peut-être », souhaiteraient être plus libres, il m'a rétorqué que les mères sont des joyaux sacrés. « Nous, les musulmans, on dit que le Paradis est sous les pieds de nos mères. »

La nuit arrive. Tandis que je déroule mon matelas, Hanan me suggère de le placer juste en dessous du ventilateur pour avoir un peu d'air et empêcher les moustiques de me piquer. « Ça, c'est pour les coupures de courant », ajoute-t-il en me tendant une lampe-torche. Des coupures, il y en a tout le temps. Le rythme moyen, de jour comme de nuit, c'est deux heures d'électricité pour une heure de coupure. « C'est à cause des politiciens corrompus qui gardent notre argent au lieu de le mettre dans la compagnie nationale d'électricité, explique-t-il. C'est aussi pour ça que les gens partent. Sans électricité, tu peux rien faire ! Ce n'est pas normal que le Pakistan ait la bombe nucléaire mais pas l'électricité toute la journée. »

Il y a effectivement eu une coupure pendant la nuit, vers 2 ou 3 heures. Le ventilateur s'est immobilisé et la température est montée subitement de plusieurs degrés, rendant l'air lourd et palpable. Je me suis réveillé avec l'impression qu'on m'avait collé un masque de papier sur le nez. Une noria de moustiques est venue danser dans le creux de mes oreilles jusqu'à me rendre fou.

Dans le jardin, j'ai entendu des pas d'homme – je sommeillais la porte ouverte pour bénéficier des courants d'air – et perçu le ronflement d'un moteur que l'on tentait de faire démarrer. J'ai compris que ce devait être le générateur électrique. Lorsque l'engin s'est finalement mis en marche après quinze minutes de tentatives infructueuses, les pales du ventilateur ont repris leur manège au-dessus de ma tête et les moustiques ont disparu. Dans le lointain, j'ai entendu le bourdonnement similaire de dizaines d'autres moteurs qui venaient d'être mis en action.

Le lendemain, il fait grand jour lorsque j'ouvre les yeux vers 8 heures. La nuit a été difficile. Le ventilateur s'est encore immobilisé à deux reprises. J'ai cru suffoquer dans mon sommeil et les moustiques m'ont dévoré les chevilles et les bras. Je n'ai dormi que quatre heures.

Aujourd'hui, nous allons à Peshawar. Après trente minutes de voiture sur la poussiéreuse nationale 5, nous nous retrouvons dans le quartier de Shuba, au cœur de la ville, sous un soleil blanc qui me brûle les yeux. Hanan a l'air soucieux. Il m'a encore répété les consignes : ne pas parler en français dans la rue, n'adresser la parole à personne, ne jamais le perdre de vue. « Peshawar est dangereuse, me prévient-il. C'est une ville de mort. Chaque semaine, des bombes tuent des hommes. Depuis le 11 septembre, tout le monde veut partir pour l'Europe. » J'ai longuement observé la démarche et les gestes des hommes dans la colonie de Nowshera. Je dois mimer leurs attitudes. Calquer mon pas sur le leur. Imiter le balancement de leurs bras, les expressions de leurs visages, le raclement de leurs semelles sur le sol. Adopter la même posture de repos à l'arrêt. Il faut que je sois comme eux – mieux, il faut que je sois *eux*.

Je marche à longues enjambées, les épaules relâchées, mes sandales raclant le gravier. Je prends garde de ne bousculer personne pour ne pas avoir à m'excuser. Le regard perdu dans le lointain, je tente de gommer toute curiosité de mes traits. Pourtant, j'aimerais m'attarder sur les détails de la rue. Tout m'attire et m'étonne : les marchands ambulants, les fruits sur les étals, les garçons de café de 12 ans, le vendeur de couteaux, le policier au milieu du rond-point. Sans parler des rares femmes que l'on croise, dissimulées sous d'immenses burqas qui flottent comme de larges draps autour d'elles. Comment avoir l'air indifférent au milieu de ce bourdonnement ?

Peshawar n'est ni poétique ni belle. Elle est grise et laide, asphyxiée par les gaz d'échappement et l'odeur des poubelles qui cuisent au soleil. Un dôme de pollution repose sur la ville, obligeant les policiers à porter des masques. L'avenue Khyber Bazaar est noire de voitures et les trottoirs débordent de barbus dans leurs *shalwar kameez* de couleur. À gauche, je repère une casse à ciel ouvert. Enjoliveurs, pare-chocs, essuie-glaces, carrosserie : tout se trouve et se vend. À droite, un coiffeur propose de vous faire la coupe de Johnny Depp ou de David Beckham, dont les photos ornent la vitrine. Au loin, le grand hôpital de la ville, le Lady Reading. On vient même de Kaboul pour consulter ici. À l'angle, un adolescent borgne et crasseux vend du tabac à chiquer, des petites mottes brun-vert humides. Les hommes se pressent et se bousculent autour de moi, se coupant le passage sans ménagement.

Nous cheminons depuis dix bonnes minutes lorsque Hanan, pour la première fois, brise notre silence de précaution : « Tu veux boire un jus de fruit ? » Il me prend la main pour me faire traverser la rue comme à un enfant. De l'autre côté, sur un petit étal, un garçon presse des fruits rouges pour 15 roupies (15 centimes d'euro). Je bois à petites gorgées ; le jus au goût doux et sucré coule dans ma barbe.

D'un discret signe de la main, Hanan m'indique qu'il faut tourner à droite. Nous nous engouffrons dans un boyau pavé et ombragé. Nous pénétrons dans le bazar, le cœur organique de la cité. L'ahurissant vacarme de la rue devient un lointain frémissement de moteurs. Ici, les ruelles sont trop étroites pour les voitures. Seuls circulent les piétons, des motos et des vélos chargés de bidons en équilibre et de toutes sortes de marchandises. Des vieillards, la barbe dure comme du crin, prennent la lumière sur le pas des portes en faisant rouler les billes de leur chapelet de prière entre leurs doigts.

Les façades des maisons encroûtées de poussière, le filet d'eau servant de décharge publique : comme tout paraît alourdi par les siècles ! Je marche à pas réguliers, plus détendu dans ces rues calmes. J'ai croisé les mains dans mon dos, comme le font la plupart des hommes que je croise. Personne ne me prête attention. Hanan chuchote des explications dans mon oreille : le bazar est organisé en corps de métier, me dit-il. Nous passons de l'un à l'autre : le coin des chapeliers, des fabricants de bijoux, de chaussures, des médecins, des libraires, des vendeurs de vidéos. Ici, au milieu des comédies romantiques, des films de super-héros et des comédies musicales de Bollywood, on m'a dit que les clients pouvaient acheter le DVD encore sous protection plastique de l'exécution de Daniel Pearl, le journaliste américain décapité en 2002 par Al-Qaïda.

Un copain de Saïd qui vendait des DVD a réchappé par miracle à un attentat il y a deux ans. Il était sorti acheter des cigarettes quand une bombe a explosé devant son magasin. Elle avait été cachée dans des bidons d'huile de colza. Son voisin a perdu l'usage d'un œil dans l'affaire. « Toutes les familles de la région ont un fils ou un frère tué par une bombe », me raconte Hanan.

Nous traversons rapidement Chowk Yadgar, le quartier des *sârrâf*, les agents de change, par où transite l'argent du trafic de clandestins. Certains d'entre eux jouent les intermédiaires financiers entre les passeurs et les familles de migrants. Ici, un attentat a fait 130 morts en octobre 2009.

Plus loin, dans Qissa Khwani, le coin des « conteurs d'histoires », se mêlent des odeurs de thé, d'épices, de riz cuit et de cigarettes. La « Peshawar romantique » doit ressembler à peu près à cela, l'air toxique en moins. De fragiles échoppes remplies de livres du sol au plafond s'alignent de part et d'autre de la rue. Les libraires, des hommes ventripotents assis en tailleur, montent la garde à chaque entrée comme de gros chats assoupis. Ils vendent surtout des corans et des biographies de saints, plus quelques ouvrages de biologie, de physique, d'histoire religieuse ou de contes. Tous sont rédigés en pachto, la langue des Pachtounes, ou en ourdou, la langue officielle du Pakistan. En avril 2010, l'explosion d'une bombe dans le quartier a fait 25 morts.

Pour les besoins de l'enquête, je me suis lancé dans l'étude du persan en me rendant aux cours du soir de l'Institut des langues orientales de Paris et en m'entraînant avec une méthode d'apprentissage achetée sur Internet. Le persan est une langue incontournable. Je ne le lis pas, mais je sais en décrypter quelques lettres, des syllabes, des mots simples. Par un système d'emprunts et de glissements, cette langue permet de saisir un peu de pachto, de dari – la langue des Afghans –, d'ourdou et d'arabe, autant de notions essentielles pour se présenter et briser la glace.

J'ai fait une découverte surprenante : le mot « forêt » en persan se prononce « djeungueul ». Les clandestins de Calais, depuis quinze ans, expliquent aux journalistes qu'ils vivent dans les « djeungueuls », voulant dire par là qu'ils vivent dans les bois. Par confusion, le terme de « jungle » s'est imposé dans la presse.

Nous pénétrons dans une librairie spacieuse, tout en bois verni, dont les étagères croulent sous les ouvrages. Quelques clients, l'air absorbé, quêtent leur prochaine lecture. Une lumière dorée se déverse par la fenêtre. J'erre dans les rayonnages à la recherche de la *Pata Khazana*, un recueil de poésie pachtoune que m'a conseillé un cousin de Hanan. Tandis que ce dernier se renseigne auprès du vendeur, j'avise au fond de la boutique trois minuscules rayons contenant des livres en alphabet latin. À ma grande déception, ce ne sont que de vieux ouvrages scolaires sans intérêt à la couverture blanchie par le soleil.

Tout à coup, une main me tire en arrière sans ménagement. Hanan, rouge de colère, m'engueule entre ses dents serrées : « Ne reste pas devant cette étagère, on va te remarquer ! Il suffit qu'un proche des talibans te repère et aille prévenir ses copains, et hop ! tu te fais kidnapper dès que tu mets le pieds dehors ! »

Comme un gosse pris en faute, je bredouille une excuse. Nous sortons. Tant pis pour la *Pata Khazana*.

3

« En France, c'est tellement développé qu'on donne de la nourriture gratuitement »

Le lendemain, il est 11 h 30 quand Najib, le frangin aux cheveux gominés, gare la Toyota familiale dans une arrière-cour du quartier de Shuba. Outre Hanan, Saïd est aussi du voyage. Nous entrons dans une boutique de deux pièces au rez-de-chaussée d'un immeuble lépreux. L'échoppe appartient à la famille. D'ici, le père et les frères de Hanan exportent des tapis et des tenues traditionnelles afghanes vers le Moyen-Orient et l'Amérique du Nord pour faire vivre la maisonnée. Pendant six mois de l'année, trois des frères tiennent un stand dans une foire-exposition aux Émirats arabes unis où les riches Arabes achètent les « confection main » des anciennes Indes britanniques. Un tapis peut se vendre plusieurs milliers d'euros, une robe quelques centaines.

Il fait sombre dans cette arrière-boutique sans fenêtre. L'air est figé et cotonneux. Le néon du plafond ne fonctionne pas, l'électricité ayant de nouveau été coupée. Aux murs, une raquette de tennis, une tête de biche empaillée, un poste de télévision, un canevas de laine figurant le visage de Saïd et une magnifique robe de fête afghane chamarrée. Najib entreprend de confectionner une cigarette de haschich. La première bouffée le fait grimacer. Je refuse poliment lorsqu'il me la tend.

Un jeune garçon aux épais sourcils bruns se présente à la porte. C'est l'un des quatre ouvriers de la famille qui cousent les robes à l'étage du dessus. Une ou deux fois par jour, ils descendent à la boutique pour présenter les pièces qu'ils ont fabriquées ou chercher du fil ou des outils. Tout est consigné au crayon dans un grand cahier de comptes à la couverture rigide : le nombre de vêtements produits, le nombre de boutons, de fermetures, d'attaches achetés, l'argent versé aux ouvriers…

Wahidullah, celui qui vient de nous rejoindre, est tadjik. Il a le nez et les lèvres plus fins, les yeux plus sombres que les Pachtounes. On pourrait aisément le prendre pour un Italien ou un Espagnol. Il fait partie des centaines d'immigrés tadjiks, originaires du nord de l'Afghanistan, à six cents kilomètres de là, qui viennent trouver du travail de ce côté-ci de la frontière. Najib lui tend son joint. Wahidullah ne parle pas le pachto, chose rare à Peshawar. Il ne s'exprime qu'en dari, la langue commune à tous les peuples d'Afghanistan.

Tout en tirant quelques bouffées parfumées de la cigarette qui grésille au bout de ses doigts, il me parle un peu de lui. Hanan traduit. Le frère de Wahidullah, Amidullah, vit en France depuis un an et demi. Parti il y a quatre ans « pour trouver du travail », il a pu rejoindre l'ouest de l'Europe après être resté bloqué deux ans dans le « Yunnan ». Le Yunnan ?! J'écarquille les yeux en entendant le nom de cette province chinoise. Qu'est-ce qu'un Afghan en route pour l'Europe irait faire en Chine ? J'imagine des scénarios improbables : il cherchait à brouiller les pistes, il suivait un réseau de trafiquants chinois… Hanan vient dissiper le malentendu : Yunan, avec un seul *n*, est le nom que les Afghans donnent à la Grèce. « Les Arabes, les Iraniens, les Turcs l'appellent aussi comme ça. » C'est un mot ancien forgé à partir du terme Ionie, qui désignait dans l'Antiquité la région grecque d'Asie Mineure située aux environs de l'actuelle Izmir. À Peshawar, tout le monde a un voisin, un cousin bloqué au Yunan. Après le Yunan, donc, le frère est arrivé en France, où il a fait une demande de titre de séjour.

Je prends des notes sur le petit carnet noir qui ne me quitte jamais. Les frères, allongés sur le sol, écoutent sans mot dire, sauf Hanan, qui continue de faire l'interprète. La braise de la cigarette rougit dans le demi-jour.

« Mon frère n'a pas de papiers ni de travail en France, mais il dit qu'il est content là-bas, reprend Wahidullah. Le gouvernement lui donne de l'argent tous les mois ! Pas loin de 350 euros [38 800 roupies]. Et, tous les trois ou quatre mois, il nous envoie 300 euros par la Western Union. Pour manger, il prend la nourriture que les Français distribuent aux étrangers. En France, c'est tellement développé qu'on donne de la nourriture gratuitement. » Je pense subitement aux migrants bloqués à Calais, à leurs campements boueux, à leurs abris de draps sales, aux cas recensés de gale, aux arrestations policières. Rien de tout cela n'existe pour Wahidullah, seulement les 300 euros qui arrivent par la Western Union et son frère qui se dit « content ».

L'élégant Saïd brandit son iPhone. « Tu vois ça ? Quatre-vingt-dix-neuf pour cent des gens ici ne peuvent pas se l'acheter, c'est beaucoup trop cher ! » Il se redresse, l'œil vif, et poursuit : « Un travailleur pakistanais gagne 20 000 roupies [200 dollars] par mois en moyenne. Et en travaillant dur ! Quand ils voient qu'en Europe on peut gagner 1 000 euros par mois, les gens ici font vite le calcul. Beaucoup partent pour des raisons économiques. Faut pas se mentir. » Quant à ceux qui ont davantage d'argent, ils partent parce qu'ils veulent vivre dans des *law countries*, des États de droit. Des pays où ne règne pas l'arbitraire de la police et de l'administration. « Ici, m'explique Saïd, si tu tues quelqu'un mais que tu as de l'argent, tu t'en sors toujours. Si tu es pauvre, on peut tuer ta famille, tout le monde s'en fout. Aller voir la police ne sert à rien, elle est corrompue. »

Tout en discourant, il sort des replis de son *shalwar kameez* une bouteille remplie d'un étrange liquide bleu clair qui pourrait être aussi bien du sirop de menthe extra fort que du liquide de refroidissement pour moteur. « Tu en veux ? C'est du gin, fabriqué dans la seule usine d'alcool du Pakistan ! » L'alcool est prohibé dans le pays, mais il n'est pas compliqué de s'en procurer.

Il n'est pas encore 13 heures, je n'ai presque rien avalé depuis mon réveil, et la première gorgée de gin mélangé à du Coca-Cola provoque une brûlure qui remonte jusqu'à mes tympans. Hanan et ses frères fument cigarette sur cigarette. Les volutes bleues qui s'élèvent dans la semi-obscurité, jointes aux rasades d'alcool illégal, donnent à la scène des allures de film de gangsters.

Je demande à Saïd s'il a beaucoup d'amis partis pour l'Europe. Il trempe ses lèvres dans son verre : « Je dirais que je connais dix ou quinze personnes qui ont pris la route, mais aujourd'hui la plupart sont bloqués au Yunan. En Europe, vous vous focalisez sur les gens qui viennent par la route. Vous devriez vous intéresser à ceux qui arrivent par avion. Beaucoup plus de monde fait ça ! » Il s'interrompt, les yeux perdus dans le vague, comme si son esprit était tout à coup parti ailleurs. J'ai beau le relancer sur ce dernier point, ses réponses restent évasives.

L'alcool a engourdi nos cerveaux. L'électricité a été rétablie et Wahidullah est remonté travailler dans son atelier. Après son départ, deux jeunes hommes en *shalwar kameez* arrivent dans l'arrière-boutique. Saïd me dit de ne pas m'inquiéter, ce sont des amis. En leur présence, je peux parler sans crainte. Quant à lui, subitement revenu sur terre, il poursuit son récit en allumant une nouvelle cigarette.

Saïd aussi a pensé partir. Il y a longtemps. Il voulait aller au Canada pour devenir médecin. « J'avais 18 ou 19 ans. J'ai commencé à économiser. » Il lui fallait 10 000 dollars pour s'acheter de faux papiers et payer un passeur qui organiserait tout. Et puis son père a eu des problèmes d'argent, de gros ennuis sur lesquels il ne s'épanche pas. Les rêves de Saïd se sont alors évanouis. Il a commencé à travailler dans le commerce de tapis familial. « Finalement, Hanan est parti. Il y a au moins une personne dans la famille qui l'aura fait. »

Hanan l'écoute sans mot dire. Nous buvons un deuxième verre. Soudain, le visage grave, Hanan me dit dans son anglais un peu bancal : « Maintenant, c'est Rachid qu'il faut faire partir. » Rachid, le petit dernier, le timide, tout seul dans la grande aventure ! « Il faut qu'il y ait au moins un de nous qui aille à l'université pour faire des études, m'explique Hanan. Si Rachid reste ici, il devra travailler dans le commerce de tapis comme mes frères, parce que mon père pense qu'on n'a pas besoin d'aller à l'université. Sa seule chance, c'est de partir à l'étranger. Je vais essayer de le faire venir en France. Il pourra être ingénieur, s'il veut. Le Canada aussi, c'est une bonne destination. »

Mais comment compte-t-il s'y prendre ? Va-t-il le faire entrer légalement ou illégalement ? Tout cela – le voyage, les documents administratifs – coûte terriblement cher, et les visas sont difficiles à obtenir pour les Pakistanais et les Afghans. Hanan balaie mes remarques d'un revers de main. L'important est que son frère puisse partir. Saïd hoche la tête en signe d'approbation.

La frontière que nous, Occidentaux, traçons entre migrants légaux et migrants illégaux n'a aucune pertinence pour ceux qui cherchent à quitter leur pays. À leurs yeux, ces catégories juridiques constituent un aspect secondaire au regard des modalités du voyage, de son coût, de sa durée. Partir, voilà la seule chose qui importe.

Waji, l'un des amis de Saïd arrivés tout à l'heure, nous écoute depuis le début sans rien dire. Soudain, interrompant Hanan, il s'adresse à moi en anglais d'une voix forte, à la limite de la colère : « Une personne sur deux veut quitter le Pakistan ! Il n'y a rien à faire ici ! N'importe qui d'un peu intelligent dans ce foutu pays cherche à se barrer aux États-Unis, en Europe, en Australie ou à Dubaï. Les familles investissent dans leurs enfants, tout le monde fait ça, ici ! » Ses mots claquent comme des coups de feu. Il me prend à partie, comme si tout cela était de ma faute : « Tu te demandes pourquoi on veut tous partir ? Rien que la nuit dernière, on a eu deux coupures d'électricité. Et depuis que le jour s'est levé, encore deux autres. Et ça arrive tout le temps, tous les jours de l'année ! On n'a pas suffisamment de courant pour alimenter le pays. Est-ce que ça arriverait chez vous, en Europe ? Jamais. Imagine une entreprise obligée de fonctionner sans courant la moitié de la journée ! »

Emporté par son élan, Waji s'est redressé. Il me raconte son histoire. Lui a fait ses études en Irlande. Légalement, parce que sa famille a de l'argent. Et il est l'un des rares à être revenus au Pakistan pour « développer le pays ». À

Dublin, il a aidé un ami afghan à gagner clandestinement le Canada. Sans lui prendre d'argent : c'était un copain. « Je ne suis pas un *kouchakbar* », précise-t-il – un passeur, en dari. En fait, Waji a servi d'intermédiaire entre son ami et un Italien qu'il avait connu à la fac. Ce dernier est allé déclarer la perte de son passeport à la police irlandaise ; en réalité, il l'a donné à l'Afghan, qui y a fait apposer sa photo. C'est ainsi qu'il a pu s'envoler pour Montréal avec l'identité de l'Italien. Dans l'avion, il s'est enfermé dans les toilettes, a déchiré le passeport en petits morceaux et l'a fait disparaître d'un coup de chasse d'eau. Ainsi, la police canadienne ne pourrait pas l'accuser d'avoir falsifié un document. À son arrivée, il s'est officiellement déclaré en fuite de son pays et a déposé une demande de statut de réfugié, qu'il a obtenu après quelques mois.

Tout au long de notre conversation, des gens entrent et sortent de la boutique, des amis, des voisins, des commerçants du quartier. Beaucoup laissent éclater leur joie en voyant Hanan, qu'ils connaissent depuis tout petit. Ils le prennent dans leurs bras, lui demandent à quoi ressemble l'Europe, dont on entend parler à la télévision. Est-ce qu'il vit bien à Londres ? Ah, il est en France ? C'est bien aussi, non ? Est-il « légal », maintenant ? Chaque fois, Hanan sort son passeport de sa poche. Les autres le triturent, le feuillettent, font jouer les surbrillances, inspectent sa photographie sous plastique. Hanan, faraud, joue les seigneurs et montre ce qui est écrit en français : « Réfugié ». « Je peux aller où je veux en Europe. » Regards admiratifs.

Parmi les visiteurs, je remarque un garçon d'une vingtaine d'années à la longue barbe, coiffé d'un chapeau beige. C'est un ouvrier de l'atelier du dessus. À l'un de ses doigts, comme une bague surmontée d'un gros diamant, il porte ce qui ressemble à un compteur de vélo, avec un écran sur lequel s'affichent des chiffres et un bouton poussoir qu'il presse régulièrement. Devant mon regard interrogatif, Hanan m'explique discrètement qu'il s'agit d'un compteur à prières : il est utilisé par les musulmans les plus pieux pour faire la somme des pensées qu'ils adressent à Allah. Le jeune garçon psalmodie du bout des lèvres des mots qu'il n'adresse à personne : *al-hamdoulillah* = une prière ; *soubhan allah* = une prière ; *allahou akbar* = une prière… Son compteur affiche 391 depuis le début de la matinée. Plus tard, lorsqu'il aura une demande à adresser à Dieu – la guérison d'un parent malade, de quoi manger pour le repas du soir, une bonne paie pour envoyer un frère à l'école –, il transmettra toutes ses prières à Allah et remettra son compteur à zéro. Ce jeune homme fait partie du Tabligh, un mouvement piétiste prônant une interprétation littérale du Coran.

Les heures passent. Nous sommes une poignée, rassemblés dans l'arrière-boutique, l'esprit embrumé par l'alcool et le haschich. Je n'écoute plus que d'une oreille les conversations en pachto. Soudain, quelques mots retiennent mon attention : « Ben Laden », « talibans ». Jusque-là, j'ai volontairement évité d'aborder le sujet. Je ne voulais pas braquer mes hôtes avec des questions trop sensibles.

J'interpelle Hanan en français pour qu'il me traduise les propos échangés. « On ne pense pas qu'Oussama Ben Laden a été tué par les Américains. Ils ont fait semblant, c'est de la propagande. Ils doivent quitter l'Afghanistan en 2014, mais on ne sait pas s'ils vont vraiment le faire. Pourquoi sont-ils venus chez nous ? Est-ce que nous, les Pachtounes, on va chez eux ? » Je lui demande ce que lui et ses amis pensent de Ben Laden. « C'est compliqué, tu sais. Ben Laden est un fils de pute, il a tué plein de gens. S'il voulait faire le djihad, il n'avait qu'à le faire chez les Arabes, en Syrie, en Arabie Saoudite… Chez lui, mais pas chez nous. Nous, on ne lui a rien demandé. Mais en même temps je suis très triste que les Américains l'aient tué chez nous. Parce qu'il était notre "invité" et que notre peuple n'a pas su le protéger. »

Waji intervient tout en allumant une nouvelle cigarette : « Moi, en tant que Pachtoune et musulman, je déteste Oussama Ben Laden. Cette guerre qu'il a déclenchée nous fait beaucoup de mal. Maintenant, les Américains ont créé un label collé sur le front de tous les musulmans : musulman = terroriste. On ne peut plus rien faire contre ça, c'est trop ancré dans la tête des gens de chez vous, en Europe et en Amérique. Dès que vous voyez un homme avec une barbe et une tenue traditionnelle, vous pensez qu'il est fondamentaliste. Mais regarde dans les rues de Peshawar : tout le monde est en *shalwar kameez* ! Comment est-ce qu'on va retirer de la tête des gens que porter une tenue traditionnelle, ça ne veut pas dire être terroriste ? »

Il marque une petite pause et cligne des yeux, gêné par la fumée : « Chez vous, aux États-Unis, en France, en Irlande, la télévision ne montre que les mauvaises choses du Pakistan, comme les manifestations avec des types qui brûlent des drapeaux américains. C'est devenu un genre en soi. Ce que les télévisions ne disent jamais, c'est que la plupart de ceux qui crament les drapeaux sont des voleurs et des pauvres qui sont payés pour faire ça ! »

4

« L'argent te permet d'acheter la police, le médecin, les douaniers, les juges... »

Dans la soirée, nous partons chez le cousin de Hanan.

« Mon copain Khaled sera là-bas ! me dit ce dernier, excité comme un gosse avant un goûter d'anniversaire. On a voyagé jusqu'en Europe ensemble !

– Que fait-il à Peshawar, alors ?

– Il vient de se faire expulser. »

Khaled, un gaillard souriant, nous attend sur le pas de la porte. Il a 30 ans, des cheveux qui lui tombent dans les yeux et un bouc bien garni qui souligne son large menton. Hanan se jette à son cou et l'étreint longuement. Il me fait l'effet d'une brindille entre ces bras puissants.

En quelques mots, Hanan me présente à Khaled et lui explique ce que je fais là. Derrière le colosse, j'aperçois une dizaine d'hommes discutant en petits groupes dans la *hojra* en buvant du thé vert très sucré appelé *kava*. « Tu peux parler anglais sans crainte ici. Tous ces hommes sont des amis de la famille, tu es sous la protection de mon cousin », me glisse Hanan. Nous prenons place dans un coin de la pièce tandis que le cousin nous sert du *kava*.

« Tu parles drôlement bien anglais ! dis-je à Khaled.

– J'ai été traducteur pour Médecins du monde en Grèce, explique-t-il, tout fier.

– Quand es-tu rentré à Peshawar ? lui demande Hanan.

– Il y a trois mois, lâche Khaled avec une grimace fatiguée. La Norvège a refusé de me donner l'asile.

– Pourquoi ?

– J'aimerais bien le savoir ! Ils m'ont simplement dit que je n'étais pas persécuté en Afghanistan. L'Organisation internationale pour les migrations m'a versé 8 000 dollars pour que je me réinstalle chez moi, et ils m'ont renvoyé. »

Voilà trois ans que les deux amis ne se sont pas vus. Au milieu des années 2000, ils ont tenté ensemble la grande aventure. « J'avais décidé de quitter l'Afghanistan parce que j'avais fait dix jours de prison à Kaboul, raconte Khaled. J'avais coupé ma barbe pour aller à l'université et les talibans n'ont pas apprécié du tout. Mais je serais parti même sans ça ! L'Afghanistan, comme le Pakistan, c'est un pays où on ne peut pas vivre en sécurité si on n'a pas d'argent. » Sa voix se charge de colère : « Ici, l'argent ne te sert pas uniquement à manger, à boire et à te loger. L'argent te permet d'acheter la police, le médecin, les douaniers, les juges, de trouver un travail... »

À sa sortie de prison, Khaled est allé trouver Hanan. « On se connaissait depuis tout petits. Hanan avait déjà fait le voyage en Angleterre, il avait vécu là-bas. Il avait été expulsé une première fois, mais il souhaitait repartir. Je lui ai demandé si je pouvais venir avec lui. »

Hanan s'est lové sur le tapis près de Khaled, comme un petit garçon qui cherche la position la plus confortable pour écouter ses parents lui raconter une histoire. Une douce odeur de thé flotte dans la pièce.

Khaled le conteur poursuit : « Hanan était un garçon sérieux, je savais que je pouvais lui faire confiance. Il connaissait la route. Il savait qu'à certains endroits il n'y a pas besoin de payer de *kouchakbar*, que nous pouvions voyager seuls et économiser de l'argent. Il m'a présenté monsieur Amine et nous sommes partis. » Je le coupe :

« Monsieur Amine ?

– C'est l'homme qui a organisé notre voyage. »

Hanan, toujours recroquevillé sur son coin de tapis, se fait mystérieux : « Monsieur Amine est un "ami" de ma famille. À Peshawar, c'est une des personnes qui envoient les gens en Europe. Je te le présenterai bientôt... »

Depuis un moment, une certaine agitation règne à l'autre bout de la pièce. Un moustachu a sorti d'un des replis de son *shalwar kameez* un petit revolver noir usé qu'il dit s'être offert peu de temps auparavant. Très fier, il le brandit en l'air avant de le faire passer à ses compagnons. Chacun l'inspecte pendant quelques secondes, retirant le chargeur, caressant la crosse. Soudain, l'un d'eux, un adolescent hilare, met en joue le mur d'en face et appuie sur la détente. Un claquement sec retentit. Bien sûr, l'arme n'était pas chargée, et le jeune garçon, bravache, clame immédiatement qu'il le savait très bien. Pourtant, un tombereau d'injures s'abat sur lui : « Ça ne va pas la tête ! » « Tu es fou ! » « On ne tire jamais à l'intérieur d'une maison ! » L'un des hommes qui se pressent autour de lui se tourne vers moi : « Ici, pour les armes russes comme celle-ci, nous n'avons pas besoin de licence. » Hanan décrypte : cela veut dire en fait qu'il y a tellement d'armes russes en circulation depuis la fin de la guerre avec les Soviétiques qu'il est impossible de les contrôler.

Après cette courte interruption, Khaled et Hanan reprennent leur récit. Comme des milliers d'Afghans et de Pakistanais, ils ont traversé le Pakistan, l'Iran, la Turquie. En voiture et à pied. Ils se sont finalement retrouvés coincés en Grèce. Leurs voix se mêlent pour raconter leur dernière anecdote commune, un soir de galère à Patras où ils squattaient un immeuble à demi fini. Les fers à béton pointaient encore vers le ciel. Les fenêtres n'avaient pas été installées et le vent s'y engouffrait avec un bruit terrible. Les deux amis ont fait un feu pour réchauffer des haricots. Et là, en retirant des flammes une longue planche calcinée, Hanan a découvert le nom d'Allah formé par les braises : الله ! « C'était incroyable et fantastique ! » s'exclame Hanan. Khaled ajoute : « Nous n'avions rien, et Allah nous est apparu. Juste pour cela, nous étions heureux. » Dans la *hojra*, les autres hommes se sont tus pour écouter. Les apparitions du nom d'Allah dans la nature sont appelées *âyat* par les musulmans. Ces minuscules signes veulent dire que Dieu vous accompagne et vous regarde. Les murs Facebook de Hanan et de ses amis sont pleins de ces *âyat* miraculeuses : les rainures d'un melon, l'écorce d'un arbre, un nuage, la peau d'une orange, le pétale d'une fleur peuvent ainsi dessiner le nom de Dieu.

C'est peu de temps après la scène des haricots que Khaled et Hanan ont vu leurs routes se séparer pour de bon. À partir de là, ils ont chacun une histoire différente à raconter.

Hanan : « Moi, je suis parti par les Balkans avec des Hazaras [un peuple d'Afghanistan]. On est passés par la Serbie et la Hongrie. On se cachait dans les champs et les forêts, on marchait la nuit, on mangeait des fruits qu'on volait dans les arbres. En Serbie, je me suis fait attraper et envoyer en prison. Je me souviens que quelqu'un m'a appris à jouer aux échecs là-bas ! » Puis il a atteint Calais et déposé une demande d'asile, qui a été acceptée.

Khaled, lui, n'a pas voulu suivre son compère : à l'époque, il jugeait la route des Balkans incertaine et dangereuse. Après le départ de Hanan, il est resté en Grèce quelque temps, faisant de la traduction du dari vers l'anglais pour Médecins sans frontières. Et puis, un jour, le bruit a couru dans la communauté afghane que la Norvège octroyait facilement le statut de réfugié. « Tous ceux qui étaient bloqués en Grèce sont partis là-bas. Mais nous étions beaucoup trop nombreux à demander l'asile en même temps. Ils ont refusé plein de monde. »

Abandonnant brusquement sa position de petit garçon sage, Hanan coupe son ami : « Je t'avais bien dit que tu aurais dû venir avec moi ! Maintenant, moi j'ai le statut de réfugié et toi, tu n'as rien du tout ! » Comme quelques heures plus tôt, il brandit son passeport en guise de preuve.

Khaled se tait. Je lui demande ce qu'il compte faire maintenant. Il n'hésite pas une seconde :

« Je vais repartir en Norvège ! J'ai une petite amie qui m'attend là-bas, je vais me marier avec elle.

– Comment vas-tu faire pour payer ton voyage ?

– J'ai mis de côté les 8 000 dollars qu'on m'a donnés pour me réinstaller.

– Et tu sais quel chemin tu vas prendre ? Par la route ou par avion ?

– Ce ne sera pas par avion. Je n'ai pas assez d'argent.

– Après avoir vu les difficultés du voyage, tu veux quand même retenter ta chance ? »

Il demeure silencieux un instant, puis lâche : « Je n'ai pas vraiment le choix. Personne n'a d'avenir ici. Les Afghans encore moins que les Pakistanais. »

Entre-temps, tous les hommes présents dans la pièce se sont approchés pour écouter notre conversation. Khaled raconte que, lors de son séjour en Norvège, il a découvert la mythologie scandinave. Un choc culturel. Il s'est peu à peu familiarisé avec Thor, le dieu du tonnerre, Odin, le dieu du savoir et de la guerre, Baldr, le dieu de la beauté, Loki, le dieu de la tromperie… Chacun a un attribut particulier. « Le plus puissant, c'est Odin. Celui qu'ils appellent Thor combat avec un marteau… Connaître tout cela est très utile face aux fonctionnaires norvégiens dans la procédure de demande d'asile ! » professe Khaled tout en glissant une cigarette entre ses lèvres. Une main preste remplit de *kava* sa tasse vide. Selon une plaisanterie locale, les Afghans consomment de telles quantités de ce breuvage que, si une balle de fusil les transperçait, ce n'est pas du sang qui coulerait de leur corps, mais du thé vert encore chaud.

Khaled poursuit : « Les ancêtres des Norvégiens s'appellent les Vikings, des guerriers redoutables qui se battaient tout le temps et que personne ne parvenait à vaincre. » Dans l'assistance, un homme s'écrie, poing levé : « Comme nous ! Personne ne peut nous battre, ni les Russes ni les Américains ! » Les autres rigolent et Khaled esquisse un sourire : « Ils voyageaient sur de grands bateaux de bois pour traverser les mers et attaquaient les peuples voisins. » Cette fois, personne ne brandit le poing : l'Afghanistan, pays montagneux enclavé entre la Chine, l'Inde, le Pakistan, l'Iran et trois anciennes républiques soviétiques, n'a aucun accès à la mer. Nul ici ne sait nager.

L'assistance écoute avec de grands yeux étonnés ces histoires de guerriers marins aux cheveux blonds et aux dieux multiples, pleines de magie et d'aventures. Au Pakistan, il n'y a plus guère que le peuple kalash, à l'extrême nord, qui soit encore polythéiste, protégé derrière ses immenses montagnes enneigées. Même les Nouristanis, peuplade des confins escarpés afghans, longtemps demeurés païens, ont fini par être islamisés au XIXe siècle par l'émir Abdur Rahman Khan.

Le cousin de Hanan se lève et annonce qu'il va faire sa « ronde » avant d'aller se coucher. Il disparaît dans la nuit, muni d'une lampe électrique et d'un petit revolver. À Peshawar, inspecter les abords de sa maison une arme à la main n'a rien de surprenant. Le cousin a une routine bien à lui : il grimpe sur le toit et balaie de sa lampe-torche les recoins et les angles morts ; puis il oriente le faisceau vers les barbelés qui surmontent le mur du jardin pour vérifier qu'ils n'ont pas été découpés ou qu'aucun tapis n'y a été déposé pour faciliter le passage d'un homme. Il jette ensuite un œil sur les chiens de la maison endormis. Enfin, il contrôle les battants de fer du portail et s'assure que le verrou est correctement fermé. Il tend l'oreille dans la nuit et, s'il ne perçoit aucun bruit suspect hormis le murmure de la rue, rentre se coucher.

« Les gens ne vérifient pas leur maison avant d'aller se coucher en Europe ? demande l'un des hommes à Khaled et Hanan.

– Si, mais pas avec une arme, répond Khaled. S'il y a des voleurs, ils appellent la police. »

De petits rires fusent. Au Pakistan, il ne faut surtout pas compter sur la police : appeler les policiers pour une affaire de cambriolage, en voilà une idée stupide !

La pendule affiche 1 heure du matin quand le cousin revient de sa ronde. Il nous propose de rester dormir. Nous déroulons des matelas et nous couchons les uns à côté des autres, sous les pales du ventilateur.

5

« Ce n'est pas étonnant que tout le monde veuille quitter ce putain de pays, avec ces attentats toutes les semaines ! »

Le 22 septembre au matin, je sommeille encore dans la *hojra* lorsque j'entends du bruit. Entrouvrant les paupières, j'aperçois par la fenêtre un ciel bleu splendide et je distingue Najib calé contre un coussin, télécommande en main, une tasse de thé posée à ses pieds. Sur l'écran, un combat de catch féminin diffusé par une chaîne du câble américain : deux femmes engoncées dans des tenues aux couleurs criardes se battent devant un public déchaîné. L'épaisse blonde moulée de rose assène à son adversaire de méchants coups de poing qui l'envoient dans les cordes. Najib rit aux éclats : « Elles sont folles, ces femmes ! » Le combat se termine sur la victoire sans appel de la blonde.

Najib me sert du thé et se met à zapper frénétiquement. Sur les dizaines de chaînes du bouquet satellite défilent des séries télévisées indiennes, des talk-shows américains, des films d'action sous-titrés en ourdou… Je ne regarde que d'un œil.

Soudain, l'écran se fige sur une chaîne d'information en continu. Dans une rue enfumée, des hommes en pleurs aux habits maculés de sang courent en tout sens. L'image, mal cadrée, saute sans cesse, comme si le caméraman était bousculé. Au milieu de la fumée, on distingue un bâtiment démoli, des murs noircis, une église, un autel, des bancs en bois renversés. Et puis des corps étendus dans des positions grotesques. Une femme hurle, les mains brandies vers le ciel.

On voit clignoter des gyrophares. Un plan large montre la façade décrépite de l'hôpital Lady Reading, devant lequel nous passons tous les jours en voiture pour nous rendre à la boutique de tapis.

Najib, crispé, ne parle plus. Il lâche d'une voix blanche : « C'est un attentat à Peshawar, pas très loin de notre magasin. » À l'écran, deux présentateurs commentent les événements en ourdou. Najib traduit : « Un homme s'est fait exploser avec une ceinture d'explosifs dans une église remplie de chrétiens au moment de la messe du dimanche. » Il y aurait plus de 70 morts, dont des femmes et des enfants en bas âge. Je ne sais pas quoi dire. Lui non plus.

Nous sommes rejoints par Hanan, Saïd et un cousin. Personne ne parle. Nous regardons l'écran. Médusés. Abasourdis. Une scène qui me rappelle furieusement le 11 septembre 2001…

Le cousin est le premier à rompre le silence : « Ce n'est pas étonnant que tout le monde veuille quitter ce putain de pays, avec ces attentats toutes les semaines ! Tu vois pourquoi il n'y a pas de vie pour nous, ici ? Qui peut se promener dans les rues quand il se passe ce genre de choses ?

– C'était tout de même pire il y a deux ou trois ans, quand il y avait des attentats tous les jours, tempère Saïd. En un mois, nous avons eu 33 attentats dans la ville. Maintenant, il n'y en a plus qu'un ou deux par semaine… »

Hanan attrape la théière et me ressert du *kava* : « Il y a encore quinze ans, il y avait plein de touristes dans les rues de Peshawar. Ils venaient de partout, d'Amérique, d'Angleterre, d'Italie, du Japon… Ils restaient deux ou trois jours ici, allaient voir la célèbre passe de Khyber, faisaient le marché aux bijoux et nous achetaient des tapis avant de repartir. Personne ne les menaçait.

– Aujourd'hui, renchérit son cousin, il n'y a plus un seul Occidental ici. Le 11 septembre a tout changé. »

À la télévision, un homme arborant une filandreuse barbe noire, présenté comme un responsable du Tehrik-e-Taliban Pakistan (TTP), le mouvement des talibans pakistanais, en guerre contre le gouvernement d'Islamabad, déclare devant les micros tendus que son organisation n'est pas à l'origine de l'attentat. Puis les caméras montrent une foule de chrétiens compacte et mouvante bloquant une route ; les hommes hurlent, le poing levé, les yeux rougis par les larmes et la colère.

Hanan réfléchit tout haut : « Pourquoi sont-ils allés poser une bombe chez les chrétiens ? » Et, se tournant vers moi : « Les chrétiens occupent des postes subalternes dans la société pakistanaise. Ils nettoient les abords des routes, ramassent les poubelles, récurent les toilettes, tiennent les portes, dorment dans des quartiers sales et humides. Ils n'ont jamais fait de mal à personne. »

Au milieu de la route goudronnée, des manifestants en furie enflamment des vêtements et forment un demi-cercle autour en vociférant. Les étoffes qui brûlent sont des uniformes de policiers. Les chrétiens hurlent contre la police corrompue, qui n'a pas su les protéger des bombes : « Les flics sont des trouillards, des faibles, des pleutres, des merdes terrées dans les commissariats et les casernes ! Les gens se font tuer et ils ne sont pas là ! »

Malgré les événements, nous décidons de nous rendre à Peshawar pour voir si tout va bien au magasin. La Toyota file sur la nationale, soulevant derrière elle des nuages de poussière dorée. Il fait atrocement chaud, la sueur perle sur mon front, mon *shalwar kameez* me colle au corps. À cinq kilomètres de la ville, le trafic commence à ralentir. Tandis que nous roulons au pas, je contemple le maillage serré des immeubles bistre et défraîchis, interrompu de temps à autre par un minaret qui pointe vers le ciel.

Tout à coup, une marée humaine nous coupe la route. À quelques mètres de nous, des centaines d'hommes bloquent le boulevard sur toute sa largeur. Entre leurs mains, des gourdins, des planches, des barres de fer, des pavés. Quelques pierres fusent dans les airs. Portée par la foule, une immense croix de bois flotte au-dessus des têtes.

Le silence s'abat sur l'habitacle de la voiture. Hanan murmure d'une voix éteinte : « Merde, ce sont les chrétiens de ce matin. Il ne faut pas rester là. Fais demi-tour ! » Najib, notre chauffeur, tente une manœuvre, mais derrière la Toyota s'étire déjà une longue file de véhicules immobilisés. La panique m'envahit soudain.

En lisière de la manifestation, une vingtaine de flics, impuissants, gris de peur, nous adressent de grands gestes pour que nous fassions demi-tour. De longues minutes s'écoulent. L'un d'eux, plus courageux que les autres, s'aventure enfin au milieu de la chaussée et déroule une bobine de barbelés, formant une dérisoire barrière de protection entre nous et les chrétiens. La confusion est totale. Une pierre tombe à deux pas de notre pare-chocs. Un policier s'obstine à mimer la marche arrière pour nous dire de reculer. Avec des centaines de voitures qui tentent de faire de même et autant d'autres qui arrivent en sens inverse, ignorant encore que la route est coupée, ce n'est pas une mince affaire.

Le temps semble s'être arrêté. Notre conducteur, centimètre par centimètre, parvient finalement à dégager la Toyota. Nous nous engouffrons dans une petite rue transversale. Soupir de soulagement général. Je me rends compte que nous avions tous cessé de respirer, comme si notre souffle risquait d'exciter davantage les manifestants hystériques.

Nous roulons maintenant pare-chocs contre pare-chocs, dans le silence le plus total, à travers d'étroites ruelles poussiéreuses où le soleil perce par instants. Des motos déglinguées nous dépassent, des ânes harnachés à des charrettes remplies d'un invraisemblable bric-à-brac nous empêchent d'avancer plus vite. Ici et là, j'aperçois des traces des manifestations : morceaux de verre, étals renversés… Le trafic s'amenuise et nous débouchons dans un quartier de Shuba désert, au milieu des cartons balayés par le vent.

Najib, concentré sur la route, prend soudain la parole : « Il y a quelques années, j'ai retrouvé un bras humain coupé au niveau du coude sur le toit-terrasse du magasin. Il était tout bleu et à moitié pourri. Il y avait eu une bombe une semaine plus tôt, je pense que l'explosion avait dû le projeter là. » Je frémis à l'évocation de ce bras violacé traînant au milieu des tapis qui séchaient au soleil. « Peshawar a peur d'un nouvel attentat », ajoute Hanan. Avec les policiers concentrés sur le lieu de la première attaque, il faut se méfier des répliques dans les jours qui suivent.

De nouveau, les passagers retombent dans le silence. Pour la première fois, je comprends ce que Hanan a voulu dire : il fallait que je voie de mes propres yeux pourquoi tout le monde veut partir. Qui voudrait vivre et faire grandir ses enfants ici ?

Derrière les vitrines des magasins, on devine les postes de télévision allumés. Et, face aux écrans, des hommes muets qui fixent les images de l'attentat diffusées en boucle.

6

« Dommage que Staline ne croie pas en Allah »

Voilà une semaine que l'attentat a eu lieu. Après être resté tapi dans la maison de Nowshera pendant quelques jours, je finis par me risquer de nouveau dans les rues de Peshawar. Toujours avec d'infinies précautions. Toujours en *shalwar kameez* et sandalettes de cuir. Toujours muet comme une carpe, à moins d'être seul sur mon trottoir, ce qui n'arrive presque jamais ici. Le pas lent, les mains croisées dans le dos me sont devenus des gestes naturels.

Ce matin, je suis de retour dans l'arrière-boutique enfumée du magasin de tapis. Une silhouette apparaît dans l'encadrement de la porte, à contre-jour – une ombre auréolée de lumière comme on en voit au cinéma. Hanan et ses frères interrompent notre conversation tandis que la haute carcasse s'avance dans la salle. C'est celle d'un sexagénaire aux yeux durs et noirs, une moustache grise dissimulant sa lèvre supérieure et un petit chapeau de tissu posé sur le sommet de son crâne. Sa longue tenue beige flotte derrière lui comme une cape princière.

Monsieur Amine est le *kouchakbar*, le trafiquant – les gens d'ici utilisent aussi le mot anglais *agent* –, qui a organisé le voyage de Hanan et Khaled en Europe. Il envoie beaucoup de monde en Union européenne, par la route, mais surtout par avion, en versant de copieux bakchichs à des employés de l'aéroport d'Islamabad, à des personnels des compagnies aériennes et à des douaniers peu regardants.

Amine nous serre la main et s'assoit en tailleur, comme un habitué. Il est surpris de revoir Hanan ici alors qu'il l'a aidé à fuir l'Afghanistan quand sa famille s'y trouvait encore, quelques années auparavant. Saïd a apporté du whisky – nous buvons presque tous les jours – et il en sert une généreuse rasade à Amine, qui s'empresse d'y tremper sa moustache.

Hanan prend la parole : « Amine, je te présente mon ami Akhter. À ton avis, d'où vient-il ? »

Amine lève un sourcil grisonnant :

« Il est afghan ?

– Non !

– Tadjik ?

– Non plus !

– Il vient du district de Chitral ?

– Non plus ! »

La région de Chitral, à l'extrême nord du Pakistan, abrite les Kalash, un peuple aux traits européens, à la peau blanche et aux yeux clairs. La légende dit qu'ils sont les descendants des soldats d'Alexandre le Grand venus conquérir la région au IVe siècle avant notre ère.

Amine continue de chercher sur mon visage le détail qui trahirait mon origine. Quand je prends la parole pour demander à Hanan de lui révéler ma nationalité, il s'esclaffe et se donne une grande tape sur la cuisse : « Incroyable ! »

Il veut savoir de quelle origine sont mes parents. Je lui dis que nous sommes français depuis au moins quatre générations, aussi loin que la mémoire familiale puisse remonter. La seule explication possible à mon teint mat et à mes cheveux noir d'ébène est la venue, au XVIIIe siècle, de pêcheurs portugais sur les côtes vendéennes, région d'où vient ma mère. Cette hypothèse ne convainc guère Amine, qui n'en démord pas : « Moi, je pense que tes ancêtres viennent d'Asie. Tu es sûrement afghan, mais tu ne le sais pas. »

Ce petit jeu de devinettes l'a égayé et il prie Saïd de lui resservir du whisky. « Que viens-tu faire ici ? » reprend-il. Je m'apprête à lui répondre la vérité, mais Hanan m'interrompt en français : « On ne peut pas lui dire tout de suite que tu veux lui parler des gens qu'il envoie en Europe. Cela ne se fait pas comme ça chez nous. Il doit apprendre à te connaître, il faut prendre le temps de discuter, lui offrir une bouteille de whisky… On reviendra le voir bientôt, sa boutique n'est pas très loin d'ici. »

Officiellement, monsieur Amine, comme les parents de Hanan, tient un magasin de tapis dont il tire quelques bénéfices, mais le commerce de migrants lui assure des revenus bien plus substantiels. Suivant le conseil de Hanan, je me contente de lui expliquer que je suis venu pour écrire un livre sur le Pakistan. Au mot « livre » (*ketob* en dari), son visage se fend d'un large sourire. Monsieur Amine respecte les hommes qui écrivent. Selon lui, les Pakistanais et les Afghans sont des « incultes » et des « ignares », des « paysans sans cervelle » qui n'ont pas la moindre idée du « sens de l'Histoire », de l'évolution des sociétés, de l'importance de l'instruction ni du pouvoir que procure la connaissance. Les études donnent du travail, le travail donne de l'argent, l'argent donne le pouvoir, le pouvoir apporte la sécurité et permet de prendre en main son destin. Son ton se fait soudain colérique : « Au Pakistan, les gens cherchent à faire travailler leurs enfants dès qu'ils le peuvent pour qu'ils rapportent de l'argent à la maison. C'est une grave erreur ! Ces imbéciles n'ont rien compris. »

Je réalise brusquement que monsieur Amine est… communiste ! « Oui, communiste, tu as bien compris », répète Hanan devant ma mine déconfite. « J'ai étudié, moi ! poursuit le *kouchakbar*. Je peux penser par moi-même ! » Il a appris l'histoire et le droit, parle le russe, a potassé Karl Marx et Friedrich Engels, maîtrise le matérialisme historique et la superstructure marxiste. Le flot de paroles débité de sa grosse voix résonne dans toute la pièce. Hanan traduit dans son français hésitant, ce qui rend par instants difficile la compréhension de certains détails.

Comme je demeure incrédule, Hanan m'explique : « Il faut que tu saches : Amine a fait la guerre du côté des Russes quand ils nous ont envahis. Il a été formé dans une école en Russie. » Amine rectifie : « Non, pas en Russie. En Lettonie. J'étais dans une caserne à Riga avec d'autres étrangers. C'est là que j'ai étudié. Nous étions tous des frères. Il n'y avait pas de différences entre nous, pas de chefs, pas d'esclaves. Que des hommes. Nous avions tous le même salaire. » Un pur produit de l'amitié entre les peuples.

Sait-il que Staline a tué des dizaines de millions de personnes, qu'il a fait arrêter tous ceux qui ne pensaient pas comme lui ? « Des conneries inventées par les impérialistes américains », rétorque Amine. Le trafiquant de clandestins est un ancien apparatchik du Khalq, le parti communiste afghan, au pouvoir de 1978 à 1992. L'URSS a formé des milliers de militaires afghans comme lui. Lors de l'invasion soviétique, les membres du Khalq ont été parmi les rares Afghans à combattre aux côtés des Russes contre les moudjahidines. À la fin des années 1980, quand les Soviétiques se sont retirés et que le pays a sombré dans la guerre civile, les ex-potentats communistes comme monsieur Amine se sont faits discrets. On les reconnaît aujourd'hui à leur moustache à la Staline et à leur respect tout relatif des pratiques islamiques – par exemple, ils ne s'interdisent pas de manger du cochon de temps en temps.

Après le départ de monsieur Amine, Hanan me dit : « Il nous parle tout le temps des Russes et de Staline. J'aime bien Staline quand il dit qu'il n'y a pas de riches et de pauvres, que tout le monde doit avoir la même chose. Il y a juste un problème : Staline, il ne croit pas en Allah. Il est un peu comme vous en Europe. »

Quelques jours plus tard, je croise monsieur Amine devant la boutique et je me jette à l'eau en lui révélant la raison réelle de ma présence au Pakistan. Accepterait-il de me parler des hommes qu'il expédie en Europe ? Avec une moue de six pieds de long sous sa moustache grise, il me répond, laconique : « Je vais y réfléchir… »

7

« Je vais sur l'île de Chypre, à côté des États-Unis »

Bachir, un ami d'enfance de Hanan qui vit à Kaboul, est en visite à Peshawar. Il est venu pour consulter les médecins de l'hôpital Lady Reading à cause d'une migraine qui ne le quitte pas depuis sept jours. Tandis que nous sirotons un thé dans la *hojra* avec Hanan, je le vois se tenir le crâne entre les mains.

J'ai apporté de France une trousse à pharmacie bien fournie : médicaments pour toutes sortes de maux, pansements, désinfectant, antibiotiques à spectre large... Je vais lui chercher une plaquette de paracétamol et Bachir avale le comprimé, reconnaissant. Des replis de son *shalwar*, il sort trois plaquettes de pilules entamées, maintenues ensemble par un élastique élimé. « Ça, ce sont les médicaments que les médecins m'ont donnés à Kaboul, mais ils ne fonctionnent pas. Je crois que ce sont des faux. Que j'en prenne un ou dix, j'ai toujours mal. » Il croit savoir qu'un médicament français, « c'est mieux ». Malheureusement, le paracétamol n'a pas grand effet sur lui. La douleur semble persister, comme si on lui plantait des aiguilles dans la tête.

Pour tenter de l'apaiser, Hanan sort une boulette de haschich de sous un tapis. Il tend à Bachir une sorte de longue paille – une feuille de papier roulée serrée – et embrase la boulette : « Aspire la fumée d'un coup. Le haschich sans tabac, c'est très fort, mais c'est très bon pour faire partir le mal dans ta tête. Moi, je faisais ça en prison en Serbie. »

Bachir aspire la fumée en grimaçant et la recrache avec une toux sèche. Trois minutes plus tard, le voilà anesthésié par la drogue, le visage détendu et absent. Peu après, il sombre dans le sommeil.

Hanan se tourne vers moi : « Tu comprends pourquoi tout le monde veut partir ? Tu vois des gens se soigner comme ça en France ? » Il pose un regard affectueux sur le corps recroquevillé de son copain. « Le frère de Bachir vit déjà en Angleterre, à Portsmouth. Bachir veut le rejoindre, mais je crois pas qu'il y arrivera. Il conduit un taxi à Kaboul, ça ne gagne pas assez d'argent, comme métier. »

Peut-être me suis-je montré trop confiant et ai-je trop relâché ma vigilance. Peut-être est-ce seulement la faute à pas de chance. À Shuba, ma présence a fini par s'ébruiter. Des hommes que la famille de Hanan ne connaît pas savent que je suis ici. La rumeur a sûrement circulé entre les marchands de tapis du quartier, qui se connaissent tous de près ou de loin. Il n'y a pas de danger immédiat, mais l'inquiétude des débuts, qui s'était estompée au fil des semaines, est revenue au galop.

L'autre matin, un inconnu à la barbe teinte au henné est venu me trouver à la porte du magasin : il insistait pour me convier, moi, « l'Anglais », à venir déjeuner dans son échoppe. Hanan le connaissait à peine. Je ne pouvais pas refuser, ça aurait été l'insulter. Je me suis retrouvé à partager un repas avec une demi-douzaine d'inconnus qui posaient de grands yeux curieux sur moi. J'ai eu du mal à finir mon riz, qui faisait comme une boule au fond de mon ventre. Et si l'un de ces hommes connaissait un homme qui en connaissait un autre proche des talibans ?

Malgré cette alerte et en attendant la réponse d'Amine, je reprends mes entretiens avec ceux qui veulent mettre le cap sur l'Europe. Seulement, je me montre encore plus méfiant qu'avant.

Un jour, vers 18 heures, Rachid vient me trouver : « Tu veux venir au zoo avec moi et des copains ? » Un zoo au

Pakistan ! Quel genre de bêtes peuvent-ils bien mettre en cage ? Des lions ? Des tigres ? L'invitation est aussi saugrenue que tentante. J'accepte aussitôt.

Notre petit groupe de six se met en route. À notre arrivée, quelle n'est pas ma déception ! Je découvre une poignée de cages envahies de mauvaises herbes et abritant des lapins et des paons. Quelques femmes voilées des pieds à la tête promènent leur marmaille dans les allées.

Nous déambulons en regardant le soleil descendre derrière les arbres qui bruissent de chauves-souris. « Tu as une femme en France ? » me demande un des adolescents, un tout petit qui n'a pas encore de barbe et que j'ai déjà aperçu dans les rues de la colonie. Il est dans la même classe de terminale que Rachid. « J'ai une petite amie, mais on n'est pas mariés. » Regards étonnés. « Et j'ai eu une autre copine avant, que j'ai présentée à mes parents aussi. » Ils me font des yeux de merlans frits. Le petit, tout fiérot, dit qu'il savait déjà tout cela au sujet de l'Europe.

Puis je suis soumis à une véritable rafale : « Et la France, c'est comment ? Est-ce que tu as des enfants ? À quoi ressemble Paris ? C'est vrai que les flics sont polis ? C'est vrai que, quand tu ne travailles pas, l'État te donne de l'argent ? » Je réponds en vrac, oubliant la moitié des questions. En échange, ils m'apprennent quelques mots de pachto.

Je leur explique qu'en France il y a moins de problèmes avec la police, moins de pollution, plus de travail, jamais de coupures d'électricité. Qu'il faut faire plus d'études, qu'il y a des gens qui dorment dans la rue, d'autres qui n'ont pas toujours à manger. Qu'il y a des pauvres, que presque tout le monde a une voiture, qu'on roule à droite et que la plupart des femmes n'ont pas plus de deux enfants. Ils continuent d'ouvrir de grands yeux. C'est dur d'avoir de nos deux mondes une vision ni trop rose ni trop grise. De ne pas résumer la France à la tour Eiffel et Peshawar aux attentats.

Nous nous arrêtons à la buvette et Rachid insiste pour me payer une limonade. Assis sur un banc de pierre couvert de lichen, nous regardons les rares visiteurs regagner la sortie à mesure que l'obscurité s'épaissit. Il y a peu de monde ici : pas de soucis à me faire pour ma sécurité.

Je demande à la cantonade : « Et vous, vous avez envie de partir à l'étranger ? » Un jeune homme voûté aux sourcils en bataille me répond : « Tu sais, moi, dans deux ans, je pars au Canada pour faire mes études d'ingénieur. » Le petit imberbe éclate de rire : « Le Canada ? Dans tes rêves, mon pote ! Jamais tu pourras y aller ! » L'autre fait mine de ne pas avoir entendu : « Mon grand frère habite déjà là-bas. Je le rejoindrai. » Je lui demande dans quelle ville : Toronto ? Montréal ? Vancouver ? Il hausse les épaules et les sourcils : il l'ignore. Le gringalet rigole de plus belle. Il dit que lui aussi veut partir. Légal, illégal, il ne sait pas bien encore. Il pense s'installer « sur l'île de Chypre, à côté des États-Unis ». Je lui fais remarquer que Chypre se trouve en Méditerranée. Il me répond : « Oui, oui, l'île de Chypre, en Méditerranée, à côté des États-Unis ! »

Les Pachtounes ont une expression qui illustre leur méconnaissance du voyage : « *London tâ zâma* », littéralement : « Je vais à Londres. » Dans la bouche de ceux qui partent pour l'Europe, c'est une façon de dire : « Je me casse, et vous, vous restez ici. » C'est de la fierté, de la crânerie, un doigt d'honneur à la fatalité. Et cela révèle une sacrée dose d'ignorance, aussi. Car beaucoup n'ont pas la moindre idée de ce qu'est Londres en réalité : la plupart pensent qu'il s'agit d'un pays.

Quelques jours plus tard, je rencontre le fils de Moumine, le voisin âgé croisé lors de ma première sortie à Nowshera. Il a 22 ans et adorerait filer à Londres, mais le voyage est impossible pour lui. Il ne gagne que 2 euros par jour en travaillant sur les chantiers de construction, alors que le coût du périple se monte à 8 000 dollars. Il fait partie de la catégorie des indigents ; pour eux, l'Europe n'est même pas envisageable en rêve. Ceux qui partent, même à pied, appartiennent à des couches sociales supérieures.

8

« Les gros, je ne les envoie pas en Europe. Ils me font perdre de l'argent »

Peu de temps après notre dernière rencontre, monsieur Amine a réapparu dans la boutique de tapis en me disant qu'il acceptait de me parler. Nous nous sommes donné rendez-vous dans son échoppe.

Derrière la vitrine du magasin, je distingue une forme blanche immobile étendue sur le sol en dessous des deux gros ventilateurs qui tournoient au plafond. Monsieur Amine regarde la télévision, les mains croisées derrière la tête : un vrai pacha. Je toque au carreau et il me fait signe d'entrer. Réajustant son chapeau mou, il se glisse derrière son bureau jonché de crayons et de bibelots en porcelaine qui prennent la poussière. Sous le néon qui grésille, j'aperçois des dizaines de tapis empilés les uns sur les autres, du lierre en plastique grimpant le long d'une colonnade, et, dans un coin, un petit coffre-fort en métal recouvert d'un napperon en dentelle.

Monsieur Amine a revêtu une élégante tenue blanche qui se marie bien avec sa moustache grise taillée en accent circonflexe. On murmure qu'il ne croirait pas en Allah, mais un long chapelet de prière à boules nacrées repose à côté des stylos. Je lui ai rapporté une bouteille de whisky écossais achetée à l'aéroport d'Istanbul, du Ballantine's, l'une de ses marques favorites, à ce qu'il m'a dit. Il me remercie chaleureusement. La bouteille a un bouchon métallique, et non en plastique, comme sur les flasques pakistanaises contrefaites. L'autre jour, Saïd m'a fait tout un exposé sur les bouchons en métal, preuve indubitable qu'il ne s'agit pas d'alcool frelaté.

Avant que nous commencions, monsieur Amine extirpe du coffre un livre à la couverture de cuir sur laquelle est inscrit en lettres cyrilliques brillantes « Mouvement communiste international ». À côté, il pose une photographie : on l'y voit en tenue d'officier militaire, martial, le regard fixe sous sa casquette de soldat afghan.

« C'est moi quand j'étais jeune ! Bon, maintenant, vas-y avec tes questions. Mais attention, tu ne dois surtout pas mentionner mon nom !

– D'accord, Amine. Cela fait combien de temps que tu fais passer des gens en Europe ? »

Machinalement, il saisit le chapelet et se met à faire défiler les billes de nacre entre ses doigts. « J'ai démarré à la fin des années 1970. Quand les moudjahidines et les Russes ont commencé à se battre, les gens se sont mis à vouloir quitter le pays. Ils ne connaissaient rien et ils avaient besoin de quelqu'un qui organise leur trajet. Moi, j'avais voyagé et vu le monde. » Dans sa caserne lettone, Amine avait côtoyé des Africains et des Européens – un aperçu du vaste monde, saupoudré de lectures marxistes et arrosé de vodka. En tout cas, contrairement à beaucoup d'autres, il savait ce qu'il y avait derrière les hautes montagnes afghanes. « J'ai commencé à envoyer des gens, mais uniquement des Afghans. »

Monsieur Amine rencontre toujours physiquement ses clients : « C'est la base. » Il se rend chez eux pour partager un thé dans leur *hojra*, ou bien leur donne rendez-vous dans les environs de Peshawar – « un lieu reculé, c'est mieux ». Ce premier face-à-face est motivé par une raison toute simple : « C'est très important de savoir à quoi ils ressemblent. La première chose que je regarde, c'est s'ils ne sont pas gros. Les gros, je ne les envoie pas en Europe. Un gros, il ne peut pas marcher longtemps, il est lent, il consomme beaucoup d'eau et mange énormément. C'est très difficile de le dissimuler dans une cache à l'arrière d'un camion ou dans le faux fond d'un bus. Il te fait prendre des risques et perdre de l'argent. » Tout cela est proféré du ton neutre et détaché d'un expert en assurances. Pour monsieur Amine, le poids du client est une donnée technique.

Le trafiquant envoie aussi des familles au complet : enfants, parents, et même au-delà. Son record : six personnes d'un coup. Par la route jusqu'en Europe, cela coûte 7 000 dollars américains par voyageur. Monsieur Amine a du cœur : c'est moitié prix pour les moins de 8 ans. Normal, les enfants sont l'inverse des gros, on peut en loger deux dans le même espace.

Jusqu'en Grèce, dix intermédiaires travaillent avec lui, au Pakistan, en Iran et en Turquie. À chacun, il reverse un pourcentage de la somme initiale. Il ne me révèle pas le détail de cette redistribution, mais m'apprend qu'il touche au moins la moitié de cette somme, soit 3 500 dollars.

Le front de monsieur Amine est barré d'une ride profonde. Tout en continuant à faire rouler les billes du chapelet, il réfléchit à la juste dose d'informations qu'il peut me livrer et à ce qu'il doit garder secret.

« Amine, comment font les gens qui veulent partir pour te trouver ?

– Comment tu m'as trouvé, toi ? ricane-t-il. Ceux qui veulent partir me trouvent toujours... La plupart des gens qui partent sont assez éduqués. Souvent, les très pauvres ne sont pas au courant du système pour aller en Europe. »

Les candidats suffisamment riches partent en avion. C'est la grande majorité. « Ils partent avec deux passeports : le leur et un deuxième que je leur vends 3 000 ou 4 000 dollars. » Le deuxième est un passeport volé dont on a changé la photographie d'identité. L'interversion des documents de voyage se fait généralement à l'aéroport international de Dubaï, le plus important du monde en termes de volume de passagers – 70 millions de personnes chaque année, soit l'équivalent de la population française. Là, les clients jettent leur vrai passeport dans les toilettes et continuent leur trajet avec le passeport volé. Désormais, ils voyagent sous un faux nom.

Monsieur Amine se désespère : « Aujourd'hui, c'est devenu très compliqué de falsifier les passeports, avec l'informatique et tout. Fais voir le tien... » Je lui tends mon passeport. Il l'incline dans tous les sens pour examiner à la lumière du néon la surbrillance des autocollants placés sur ma photo. « Tu vois, c'est ça qui est impossible à reproduire. » Pour un passeport pakistanais, cela reste faisable ; mais remplacer la photo sur un passeport français, allemand ou anglais est devenu hors de portée.

Soudain, le néon s'éteint, et les ventilateurs avec. Une coupure d'électricité de plus. Amine se lève pour aller ouvrir la porte et faire entrer un peu d'air dans la pièce. Sitôt qu'il s'est rassis, je reprends : « Combien de personnes as-tu expédiées en Europe cette année ? » Il plante ses yeux dans les miens, deux billes jaunes qui se sont allumées dans la semi-obscurité de la boutique. Ses doigts cessent de triturer le chapelet. Par la porte ouverte, on entend le brouhaha de la rue et le murmure d'une conversation dans le couloir. Il réfléchit à la façon dont il doit me répondre. Me mentir ? Me dire toute la vérité ? Ou une partie seulement ?

En 2012, me dit-il, il a fait partir deux personnes de sa propre famille par la route. Elles ont été arrêtées et renvoyées en Afghanistan, d'où elles ont fait une seconde tentative. Aujourd'hui, elles se trouvent en Europe, l'une en Autriche, l'autre en Roumanie. En 2013, au compte-gouttes tout au long de l'année, il a envoyé huit personnes jusqu'en Grèce via l'Iran et la Turquie, toujours par la route. Des Tadjiks et des Pachtounes, tous originaires d'Afghanistan. La plupart étaient installés au Pakistan avec un statut de réfugié ou un faux passeport pakistanais. Des hommes uniquement : « Les femmes et les vieillards sont comme les gros, ils sont faibles et ne peuvent pas marcher longtemps. » Il vient aussi d'envoyer six hommes par avion en Allemagne. Ils sont encore en route et il n'a pas la moindre nouvelle depuis plusieurs jours. Ils doivent lui téléphoner sitôt qu'ils seront arrivés à destination. Il est inquiet : tant qu'ils ne sont pas au bout de leur voyage, il n'est pas payé. Les 18 000 dollars payés par chaque personne sont pour l'instant bloqués chez un *sarrâf* de Peshawar, qui prend une commission sur l'opération.

Me dit-il la vérité ? Le nombre de ses clients est invérifiable : c'est la nature même de ce genre de business. Il me paraît bien faible comparé aux chiffres de certains passeurs jugés en France.

Je sens qu'Amine hésite un peu avant de poursuivre. Il me raconte qu'un jour un bateau transportant une centaine de migrants a chaviré entre la Grèce et l'Italie. Trois de ses clients qui se trouvaient à bord sont tombés à l'eau, l'un d'entre eux a été blessé. L'accident a fait trois morts. Je le provoque : « Amine, n'es-tu pas un peu responsable de la mort de ces gens ? » Les yeux jaunes se rallument immédiatement. Sa réponse est cassante : « Ils sont au courant des dangers de la route. On leur a dit. Après, ils font ce qu'ils veulent. »

Un silence épais s'abat sur le magasin, seulement rompu par le bourdonnement d'une mouche. Monsieur Amine va me mettre à la porte, j'en suis sûr. Son regard reste vissé au mien. Et puis, d'un coup, tout se délite dans son visage, ses traits, le circonflexe de sa moustache, le carré de sa mâchoire, l'arrondi de ses sourcils. Il dit tout bas, comme s'il se parlait à lui-même : « C'est vrai qu'ils n'ont pas beaucoup le choix. » Ses yeux ont perdu leur éclat jaune. Maintenant, ils sont pâles et regardent dans le vague. Cela ne dure qu'une poignée de secondes, un truc de rien du tout qui passe sur son visage, comme si son âme se mettait à nu.

Très vite, il retrouve son aplomb habituel. Le masque reprend forme. Pour se justifier, il se lance dans un discours virulent et désordonné sur les déséquilibres Nord/Sud, ces « fils de pute d'impérialistes américains » et la misère afghane : « L'Asie et l'Europe sont aussi différentes que le ciel et la terre. Qu'est-ce que tu crois ? Vous, vous pouvez choisir – ce que vous voulez manger, votre travail, votre maison… Nous, non ! Avec 100 euros en Europe, une famille de cinq personnes fait trois repas. Ici, ça fait 14 000 roupies, la même famille peut vivre pendant quinze jours. Et puis, chez nous, les hommes politiques ne sont pas éduqués. Donne un crayon à un membre du Parlement afghan, il ne saura même pas écrire son nom. Ce sont des imbéciles. Ils ne savent même pas à quoi sert le Parlement ! »

Le flot de paroles se tarit. Voyant qu'il se détend un peu, je me lance : « Amine, est-ce qu'on pourrait s'arranger pour que je rencontre certains de tes clients qui voudraient partir ? » Suis-je à ce point naïf pour demander ce genre de chose ? semblent dire ses yeux. Est-ce que le marchand d'armes dévoile l'endroit où il dissimule ses canons ? Amine sourit, narquois et compatissant, loup et agneau à la fois. C'est impossible, cela ne se fait pas comme ça, c'est extrêmement compliqué et très risqué, il n'est pas le seul dans la chaîne de décision, il faut que je comprenne ça… Le tout dit d'un ton ferme et entrecoupé de petits rires.

Il entreprend de m'expliquer plus en détail. Les policiers de l'aéroport d'Islamabad avec qui il « collaborait » viennent de se faire virer. Voilà qui crée de sérieuses complications pour lui. « Ça ralentit beaucoup l'activité, parce qu'il faut trouver des gens prêts à travailler avec moi et les autres, les remettre en place… »

Soudain, la petite lumière se rallume dans ses yeux : « Toi aussi, tu pourrais peut-être m'aider… » Il s'interrompt pour ménager son effet. « Mon fils, le plus jeune, je veux le faire passer en Angleterre. Il a 18 ans. Mon aîné est déjà là-bas, je l'ai envoyé il y a quelques années. Tu crois que mes fils vont trouver du travail s'ils restent au Pakistan ? Jamais de la vie ! Je peux l'envoyer jusqu'en France, mais après il est bloqué. Tu peux faire quelque chose pour moi ? »

Voilà les rôles inversés : le trafiquant me demande de faire passer son gamin de l'autre côté de la Manche. Je lui fais la même réponse que lui quelques jours auparavant : « Je vais y réfléchir… »

9

« Certains fonctionnaires participent au trafic de clandestins ! »

Aujourd'hui, j'ai rendez-vous à Islamabad, à l'ambassade de France, avec l'officier de liaison en charge de l'immigration clandestine. Je vais m'y rendre avec Hanan, Lamine – un des employés du magasin, qui sera notre chauffeur – et Bachir, qui a proposé de nous accompagner malgré ses maux de tête. Je ne suis pas mécontent de changer de décor après trois semaines à Peshawar. La ville commence à m'asphyxier.

L'ambassade occupe un immeuble blanc, moderne, aux vitres immaculées, niché dans l'enclave diplomatique d'Islamabad. Il s'agit d'une petite ville dans la ville, « bunkérisée » derrière des murs de trois mètres de haut protégés par des militaires et des barbelés. Ici sont regroupés les représentations étrangères et les sièges des organisations internationales. Un petit bout d'Occident où la vie s'écoule paisiblement à l'ombre d'arbres immenses qui commencent à perdre leurs feuilles. Le drapeau tricolore a été retiré du fronton de l'ambassade par mesure de sécurité, et je dois montrer à deux reprises mon passeport à des soldats avant d'être autorisé à me présenter à la porte d'entrée.

Monsieur T., le policier, m'attend dans le hall carrelé. Il est vêtu simplement, d'une chemisette à rayures rouges, d'un jean et de chaussures en cuir. Tandis que je marche à sa rencontre, je vois ses gros sourcils noirs se froncer et un pli inquiet se dessiner sur son front. Il se détend lorsque je lui tends une main cordiale et me présente en français. « Avec vos vêtements, j'ai eu un doute un petit instant, me dit-il. J'ai cru que vous étiez pakistanais ! Les journalistes pakistanais, eux, je ne leur parle pas. Je ne leur fais pas confiance. » Voilà plus de vingt jours que je porte quotidiennement mon *shalwar kameez* et mes sandalettes de cuir, et l'idée de me changer pour venir à Islamabad ne m'a pas traversé l'esprit. De toute façon, il fait trop chaud pour imaginer renoncer à la tenue ample et aérée des Pachtounes.

Nous longeons d'étroits bureaux aux portes grandes ouvertes dans lesquels des hommes et des femmes en costumes et chemisiers clairs travaillent devant leur écran d'ordinateur. À déambuler devant eux dans ma tenue traditionnelle, j'ai l'impression de me retrouver dans une soirée costumée où je serais le seul à être déguisé. Ou de me promener en chemise de nuit sous les ors de la République... Nous entrons finalement dans une vaste salle de réunion déserte et prenons place autour d'une table beaucoup trop longue pour un simple tête-à-tête. Nous entamons notre conversation avec en bruit de fond le ronron du climatiseur à l'autre bout de la pièce.

Monsieur T. est chargé de la lutte contre l'immigration clandestine au Pakistan. D'une voix calme et détachée, il m'explique que son travail consiste à la stopper à la source, avant même que les migrants ne posent le pied en Europe. Il ne s'occupe que de l'immigration par voie aérienne, c'est-à-dire des gens qui voyagent avec de faux documents. « On en parle peu, mais c'est énorme ! » assure-t-il.

De fait, cette filière lucrative et discrète, si elle est moins spectaculaire que les barques chargées de clandestins traversant la Méditerranée, représente beaucoup plus en volume. Elle a aussi donné naissance à une véritable industrie des faux papiers. Selon Frontex, les aéroports constituent le principal canal d'entrée illégale dans l'Union européenne. L'image de monsieur Amine se lamentant de l'arrestation de ses « collaborateurs de l'aéroport » me revient en mémoire.

« Ici, au Pakistan, poursuit monsieur T., nous ne sommes que trois policiers européens à lutter contre l'immigration clandestine : un Allemand, un Anglais et moi. Ce n'est rien pour un pays de 180 millions d'habitants. On tente de se relayer pour qu'en permanence l'un d'entre nous soit présent à l'aéroport d'Islamabad. Chaque jour, seize vols décollent en direction de l'espace Schengen... » Autant d'embarquements à surveiller.

Officiellement, monsieur T. doit former les douaniers pakistanais à détecter les faux passeports et les visas douteux grâce à quelques indices – un nom effacé, une typographie inhabituelle, une photographie peu ressemblante, un comportement louche... « Mais les policiers pakistanais manquent de tout, déplore-t-il. L'autre jour, ils m'ont demandé des loupes, celles qu'on utilise pour examiner les passeports. Ils n'en avaient pas, alors que c'est la base ! » Il marque un petit temps d'arrêt, puis, d'une voix soudain plus basse, bien que nous soyons seuls dans la pièce, me confie qu'il surveille les douaniers eux-mêmes : « Certains fonctionnaires participent au trafic de clandestins qu'ils sont censés combattre. »

En juillet 2013, un réseau de trafiquants profitant de complicités au sein du personnel de l'aéroport d'Islamabad et de la Turkish Airlines a été démantelé. Plusieurs officiers de l'Agence fédérale d'investigation (FIA) pakistanaise – le renseignement intérieur – ont été mis en cause. « C'est moi qui ai sorti cette affaire, glisse monsieur T., l'œil pétillant. Depuis, les autorités pakistanaises l'appellent le *French case.* »

Il pousse devant moi quelques coupures de presse rassemblées dans une pochette cartonnée. Le communiqué du ministère de l'Intérieur pakistanais daté du 17 juillet 2013 évoque l'arrestation des agents de la FIA – « un inspecteur, un assistant et un policier ». Je trouve aussi un article de *The Dawn* et un autre de *The Nation*, les deux grands quotidiens anglophones du pays. Dans le second, on peut lire :

« Pour la toute première fois dans son histoire, l'Agence fédérale d'investigation (FIA) a arrêté trois de ses propres agents mercredi et renvoyé un directeur adjoint pour leur implication présumée dans un trafic d'êtres humains. [...] D'après différentes sources, trois passagers, deux hommes et une femme, ont essayé, il y a trois semaines, de se rendre à Paris via Istanbul à bord d'un avion d'une compagnie étrangère avec de faux papiers. Ils ont été arrêtés à Istanbul. L'enquête a montré qu'ils étaient partis de l'aéroport international Benazir Bhutto [l'aéroport d'Islamabad]. [...] Des centaines de plaintes dénoncent l'implication de la branche Immigration de la FIA dans le commerce des humains : elle aiderait des personnes à voyager avec de faux documents en échange d'importantes sommes d'argent [...]. »

Quand je relève la tête, je vois le policier me fixer placidement derrière ses lunettes à fines montures. « Au total, reprend-il, on a arrêté une dizaine de personnes dans cette affaire. Les Pakistanais sont emmerdés. Imaginez, des policiers chargés de lutter contre le trafic de clandestins qui y sont impliqués... C'est ça, la corruption au Pakistan ! »

Comment a-t-il découvert le pot aux roses ? « J'ai été contacté par l'aéroport d'Istanbul, où ces trois personnes venaient d'être arrêtées avec de faux papiers. J'ai tout de suite tiqué quand on m'a donné leurs identités : quelques heures plus tôt, un employé de l'aéroport d'Islamabad était venu me trouver précisément pour me montrer leurs passeports. Il avait un doute sur leur authenticité. » Les passeports étaient bien imités, mais ils étaient faux. Malgré la mise en garde du policier français, l'agent pakistanais a eu les yeux plus gros que le ventre et a voulu tenter le coup en laissant ces passagers embarquer sur le vol pour Istanbul. Il devait toucher une bonne commission là-dessus.

La corruption coule dans les veines du Pakistan. C'est le mauvais génie de ce pays. Elle est à la fois ce que fuient les gens et ce qui les aide à fuir. « Tout le monde y trempe, soupire monsieur T. Ce que l'on a du mal à comprendre vu d'Europe, c'est qu'ici personne ne voit l'immigration illégale comme un crime. On la considère plutôt comme une bonne action. Aider une personne à fuir en Europe, c'est lui rendre service. Les douaniers se disent que celui qui part pourra faire manger toute sa famille avec l'argent qu'il gagnera là-bas. Aucun argument ne fait le poids face à cela. » Il ajoute d'un ton résigné : « Et puis, il ne faut pas s'étonner que certains policiers pakistanais soient corrompus. Ils gagnent entre 60 000 et 65 000 roupies par mois [entre 430 et 470 euros]. Un passager clandestin leur rapporte 2 000 euros d'un coup. Le calcul est vite fait : c'est presque six mois de salaire. »

Cela fait maintenant deux bonnes heures que nous discutons dans cette immense salle de réunion et, avec la climatisation, je commence à avoir le bout des orteils gelé. Je me demande ce que Bachir et Lamine peuvent bien faire dehors. Nous avons dû nous séparer aux portes de l'enclave diplomatique. Mon passeport français me permettait d'y pénétrer, leurs passeports afghans ne leur donnaient aucun droit. Les gardes armés n'ont rien voulu savoir. La ligne invisible tracée entre nos nationalités prenait effet ici. Ils ont pris une bouteille d'eau et un paquet de cigarettes, sont sortis de la voiture et se sont éloignés, résignés à tuer le temps. Hanan, avec son passeport estampillé « Réfugié », a eu le droit de m'accompagner jusque dans le hall.

Nous étions partis de Peshawar au petit matin, alors que la clarté gagnait du terrain sur les étoiles et que la fraîcheur de la nuit imprégnait encore l'air. Dans les rues de la colonie, les chiens dormaient enlacés. Nous avions roulé pendant deux heures et fait une courte halte à proximité du fleuve Kaboul pour petit-déjeuner dans une station-service. Ce repas fait de thé au lait, de pain et d'omelette aux poivrons nous avait donné des forces pour la journée.

Les longues heures passées avec mes hôtes depuis mon arrivée, des discussions dans l'arrière-boutique de Peshawar aux repas que nous partagions, m'avaient laissé croire que rien ne me distinguait de Saïd, de Najib et de Rachid, les trois frères de Hanan, pas plus que de Bachir ou de Lamine. La *melmastia*, l'art de l'hospitalité, m'avait fait l'égal de mes hôtes. Mais aujourd'hui la loi des États me rappelait à la réalité : les 36 grammes de mon passeport pesaient infiniment plus lourd que le poids de ceux de Bachir et Lamine réunis.

Monsieur T. poursuit ses explications d'une voix calme et posée. Selon lui, les histoires de trafic qui paraissent dans les journaux pakistanais ne sont qu'un échantillon. Il s'agit d'une véritable industrie qui tourne à plein régime et que les policiers ne peuvent enrayer, faute de preuves et de moyens. Et d'énumérer les affaires : il y a eu celle des cartes d'embarquement de la Pakistan International Airlines (PIA), celle des faux visas italiens, celle des faux visas libyens... On dirait un catalogue d'agence de voyages : indiquez votre budget, le nombre de voyageurs, la destination de votre choix, et nous vous proposerons la formule qui vous correspond le mieux.

L'un des subterfuges le plus couramment utilisés est la technique du *look alike*, comme l'ont baptisée les policiers. Pour un Européen, tous les Pakistanais se ressemblent entre eux, de même que les Chinois, les Noirs ou les Indiens. Certains diront que c'est raciste. « Les passeurs ont en tout cas bien compris les bénéfices qu'ils pouvaient tirer de cette confusion, et ils envoient par dizaines des clients munis de vrais passeports avec des photos qui ne sont pas les leurs. »

Le policier entreprend de m'exposer l'affaire de la PIA. En 2010, cinq passeurs binationaux – deux Hispano-Pakistanais, deux Anglo-Pakistanais et un Italo-Pakistanais – ont commencé à utiliser leur double nationalité pour faire voyager sous leur identité des candidats à l'exil, avec la complicité d'employés de la Pakistan International Airlines et de policiers de l'aéroport.

L'arnaque était bien rodée. Première étape : les passeurs se présentent en personne à l'enregistrement des bagages, munis de leur passeport et d'un billet d'avion à leur nom, comme s'ils s'apprêtaient à s'envoler pour l'Europe. À ce stade, le contrôle des documents de voyage est rigoureux : impossible de s'y présenter avec un faux.

Les trafiquants récupèrent leur carte d'embarquement et franchissent les contrôles de sécurité pour gagner la zone d'embarquement. C'est là que leurs complices interviennent : en les faisant passer par les salons VIP, ils leur permettent de ressortir de l'aéroport. À l'extérieur, les candidats au départ les attendent, un faux passeport en poche. Sur ce document figurent les nom et prénom véritables du passeur, qui correspondent à ceux de la carte d'embarquement, mais la photo est celle du client.

Les clandestins gagnent la salle d'embarquement en passant par les salons VIP où, une fois de plus, policiers et employés de la PIA ferment les yeux. Il ne leur reste plus que le guichet d'embarquement à franchir : là, une hôtesse vérifie de nouveau les passeports, mais le contrôle n'est pas aussi drastique qu'à l'enregistrement. Puis ils peuvent s'installer confortablement dans l'appareil qui s'apprête à les conduire en Europe.

Le subterfuge a fonctionné pendant deux ans sur le vol hebdomadaire de la Pakistan International Airlines reliant Islamabad à Londres. En 2012, un employé de la PIA, aigri d'avoir essuyé un refus de ses collègues alors qu'il souhaitait participer à la combine, a vendu la mèche à l'un des policiers européens en poste à l'aéroport.

Une autre filière d'immigration clandestine, cette fois vers la Libye, s'est mise en place au lendemain de la chute de Mouammar Kadhafi, au printemps 2011. Des trafiquants sont parvenus à acheter un employé de l'ambassade libyenne en poste à Islamabad – dont l'identité n'a pas été découverte – pour qu'il octroie abusivement des visas de travail. « Un document légal mais frauduleusement obtenu », dans le jargon policier. Une fois ce visa en poche, il ne reste plus aux clandestins qu'à sauter dans un avion de la compagnie émiratie Etihad pour Tripoli. En réalité, jamais ils ne travailleront sur le sol libyen. « À Tripoli, ils sont réceptionnés par des passeurs pakistanais établis sur place. Ils y patientent entre trois et quinze jours, le temps pour les passeurs d'avoir suffisamment de monde pour remplir un bateau, et puis ils sont envoyés en mer, direction Lampedusa. » D'après la police italienne, le nombre de Pakistanais qui débarquent en Italie a augmenté depuis la chute de Kadhafi. Monsieur T. s'amuse presque de l'incongruité de la chose : « Qui imaginerait que des Pakistanais vont passer par la Libye pour se rendre en Angleterre ? »

Le trafic touche également les visas de travail délivrés par l'Italie. Ce pays manque de main-d'œuvre dans plusieurs secteurs tels que l'agriculture, la restauration et le bâtiment, où la paie est faible et les horaires sont ingrats. Même les

Italiens les plus pauvres ne se bousculent pas pour occuper ces postes. Dès que l'État italien a mis en place une procédure d'invitation des travailleurs étrangers, les réseaux criminels s'en sont emparés. Le système est très simple : les trafiquants approchent des employeurs italiens et les paient pour qu'ils rédigent une « lettre d'invitation » à l'attention d'un candidat au départ. La lettre est envoyée à la chambre de commerce en Italie pour être validée et recevoir un agrément, clé de voûte du dispositif. À la réception de l'agrément, l'ambassade italienne au Pakistan délivre le visa de travail. La même combine existe au Bangladesh et au Sri Lanka. « Les visas sont obtenus indûment, mais légalement, souligne monsieur T. Moi, je ne peux rien faire. Les types qui ont ce genre de papiers, je suis obligé de les laisser partir. Les mafieux font payer le voyage 9 000 dollars. Une partie est versée comme acompte, le reste est dû par le clandestin à son arrivée. »

Je n'entends plus de bruit dans les bureaux alentour. Les employés ont probablement fini leur journée. La lumière de la pièce me paraît soudain très crue. Je réalise que l'électricité n'a pas encore été coupée une seule fois depuis plus de trois heures que je suis ici. Trois heures à tenter de décrypter un pan de ce commerce artisanal sidérant qu'est l'immigration clandestine moderne.

Monsieur T. me tend un dernier document : « Ça, c'est un autre type de combine autour du trafic de clandestins. Peut-être la pire… Avec celle-là, les candidats au départ n'ont même pas l'occasion de monter dans un avion. Ils se font juste escroquer. » J'ai sous les yeux une publicité pour un institut d'enseignement, Eurocollège, situé à Paris. Il y a une adresse – 10, rue du Colonel-Combes, dans le VIIe arrondissement –, un numéro de téléphone et un site Internet. Le policier soupire : « Tout cela a l'air bien réel, sauf que c'est bidon ! Le téléphone ressemble à un numéro parisien et on obtient quelqu'un au bout du fil, mais en réalité il est hébergé au Danemark. Quant au numéro 10 de la rue du Colonel-Combes, il n'existe pas. »

Eurocollège est un centre d'enseignement inventé de toutes pièces, qui soutire plusieurs centaines d'euros aux candidats à l'exil en leur promettant de leur faire bénéficier d'un visa étudiant en règle et d'une scolarité garantie en Europe. « Les agences de ce genre ont pignon sur rue au Pakistan. Elles ont de vrais locaux et font ouvertement de la publicité. Elles proposent un visa Schengen pour 100 000 roupies [environ 700 euros]. » Que sont 100 000 roupies contre la « vie meilleure ailleurs », comme disent leurs prospectus ?

L'une des arnaques les plus retentissantes est l'affaire de la Future Concern Associates, qui a éclaté en 2012. Selon la presse pakistanaise, le patron de cette société, Asim Malik, et sa femme, Zobia Rubab Malik, auraient détourné entre 500 millions et 4 milliards de roupies, des sommes versées par des candidats à l'immigration en échange de visas de travail et de permis de résidence fictifs. Dans ses publicités, la compagnie proposait le plus sérieusement du monde d'obtenir la double nationalité de son choix : « Choisissez de devenir pakistano-canadien, pakistano-anglais, pakistano-américain, pakistano-australien. » Elle se vantait d'être la « pionnière » dans ce domaine, d'avoir déjà « envoyé avec succès des milliers d'immigrés en Europe, en Nouvelle-Zélande, en Angleterre, en Australie », et d'être la société de consultance pakistanaise la « plus professionnelle en matière d'immigration ». En janvier 2014, près de 200 clients avaient déjà déposé plainte auprès de la FIA. Si le fait de pouvoir s'acheter une nationalité paraît peu crédible à un esprit européen, des centaines de personnes y ont cru dur comme fer au Pakistan.

Les enquêteurs ont retrouvé la trace des multiples avoirs du couple Malik : des terres agricoles à Bhera, le village natal d'Asim, une immense maison à Lahore, ainsi que vingt-trois comptes bancaires – huit au nom de la compagnie, six au nom d'Asim et neuf au nom de sa femme. Malik aurait bénéficié de connexions haut placées dans un précédent gouvernement. Le 4 avril 2013, sa femme aurait réussi à fuir le Pakistan avec leurs quatre enfants sur un vol de la compagnie Emirates. Le couple, qui réside en Grande-Bretagne, attendait d'être fixé sur son éventuelle extradition vers le Pakistan.

Monsieur T. conclut notre entretien sur un ton désabusé : « Il y a tellement de gens qui veulent partir de ce pays, tellement de problèmes, entre les coupures d'électricité, la corruption et les bombes… Je ne pense pas qu'on puisse réellement empêcher ces gens d'aller en Europe. On peut les freiner, mais les arrêter, non. »

Quand je quitte l'enclave diplomatique une vingtaine de minutes plus tard, je suis happé par la nuit tiède qui est tombée sur la capitale. Hanan n'est plus dans le hall de l'ambassade. Je le retrouve au-dehors en compagnie de Lamine et de Bachir. Tous trois sont assis sur un terre-plein herbeux au beau milieu de la voie rapide. Ils fument de fines cigarettes de tabac en silence, les yeux perdus dans le lointain, en direction de l'immense mosquée Faisal, qui, dit-on, peut accueillir plus de 70 000 croyants.

Quelques jours plus tôt, je rencontrais monsieur Amine, le passeur ; il y a quelques minutes, je m'entretenais avec monsieur T., le policier ; et je suis là, maintenant, avec Bachir et Lamine, candidats au départ. En réfléchissant à mes va-et-vient entre ces univers, un immense sentiment d'absurdité m'envahit. Policiers, passeurs, migrants : tous se connaissent et tous savent que les règles du jeu sont truquées. Pourtant, le jeu ne s'arrête jamais.

10

« Si le flic se rend compte que tu es français, c'est pas 2 ou 3 euros qu'on va devoir lui donner… »

Je me suis endormi sur la banquette arrière de la Toyota pendant le retour vers Peshawar, bercé par le ronflement du moteur et la voix suave de la chanteuse Gulnar Begum dans l'autoradio. Je me réveille en entendant crisser le gravier sous les pneus. Le véhicule s'immobilise et Lamine coupe le contact. Nous sommes arrêtés sur le bas-côté de la route. La nuit est tombée pour de bon. Un coup d'œil à ma montre : 19 h 18.

J'entends Lamine marmonner : « Qu'est-ce que tu me veux, enculé ? » Lui, si calme d'ordinaire, a le regard noir et le visage fermé. Ses mains se crispent sur le volant. Il profère entre ses dents des mots que je ne comprends pas.

Un policier apparaît à la portière, uniforme beige, longue matraque pendue à la ceinture. « Ferme ta bouche ! me murmure Hanan, assis à côté de moi. Si le flic se rend compte que tu es français, c'est pas 2 ou 3 euros qu'on va devoir lui donner… » Le policier fait signe à Lamine de baisser sa vitre et lui demande son permis ainsi que les papiers de la Toyota. Il examine les documents avec une moue qui tord sa moustache, se gratte le crâne, puis se dirige vers son véhicule garé quelques mètres devant nous. Lamine continue de maugréer : « Fils de pute, fils de pute… »

Je chuchote à Hanan :

« Peut-être qu'il ne va rien nous demander…

– Tu rigoles ? Ils demandent *toujours* quelque chose. Les flics, ici, c'est pas ceux de chez vous. »

Le fonctionnaire revient et dit que ça ne va pas. La voiture n'est pas au nom de Lamine, mais à celui d'un des frères de Hanan. Il ne peux pas nous laisser repartir.

Une conversation animée s'engage en ourdou avec Lamine et Hanan. Je ne comprends strictement rien. Bachir, sur le siège passager, garde le silence. Avec son passeport afghan, il a tout intérêt : il y a quelques mois, un cousin afghan de Hanan a fini en prison pour n'avoir pas suffisamment graissé la patte des policiers qui le contrôlaient.

La discussion se poursuit. Lamine glisse quelques billets dans son permis de conduire et le tend au policier en lui demandant de bien vérifier s'il ne s'est pas trompé, mais l'autre n'en démord pas : il ne peut pas nous laisser repartir. Après quelques billets supplémentaires, le flic hoche la tête : c'est bon, les papiers sont en règle. Nous pouvons redémarrer. Au total, 300 roupies, soit 2,70 euros.

Nous roulons depuis une heure environ dans la nuit noire, au milieu d'un trafic dense et bigarré de camions et de triporteurs, quand, de nouveau, un policier apparaît dans le faisceau de nos phares. De la main, il pointe le bas-côté. Il est entouré de plusieurs collègues occupés à arrêter les véhicules.

Le silence s'abat dans la voiture. Lamine peste tout bas en pachto : « Pourquoi tu m'arrêtes, fils de pute ? »

La scène précédente se répète. Cette fois, c'est notre assurance qui ne va pas. On discute. Le flic tergiverse. Finalement, nous lui glissons 200 roupies et nous repartons.

Je demande à Hanan si les policiers réclament une somme précise. « Non, jamais, me répond-il. Ces chiens te font comprendre sans le dire que tu dois payer. Tout le monde le sait, c'est tout. La somme, c'est à la tête du client. Si tu as l'air d'avoir de l'argent et que ton *shalwar kameez* est élégant, ils te feront payer plus cher. »

Nous avons à peine parcouru un kilomètre qu'un nouveau fonctionnaire apparaît. Lamine laisse éclater sa colère et frappe le volant avec rage. Cette fois, tout se passe très vite. Lamine ne cherche même pas à négocier : il glisse une poignée de billets dans la main du flic et démarre aussi sec, soulevant un nuage de poussière. Il rit à gorge déployée : « Haha ! Je l'ai bien eu, ce fils de pute ! » Il a lâché beaucoup de billets, mais seulement des petites coupures. Cela lui donne vaguement le sentiment d'avoir grugé le policier, mais c'est tout de même 180 roupies.

Nous ne serons plus arrêtés jusqu'à Nowshera, où nous arrivons une heure plus tard.

11

« Ah bon, les Africains aussi ? »

Depuis mon entretien avec le policier de l'ambassade, ses derniers mots ne me quittent plus : « On peut freiner les clandestins, mais les arrêter, non. » Dans la bouche d'un policier, cela peut sonner comme un aveu d'échec, mais je le prends davantage comme un constat lucide, loin des formules à l'emporte-pièce des politiques de tout bord. Et, avec ce que je vois et entends depuis un mois, je ne suis pas loin de partager son avis. J'ai rencontré trop de jeunes garçons prêts à partir à l'autre bout du monde sans même savoir à quoi cela ressemble, des types qui ne connaissent rien des autres continents et qui pensent que Londres est un pays...

Le 11 octobre 2013, un bateau avec 250 migrants à son bord, essentiellement des Africains, a fait naufrage au large de Malte, causant la mort de plusieurs dizaines d'entre eux. Assis avec mes compagnons habituels dans la *hojra*, je m'enquiers de ce qu'ont dit de l'événement les journaux télévisés pakistanais, si toutefois ils l'ont rapporté.

« Ce sont des Afghans et des Pakistanais qui sont morts ? me demandent-ils.

– Non.

– Ils étaient partis de Turquie pour le Yunan ?

– Non plus, ce sont des Africains partis des côtes africaines.

– Pour quoi faire ?

– Mais pour rejoindre l'Europe !

– Ah bon, les Africains aussi ? »

Avec nos yeux d'Européens, nous voyons débarquer la misère de partout. Avec leurs yeux d'Afghans, ils ne voient la misère que chez eux.

Mon séjour au Pakistan touche à sa fin. Ce matin, je circule à bord du taxi d'Ayoub, un tas de tôle au moteur hurlant qui paraît sur le point de tomber en morceaux à chaque virage. Le frein à main est cassé, une tige de métal fait office de levier de vitesses et la fenêtre arrière ne ferme plus, en conséquence de quoi je respire d'épais nuages de poussière. Plié en deux derrière son volant, Ayoub ressemble à un lutteur de foire qu'on aurait fait rentrer dans une voiturette de manège. La lèvre grasse, le regard éteint, il ne réfléchit pas bien vite. Il n'est pas idiot, juste un peu lent. Personne ne souhaiterait recevoir une claque de l'une de ces mains de géant, mais Ayoub est en réalité doux comme un agneau et aussi timide qu'un gamin un jour de rentrée des classes. Quand Hanan me l'a présenté, le colosse, tout impressionné de se retrouver face à un Européen, m'a murmuré un « bonjour » de souris.

Nous roulons sur l'immense nationale 5 qui traverse Peshawar d'est en ouest. À une intersection, Ayoub ralentit et se penche vers Hanan, assis sur le siège passager, pour lui susurrer quelques mots. Hanan annonce alors : « Torkham, c'est tout droit ! »

Depuis le siège arrière, je m'étonne :

« Qu'est-ce que tu fais ?

– Je lui lis les panneaux. Ayoub, il ne sait pas lire.

– Mais je devine les lettres ! » précise l'intéressé de sa voix douce.

Notre destination est le camp de réfugiés afghans de Tajabad, à l'ouest de Peshawar, où vit l'un des oncles d'Ayoub. Pour l'instant, nous nous trouvons dans le quartier de l'université. Derrière un grillage, la façade flambant neuve et immaculée de la faculté crée une bulle de modernité et de splendeur qui tranche avec les immeubles lépreux des alentours. De jeunes hommes en jean et chemisette, ordinateur en bandoulière, se promènent sur des trottoirs bien lisses au milieu de pelouses verdoyantes soigneusement entretenues. J'aperçois même quelques jeunes filles au nez percé de diamants, portant des foulards colorés qui laissent largement apparaître leur visage et la racine de leurs cheveux.

Le taxi branlant ralentit à cause du trafic. L'université disparaît pour laisser place à une enfilade de marchands ambulants. « Ce sont des Afghans, me dit Hanan. Si on regarde bien, on voit qu'ils ne vendent que de la cuisine traditionnelle afghane. On n'est plus très loin du camp. » Sur les trottoirs éventrés, à la place des jeunes gens vêtus à l'occidentale circulent maintenant des hommes en *shalwar kameez*.

Soudain, la voiture bifurque dans un chemin. Nous évitons une carriole tirée par un âne et conduite par deux gosses braillards, franchissons une voie ferrée envahie de chiendent, et nous voici arrivés dans le camp de Tajabad. La province de Peshawar compte 470 000 immigrés afghans, répartis pour la plupart dans une soixantaine de camps semblables à celui-ci. Pas la moindre parcelle d'ombre à l'horizon. Les baraques sont faites de boue séchée et d'une charpente de paille. On ne sait pas toujours où commencent les murs, le sol étant lui-même de boue. Des gosses nus comme des vers courent au bord du chemin défoncé. D'autres, vêtus de haillons, jouent au cerf-volant sur un terrain vague.

Tandis que son taxi longe les cahutes, Ayoub endosse le rôle du guide. Sa voix se fait plus assurée. « Dans le camp, les "maisons" sont gratuites. Ce sont les habitants eux-mêmes qui les ont construites avec de la terre et ce qu'ils ont pu trouver. Il n'y a ni eau, ni gaz, ni électricité. Pour l'eau, on va à la rivière. Quand il pleut, les maisons s'effondrent. On les reconstruit quand il fait beau. » Il pile brutalement pour laisser passer une chèvre, puis reprend : « Les réfugiés qui vivent ici ont tous quitté l'Afghanistan au moment de la guerre avec les Russes. Cela fait longtemps qu'ils sont là, au moins trente ans. Dès que les gens du camp ont un peu d'argent, ils s'installent de l'autre côté de la route. » Du doigt, il montre une enfilade de maisons étroites aux murs de pierre et de ciment, entourées d'une forêt de fils électriques qui se balancent au vent. « Pour ces maisons-là, il faut payer un loyer, entre 10 000 et 15 000 roupies [78 à 116 euros]. Ce sont souvent ceux qui ont un fils ou un frère en Europe qui arrivent à s'installer là. »

En écoutant les explications d'Ayoub, une idée prend forme dans mon esprit : on ne comprend rien à l'immigration massive vers l'Europe si on ne regarde pas les vagues d'immigration régionale qui la précèdent. Pour saisir la dynamique du grand voyage européen, il faut d'abord examiner toutes les tentatives infructueuses des migrants pour s'installer dans des pays voisins.

L'autre jour, Bachir, l'ami de Hanan venu de Kaboul pour se faire soigner, a retracé pour moi son exil de plusieurs années entrecoupé de retours en Afghanistan. En Iran, il était boulanger ; il est retourné en Afghanistan après avoir fait de la prison. Au Qatar, il a travaillé sur des chantiers de construction ; il en est parti parce qu'il s'est fait tabasser. Au Pakistan, il a aussi été boulanger. Dans chacun de ces pays, il a vécu en clandestin. La prochaine fois qu'il partira, ce sera l'Europe : là-bas au moins, pense-t-il, « on ne me cassera pas la gueule ».

À Paris, j'avais rencontré Moktar, un Afghan qui avait vécu pendant de nombreuses années dans un quartier populeux du sud de Téhéran. C'était l'Iran qu'il avait fui – et non l'Afghanistan, son pays de naissance – lorsque les Gardiens de la révolution, qui l'avaient recruté à l'âge de 14 ans, avaient subitement décidé, six ans plus tard, de l'envoyer combattre en Palestine. Les centaines de Bangladais qui arrivent en Europe après avoir été employés clandestinement sur des chantiers dans le golfe Persique racontent le même genre d'histoire. Interrogés en 2012 par Frontex, ils expliquaient avoir fui la crise du bâtiment qui sévissait là-bas. « Les salaires avaient chuté, ainsi que les possibilités d'emploi, et un grand nombre d'entre eux ont décidé de rejoindre l'Europe, les passeurs leur faisant miroiter de meilleurs emplois et de meilleurs salaires en Grèce », note un rapport de 2013 de l'UNODC (Office des Nations unies contre la drogue et le crime) sur le trafic de migrants au Pakistan.

De la même façon – j'en prends conscience aujourd'hui en découvrant le camp de Tajabad –, bien des Afghans qui atteignent l'Europe sont en réalité partis de chez eux des années plus tôt. Ils n'ont pas quitté leurs maisons en Afghanistan, mais les camps dans lesquels ils ont été parqués au Pakistan après la fin de la guerre contre les Soviétiques.

Ayoub gare son taxi à mi-chemin du camp de boue et des maisons en dur et dégaine un téléphone portable aux touches usées pour appeler son *mâma*, son oncle. Les Pachtounes ont deux mots différents pour désigner leurs oncles. Celui du côté maternel, le *mâma*, n'est pas considéré comme faisant vraiment partie de la famille ; tout au plus est-il perçu comme une bonne connaissance. En revanche, celui du côté paternel, le *treûh*, a le statut d'oncle « à part entière ».

Pendant qu'il téléphone, je sors de la voiture. Ma tunique ondule dans le vent d'est. Celui-ci charrie toujours autant de poussière, dont j'essaie de me protéger les yeux.

Le *mâma* d'Ayoub arrive au bout de trois minutes. C'est un gros homme borgne à la barbe blanche qui se nomme Saïd Hacham. Sans transition, après l'avoir salué, je l'interroge : « Ayoub m'a dit que votre fils était parti en Europe ? » Le vieillard ébroue sa tignasse. Oui, son aîné a pris la route de l'Europe, « comme tous les autres ». Il vit quelque part en Suisse depuis quatre ans maintenant. Il a des papiers en règle mais ne gagne pas beaucoup d'argent. Son neveu aussi est parti. Pour lui, la vie est encore plus injuste : il se terre, sans papiers, dans un quartier moisi d'une ville allemande au nom compliqué que Saïd Hacham ne parvient jamais à se rappeler. Son fils lui envoie-t-il de l'argent de Suisse ? « Un petit peu, quand il peut... Mais la vie est difficile là-bas, en Europe. Il gagne 500 euros les bons mois. » Plongeant son œil valide dans mes yeux rougis de poussière, le *mâma* caresse sa barbe de sa main calleuse.

Un homme se dirige vers nous. Hanan se crispe, comme chaque fois qu'un inconnu nous approche Le bonhomme s'arrête à notre hauteur, nous serre la main à tous et reste planté là à écouter notre conversation, les mains croisées dans le dos. Il a l'air de connaître Saïd Hacham. Je murmure ma question suivante dans le creux de l'oreille de Hanan : « Pourquoi le fils de Saïd Hacham est-il parti d'ici ? » Le vieux marmotte une réponse embrouillée : « Pas de travail, pas d'avenir… » Ce n'est pas vrai, comme me l'expliquera Hanan un peu plus tard. En réalité, il a fui à cause d'une dispute avec un cousin qui risquait de tourner au crime de sang. En Europe, c'est une justification légitime pour obtenir le statut de réfugié, mais ici c'est vécu comme une honte.

Hanan me tire fébrilement par la manche : « Encore une question, après il faut partir. » Ce bonhomme qui nous écoute sans rien dire le préoccupe. Je demande à Saïd Hacham dans quelle partie du camp il habite. Il montre du doigt les maisons en dur. Grâce au petit pécule envoyé par son fils, il est parvenu à quitter le camp de boue où il résidait depuis des années pour s'installer dans une « vraie » maison avec l'électricité, l'eau et le gaz.

Nous remercions Saïd Hacham et reprenons la route vers Nowshera.

12

L'heure du retour

La veille de mon départ tombe le jour de l'Aïd el-Kébir. Comme le veut la tradition, le père de Hanan égorge un veau dans la cour, devant les gosses installés en rang d'oignons sur des chaises de jardin. Tout en se vidant de son sang, la bête se révulse en nous fixant. Je crois un instant que je vais tourner de l'œil, mais je tiens bon.

Le lendemain, 18 octobre, encore vêtu de ma tenue traditionnelle, je m'envole pour Paris. Pendant l'escale à Istanbul, je redeviens moi-même, comme un serpent qui change de peau. Enfermé dans les toilettes, je refais à l'inverse les gestes effectués un mois plus tôt : je retire mon *shalwar kameez* et mon tricot de corps, enfile mon jean et mon t-shirt blanc bouchonnés au fond de mon sac depuis quatre semaines, chausse ma vieille paire d'Adidas. Me voici redevenu Arthur, simple touriste. Quand je monte à bord de l'avion qui me ramène en France, personne ne prête attention à moi.

Quelques jours plus tard, à Paris, je sors au métro Invalides, dans le très chic VIIe arrondissement. La rue du Colonel-Combes est un passage à sens unique, à deux pas de l'Assemblée nationale et des ministères. Hormis un chauffeur-livreur qui décharge sa camionnette, le trottoir est désert. Au bout de la rue, une petite plaque avec le numéro 10 est apposée sur un élégant immeuble. Mais de porte, point : on devine juste l'arc de pierre d'une ancienne porte cochère murée.

Rien n'indique la présence ici d'une quelconque école internationale. Monsieur T., le policier, disait juste : Eurocollège n'existe pas. La promesse d'avenir radieux se fracasse contre un mur de pierre.

En fin d'après-midi, je retrouve Hanan chez lui, dans son petit appartement en bordure du périphérique. Penchés au-dessus d'une carte de la Turquie, nous discutons de la suite de l'enquête. Nous allons refaire les étapes de son propre voyage. Les deux villes où nous allons nous rendre, Istanbul et Izmir, sont des nœuds importants du trafic de clandestins.

D'ici peu, nous serons de nouveau dans l'avion.

Deuxième partie

TURQUIE

Premier séjour : hiver 2013

13

« Les Turcs sont durs, très durs… »

Nous sommes à Istanbul depuis trois jours. En ce début du mois de novembre, le temps est froid ; les arbres se dépouillent de leurs feuilles, un soleil pâle peine à percer la couverture nuageuse et le vent souffle en bourrasques. Rien à voir avec la chaleur harassante du Pakistan, qui nous confinait dans l'ombre des maisons des heures durant.

Hanan et moi avons posé nos bagages dans une auberge pour touristes fauchés du centre-ville. Une chambre-dortoir exiguë avec quatre lits en fer, des placards individuels fermés par un cadenas et une seule douche pour tout l'étage. À notre arrivée, deux lits étaient déjà encombrés de valises et de vêtements en pagaille.

Avec ses rues regorgeant de touristes, « Istanbul la Magnifique », baignée dans une nuit bleue et fraîche, ne ressemble en rien à la dangereuse capitale pachtoune Peshawar. Dans les ruelles étroites du quartier de Fatih, furtivement traversées par des silhouettes de chats sauvages, les odeurs de viande se mêlent aux cris des vendeurs de thé, des rabatteurs de restaurant et des marchands de souvenirs. Les femmes marchent à l'air libre, la tête nue ou recouverte d'un simple foulard de couleur ; les hommes portent des jeans, des casquettes et des vestes de pluie. Loin des attentats à la bombe qui frappent régulièrement le Pakistan, c'est un monde rassurant et normé où les voyageurs étrangers viennent dépenser leurs devises.

Avec Hanan, nous marchons à pas lents, emmitouflés dans nos blousons d'hiver. Touristes parmi les touristes, anonymes parmi les anonymes, nous tentons de nous imprégner de l'atmosphère de la ville, à quelques pas de Sainte-Sophie et des dômes de la Mosquée bleue.

Nous nous arrêtons dans un restaurant pour boire une bière et manger un kebab d'agneau. Une fois nos assiettes terminées, le patron vient nous faire la conversation avec un sourire surjoué. « D'où venez-vous ? » demande-t-il. Il croit deviner que Hanan est turc, mais celui-ci dément.

« Iranien, alors ?

– Non plus. »

Arabie saoudite ? Libye ? Palestine ? Le petit jeu commence à nous amuser. Je livre un indice :

« Il n'est pas arabe et il vient de plus loin que l'Iran.

– Afghanistan ?

– Oui !

– C'est pas vrai ! s'exclame le patron. Deux de mes serveurs sont afghans ! »

Il claque des doigts et l'un des serveurs rapplique : élégant comme un premier communiant, les cheveux peignés en arrière, un nœud papillon rouge autour du cou. Hanan s'adresse à lui en dari pour que le patron ne puisse pas comprendre leur conversation : « *To, tchi e ? Cujo zendegi mikoni ? Afghani hastam.* » (« Qui es-tu ? D'où viens-tu ? Moi, je suis afghan. ») L'autre le regarde avec des yeux éberlués avant de lui tomber dans les bras et de poser trois bises sur ses joues froides. Kamal le Tadjik nous explique qu'il vient de la région de Kunduz, dans le nord de l'Afghanistan. Il semble regarder ailleurs lorsqu'il nous parle : l'un de ses yeux a été remplacé par une prothèse.

« Qu'est-ce que tu fais ici ? lui demande Hanan.

– Ça fait six mois que je suis coincé en Turquie. Je veux aller en Europe. Je suis arrivé jusqu'en Italie, mais j'ai été attrapé par la police et on m'a renvoyé ici. Les Turcs sont durs, très durs… (Il tourne discrètement son œil valide vers son patron et son sourire de miel, avant de poursuivre.) On bosse comme des chiens : 14 heures pour 20 dollars par jour. Et en plus on doit partager les pourboires. »

En plein cœur du quartier touristique d'Istanbul, voilà que la route des migrants s'impose à moi sans même que je l'aie cherchée. À quelques tables de nous, un groupe d'Américains discute fort, planifiant les visites du lendemain. Deux mondes se télescopent sous mes yeux : celui des touristes venus se détendre et dépenser leur argent par milliers, et celui des clandestins en transit pour l'Europe. Sans Hanan, je n'aurais rien su de ces deux univers distincts qui se frôlent sans cesse.

Sur un morceau de papier, Kamal griffonne son numéro de téléphone. On promet de se revoir dans les jours qui viennent. Dans un endroit plus tranquille, loin du patron mielleux et de la façade officielle que nous offre Istanbul.

Il est encore tôt, mais nous rentrons nous coucher. La journée de demain promet d'être longue. Nous devons tenter d'approcher les logeurs de clandestins du quartier de Zeytinburnu.

14

« Je mourrai, mais cet écrit de moi demeurera dans cette maison »

Lorsque je me réveille à 8 heures, Hanan dort encore. Une odeur de corps tièdes et de transpiration flotte dans la minuscule chambre. Deux formes indistinctes sont enroulées dans des couvertures sur les autres lits. Nos colocataires sont rentrés vers 3 ou 4 heures du matin. Avant de s'endormir, ils ont échangé à voix basse quelques phrases dans une langue que je ne suis pas parvenu à identifier.

Je descends au restaurant, où j'avale du fromage, du miel, des tomates et quelques olives noires, le tout arrosé de thé. Puis je prends une douche rapide et brûlante dans la salle de bains commune. Lorsque je reviens dans la chambre, elle baigne dans un demi-jour gris et immobile. Hanan, entre-temps, s'est levé et est descendu prendre son petit déjeuner.

Je prépare mes affaires en silence pour ne pas réveiller les deux autres, qui ronflent comme des fêtards un lendemain de bamboche. Il me faut tout prévoir pour faire illusion aux yeux d'un logeur habitué à héberger des clandestins afghans. De mon sac à dos, je retire mon passeport, mon portefeuille, mes billets d'avion, le roman de Simenon que je suis en train de lire. Je ne conserve que l'argent liquide – des lires turques plus quelques euros froissés – et un téléphone portable dans lequel j'ai introduit une puce de la compagnie Turkcell. J'ai bien pris soin d'effacer de l'appareil tous mes contacts, français comme étrangers, ainsi que les archives SMS. J'enfourne encore dans mon sac deux gros pulls d'hiver, quatre ou cinq t-shirts, une bouteille d'eau, des biscuits – tout ce qu'un type emporterait avec lui sur la route. J'ajoute pour terminer un crayon et quelques pages arrachées à mon cahier, que je chiffonne pour leur donner l'aspect de papiers usagés.

Pour ce qui est des vêtements, il s'agit d'être subtil. Les clandestins cherchent à tout prix à se fondre dans le décor des grandes villes occidentales. Pour cela, ils tentent de s'habiller comme n'importe quel jeune d'Istanbul, de Paris ou de Londres. Je dois faire comme eux. Autrement dit, moi, Occidental, je dois me faire passer pour un Afghan s'efforçant de ressembler à un Occidental. J'enfile un jean élimé, une veste de sport à capuche trouvée dans une friperie parisienne, un K-way, et j'entoure mon cou du keffieh afghan acheté dans les rues de Peshawar.

Un rapide coup d'œil dans la glace de la salle de bains : toujours cette barbe mal taillée, ces cheveux en pagaille, ce teint noiraud que je traîne depuis le Pakistan. À part le fait que mes vêtements d'Occidental ont remplacé mon *shalwar kameez*, me voilà redevenu Akhter.

Je retrouve Hanan autour d'un thé noir, au rez-de-chaussée de l'auberge. Il est déjà prêt à partir : il ne prend pas de sac avec lui, il n'en a pas besoin, me dit-il. Nous récapitulons une dernière fois l'histoire que nous avons élaborée. Nous sommes deux clandestins afghans que les passeurs ont transportés à l'arrière d'un camion depuis l'Iran. Au petit matin, les trafiquants nous ont largués en périphérie d'Istanbul avec pour seule consigne de nous rendre dans le quartier de Zeytinburnu pour trouver un toit pour la nuit. C'est là que vit la communauté ouzbèke, celle qui loge les migrants. En somme, pour trouver un lit, il faut trouver des Ouzbeks.

Ce dernier point est tout à fait véridique. Hanan a pu le constater quelques années auparavant quand il a séjourné dans la capitale turque : il a vécu trois mois caché dans une des *safe houses* de ce quartier tenues par des Ouzbeks. Des clandestins arrivant dans des maisons de transit semblables à celle-ci, il en a vu débarquer un paquet.

Quand je lui ai demandé pourquoi les Ouzbeks étaient si nombreux à Istanbul, Hanan m'a répondu en deux mots : la langue. L'ouzbek ressemble beaucoup au turc. Tous deux appartiennent à la famille des langues altaïques. Même grammaire, même syntaxe, mêmes racines. Beaucoup de mots se ressemblent : « eau » se dit *suv* (*su* en turc), « maman » se dit *ona* (*ana*), « maison » se dit *uy* (*ev*). De nombreux Ouzbeкs ont fui l'Union soviétique, puis la guerre en Afghanistan, pour immigrer en Turquie : ils y trouvent facilement du travail, car il est plus aisé de se faire embaucher par un employeur avec lequel vous pouvez vous comprendre. Au fil des ans, une importante communauté s'est constituée à Zeytinburnu.

Et pourquoi jouent-ils ce rôle de logeurs de clandestins ? Là encore, tout est question d'idiome. Une partie du peuple ouzbek vit en Afghanistan, du côté de Mazar-e-Charif, et parle aussi le dari, la langue commune à tout le pays. De fil en aiguille, la diaspora ouzbèke d'Istanbul s'est donc mise à jouer les interprètes et les intermédiaires pour les clandestins asiatiques. « Mais attention, les Ouzbeks ne logent pas tous les clandestins ! a précisé Hanan. Ils ne s'occupent que des Afghans, des Iraniens et un peu des Pakistanais. Jamais des Africains. Les Africains se débrouillent entre eux, dans d'autres quartiers. »

Ces explications concordent parfaitement avec ce que m'ont raconté des clandestins ouzbeks rencontrés à Paris lors d'un reportage sur la « musculation de rue » pour *Le Monde*. J'étais venu interroger des sportifs qui s'entraînaient au bord du canal Saint-Martin et j'avais découvert que des migrants de la gare de l'Est toute proche avaient pris l'habitude de s'exercer avec eux.

Notre mission du jour est donc de partir à la recherche des Ouzbeks. Nous avalons le fond de nos tasses et nous mettons en route.

Après quarante minutes de progression sinueuse, notre tramway atteint la station Zeytinburnu. Pendant le trajet, j'ai observé par la fenêtre le changement de paysage au fil des stations. Nous sommes partis de Fatih, où des troupeaux de touristes photographient à la volée les vendeurs de souvenirs, les coupoles de Sainte-Sophie et les faux derviches qui vous tendent les menus de restaurant. Progressivement, ils ont été remplacés par des Turcs. À mi-chemin, je n'ai plus vu que des Turcs sur les trottoirs, tandis que les supermarchés et les immeubles d'habitation se sont substitués aux monuments historiques.

Nous descendons sur le quai au milieu d'une foule dense et bruyante – des femmes coiffées de fichus, des ouvriers, des enfants, des vieillards marchant au ralenti. Personne ne semble nous remarquer avec notre teint mat, nos vêtements et nos chaussures usés. Zeytinburnu est un quartier d'immigrés ; des types comme nous, il y en a des milliers ici. Impossible de savoir qui est turc et qui est étranger, à moins d'engager la conversation, si l'on trouve une langue commune. Les seuls à se distinguer facilement sont les Ouzbeks du fait de leurs traits asiatiques et de leurs yeux en amande, comme les Chinois ou les Mongols. Mais, pour l'heure, nous n'en apercevons aucun.

Nous attendons quelques instants, le temps que le flot de voyageurs se tarisse, puis nous sortons de la station par l'un des tourniquets, au hasard. Un vendeur de chaussures nous hèle en turc pour nous vendre sa camelote ; je lui fais signe de la main que je ne suis pas intéressé. Nous empruntons une longue rue qui oblique vers le nord.

Durant plus de deux heures, nous errons dans le quartier, longeant des barres d'immeubles et des boutiques. Nous dévisageons discrètement les hommes que nous croisons, mais pas un seul ne ressemble à un Ouzbek.

Au milieu de l'après-midi, je commence à désespérer, quand nous tombons sur une longue artère piétonne et arborée, le « boulevard 58 », comme l'indique une petite plaque de métal vissée à l'angle d'un pâté de maisons. La rue file en pente en direction de la mer, dissimulée derrière les immeubles. Observant les restaurants et les boutiques de téléphonie, Hanan s'anime : « Je suis déjà passé par ici, on n'est pas très loin de là où j'étais caché. » Nous redoublons d'attention.

Quelques minutes plus tard, un adolescent de 15 ou 16 ans aux yeux en amande, les joues piquées d'acné, passe devant nous. Il porte une veste en cuir et un jean à la mode. Discrètement, nous lui emboîtons le pas, en restant à bonne distance pour ne pas éveiller ses soupçons. Deux ou trois cents mètres plus loin, le jeune garçon s'arrête et sort son téléphone pour passer un appel. Nous nous figeons. Dès qu'il range son portable dans la poche de son blouson, Hanan se lance :

« Salut, tu ne serais pas ouzbek, par hasard ? lui demande-t-il en dari.

– Si, pourquoi ? répond l'adolescent en nous jetant un regard surpris.

– Comment te dire… On n'est pas d'ici, on est perdus… et on cherche un endroit où dormir cette nuit. »

Et de lui raconter notre histoire, les passeurs qui nous ont lâchés au bord de la route, nous ont conseillé d'aller chercher à nous loger à Zeytinburnu, etc. C'est Hanan qui fait la conversation ; je reste mutique, les yeux rivés au sol, comme si j'étais trop timide pour parler.

Muhammad – c'est son prénom – montre du doigt une rue adjacente. Par là, il y a un café Internet tenu par un type qui a l'habitude de ce genre de demande ; il pourra nous aider. Nous le remercions et filons dans la direction indiquée.

Niché entre deux immeubles lépreux, le cybercafé arbore en vitrine les drapeaux de plusieurs anciennes républiques soviétiques – le Turkménistan, le Tadjikistan, l'Ouzbékistan… – ainsi que ceux de l'Afghanistan et du Pakistan. Dans la minuscule boutique, quatre personnes font la queue pour acheter des cartes téléphoniques prépayées. Des dizaines de téléphones sous plastique sont à vendre, suspendus au mur. Nous attendons notre tour en nous concentrant pour camper au mieux nos personnages.

L'homme rondelet assis derrière le guichet dépasse tout juste du comptoir. Il a des traits asiatiques. « *Salam*, comment vas-tu, tu es afghan ? » lui demande Hanan en dari. Le petit bonhomme hoche la tête :

« Je suis de Mazar-e-Charif.

– On nous a dit que tu pourrais nous aider… »

De nouveau, il lui ressert notre fable. Nous voulons poursuivre notre route vers le Yunan, la Grèce. On a de quoi payer, pas grand-chose, mais un peu.

Le type, qui ne nous écoutait que d'une oreille, se montre soudain intéressé. Il ponctue les phrases de Hanan de petits hochements de tête, puis inscrit un nom sur un morceau de papier : « Saïd Hafiz », suivi d'un numéro de téléphone. « Appelez-le de ma part, il pourra vous trouver quelque chose pour la nuit. »

Quatre ou cinq heures plus tard, nous voici de retour devant la boutique. Le boulevard 58 s'est dépeuplé. Quelques restaurants projettent des taches lumineuses sur les trottoirs.

Saïd Hafiz, à qui nous avons immédiatement téléphoné, nous a posé trois questions. Combien de personnes étions-nous ? Combien de temps souhaitions-nous rester cachés ? D'où venions-nous ? Une demi-heure plus tard, il nous a rappelés et nous a dit de nous présenter à 21 heures au café Internet où nous avions obtenu son numéro. De là, quelqu'un nous guiderait vers un autre point de rendez-vous pour retrouver un homme. Tout ce que nous devions savoir, c'est que ce second contact se prénommait Lamine. C'est lui qui nous logerait ce soir. « Le tarif par nuit et par personne est de 20 lires turques [7,5 euros] », a-t-il ajouté. Un prix quasi imbattable pour avoir un toit et du chauffage à Istanbul.

Je me suis demandé à quoi servaient toutes ces précautions. Cherchait-il à s'assurer que nous n'étions pas des policiers ? Quoi qu'il en soit, je n'ai connu de lui que sa voix, tout en retenue ; nous ne l'avons jamais rencontré.

Un Ouzbek d'une vingtaine d'années, grand et maigre, les joues couvertes de boutons, nous attend devant le cybercafé éclairé. Il nous entraîne immédiatement à sa suite tout en nous parlant d'un ton affable. Il est originaire de Kunduz, comme Kamal, le serveur du restaurant. Un jour, il ira en Europe, comme nous, mais pour l'heure il doit économiser.

Nous marchons vite dans la nuit froide. Il serait aisé de se perdre dans ce dédale de ruelles, et je comprends pourquoi il nous faut un guide. Je me demande tout de même s'il ne nous fait pas tourner en rond inutilement pour que nous perdions le sens de l'orientation.

Deux jeunes filles voilées arrivent en face. Notre guide les siffle : « Vous voulez pas venir nous voir sur notre trottoir, les filles ? » Elles l'injurient. Il éclate de rire. J'interroge discrètement Hanan :

« Il n'a pas peur de se faire emmerder par les Turcs, à faire ça en pleine rue ?

– Aucun risque, les filles sont afghanes. Il n'y a que des Afghans ici. Les Turcs s'en foutent pas mal de ce qui se passe dans ce quartier. »

Au bout d'une dizaine de minutes, nous arrivons à un vaste carrefour. Vieux réflexe acquis à Peshawar : je balaie les lieux du regard pour repérer une enseigne, un détail à mémoriser, au cas où il nous arriverait un pépin. J'avise une agence immobilière qui affiche son nom en lettres lumineuses : « Sarah ».

De l'autre côté de la rue, une silhouette s'encadre dans une porte cochère et nous fait un signe de la main. « C'est votre rendez-vous », se contente de dire notre guide, qui s'éclipse juste après qu'on lui a glissé quelques lires dans la main.

Lamine, notre logeur pour la nuit, a les yeux en amande, le menton glabre et les cheveux blonds et raides. Ouzbek, ça ne fait aucun doute. Sa tignasse peroxydée est la seule chose qui le distingue des hommes de sa communauté. Il nous serre la main. Je lui murmure un « *salam* » auquel il ne prête pas attention.

Nous nous présentons : Akhter et Hanan. Hanan lui débite notre histoire, détaille notre périple, explique où nous comptons aller ensuite. Il lui parle en dari, moi je me contente de hocher la tête par moments, quand je suis certain de savoir de quoi ils parlent. C'est ainsi que nous l'avons prévu : je dois faire le timoré et Hanan camper le leader de notre duo, le type plein d'assurance, celui qui négocie les prix.

Mon estomac doit ressembler à un sac de nœuds. J'ai deux peurs. La première, que Lamine m'adresse directement la parole. S'il ne le fait pas dans les premières minutes, le principal danger sera passé : il prendra sans doute l'habitude de ne parler qu'avec Hanan. La seconde concerne l'attitude qu'il va adopter à notre égard. Certains trafiquants sont corrects avec leurs clients ; d'autres les séquestrent pour extorquer plus d'argent à leur famille. On raconte parmi les clandestins de Paris que les passeurs albanais et kurdes sont les pires qui soient. Les Kurdes vous couperaient une phalange pour l'expédier à votre famille afin d'obtenir de l'argent. On dit aussi que, lors de la traversée des cols enneigés entre l'Iran et la Turquie, ils laissent mourir sur place les marcheurs épuisés.

Heureusement, notre *kouchakbar* n'est pas kurde. Il pose les yeux sur moi une fraction de seconde. Mon cœur s'accélère. Que va-t-il me dire ? Que vais-je pouvoir lui répondre ? Mais déjà il détourne le regard pour poursuivre sa discussion avec Hanan. Il confirme le prix que Saïd Hafiz nous a donné au téléphone, pour qu'il n'y ait pas de malentendu.

Le mot *money* ouvre toutes les portes sur la route des clandestins. Les migrants passent leur temps à parler d'argent, qu'il s'agisse de dire qu'ils n'en ont plus ou de négocier – de 10 dollars pour une nuit de sommeil au chaud à plusieurs milliers pour franchir une frontière. Au Pakistan, en Turquie ou encore en Grèce, toutes les grosses transactions se font en dollars. C'est la monnaie de référence du business de clandestins. En revanche, les petits deals s'opèrent en monnaie locale, qu'il faut convertir mentalement en dollars au prix d'une gymnastique un peu fatigante.

Nous sommes sur le point de nous mettre en route pour notre planque quand Lamine se fige. Il s'étonne : Hanan n'a pas de sac ? Il est venu d'Afghanistan les mains dans les poches ? Eh merde ! J'ai pensé à ma panoplie, pas à la sienne. Comment avons-nous pu négliger un détail aussi important ? J'aurais dû insister ce matin pour qu'il prenne un sac avec lui. Après un instant de flottement, Hanan répond avec aplomb : ses affaires sont dans mon sac, il préfère voyager léger. Lamine lui décoche un sourire compréhensif : il aurait certainement fait pareil s'il était dans notre cas. Autant limiter les bagages.

Je me demande à quoi va ressembler notre *safe house*. Une maison ? Un appartement ? Nous suivons Lamine sans poser de questions. Et sans rien savoir de lui. Est-ce un bon ou un mauvais type ? Tous les migrants doivent s'interroger ainsi chaque fois qu'ils confient leur destin à un passeur.

Le *kouchakbar* progresse rapidement dans les ruelles de l'ouest du quartier. Hâtant le pas, je tente encore de mémoriser des noms de magasins ou de rues. Mais cela défile très vite. Il fait noir. Toutes les échoppes se ressemblent. De plus, sur des pans entiers de trottoir, l'éclairage public est éteint. Les boutiques se font moins nombreuses. Les immeubles d'habitation prennent le dessus. Les rues sont moins propres, moins peuplées que tout à l'heure. D'après la direction que nous avons prise, je présume que nous remontons vers le nord. Combien de temps avons-nous marché ? Dix minutes ? Quinze ? Je ne suis plus sûr de rien.

Nous sommes tous silencieux. Lamine a l'air soucieux. A-t-il peur de se faire surprendre par la police accompagné de deux sans-papiers, ou a-t-il perdu son chemin ? Il ralentit. J'ai le temps de relever les numéros de quelques-unes des rues que nous croisons. « Rue » se dit *sokak* en turc : sokak 57.4, sokak 57.5, sokak 57.6…

Soudain, nous tournons à droite et Lamine s'arrête devant une lourde porte en fer bleue. Je n'ai aucune idée de là où nous nous trouvons. Seule certitude : comme nous avons tout fait à pied, nous devons encore être dans le quartier de Zeytinburnu.

Sur le palier du premier étage, une porte est ouverte. Imitant Lamine, nous retirons nos chaussures et pénétrons dans un petit hall d'un mètre sur deux sur lequel donnent quatre portes. Le sol est carrelé, les murs sont nus, et un alignement de chaussures occupe un petit meuble en bois. Nous y déposons les nôtres. J'entends quelques voix étouffées et le babillement d'un bébé provenant d'une pièce voisine.

Je guette les moindres gestes du logeur pour tenter de décrypter ses intentions. Soustraits aux regards de la rue, nous sommes désormais à sa merci. Combien de temps allons-nous devoir rester ? Zeytinburnu compte des centaines d'appartements similaires à celui-ci. À force de voyager, les immigrés deviennent une marchandise que les passeurs se refourguent de maison en maison, sans se soucier de leur histoire, de leur parcours. Je prends soin de ne pas croiser le regard de Lamine. Je n'ai toujours pas ouvert la bouche. Pour l'instant, notre plan fonctionne.

Le *kouchakbar* nous précède dans la pièce qui se trouve juste en face de la porte d'entrée. Voilà qui est rassurant : si nous avons à fuir, nous serons tout proches de la sortie. Trois épais tapis tachés recouvrent le sol. Deux coussins sont posés contre un mur. Dans un coin trône une pile de couvertures et de draps. Les murs sont d'un gris sale. L'un d'eux a des traces de moisissure. À un autre pendouille une prise électrique. Hormis un magazine chiffonné et une boîte de sucres qui traînent par terre, la pièce est vide. L'unique fenêtre, devant laquelle est tiré un lourd rideau blanc, donne sur une arrière-cour sombre où l'on devine la silhouette d'un arbre. Cela ne me donne pas davantage d'indications sur notre localisation.

Lamine s'est éclipsé à l'autre bout de l'appartement et nous sommes maintenant seuls. La pièce, si l'on excepte la saleté, ressemble en tout point aux *hojra* du Pakistan. Je m'assois par terre, en tailleur, comme je le faisais là-bas. Très bas pour être sûr de ne pas être entendu, je demande à Hanan en français si d'autres clandestins doivent nous rejoindre. « Non, Lamine m'a dit qu'on serait seuls ce soir. Ça change tout le temps, parfois les gens se retrouvent à dix dans une maison, puis il y en a trois ou quatre qui partent, d'autres qui arrivent… C'est dur de prévoir. » Anxieux, il coupe court à notre conversation : « Il vaut mieux ne plus parler maintenant. »

Lamine réapparaît portant un petit plateau argenté avec deux tasses de thé. Il le dépose au sol en poussant vers nous la boîte de sucres. « Vous pouvez me donner l'argent tout de suite ? » Nous lui tendons les 40 lires turques. Il reprend : « Il y a des toilettes et une salle de bains qui donnent sur le hall. Vous vous en servez quand vous en avez besoin. » Puis il part et nous laisse seuls de nouveau.

Désœuvré, je promène mon regard autour de moi et avise le magazine dans un coin. C'est un catalogue de vêtements LC Waïkiki. La couverture est déchirée, les pages cornées. On devine qu'il a été feuilleté par de nombreuses mains. Et je découvre vite que plusieurs d'entre elles y ont griffonné des mots.

Sur la première page figure une liste de quinze noms, tracés maladroitement en arabe. L'identité de ceux qui sont passés là avant moi. Le signe qu'ils ont vécu, attendu ici. Je glisse un œil vers la porte : personne dans les parages. Furtivement, je sors mon téléphone et photographie la page. Je retranscris ici les noms de ces hommes, ultime preuve de leur passage :

Ali Reza
Faisal
Fassé
Mohammed
Aka Zabi
Aka Ali Sena
Aka Rowrola
Aka Rahim
Aka Abdullah Rahim
Kari
Yakub
Mohammed Jabad
Shukrullah
Mohammed Reza
Zuber

Sur l'une des pages de fin, un court poème a été écrit en dari. Je demande à Hanan de me le traduire : « Qui suis-je, moi ? Comment puis-je être musulman ? Jusqu'à aujourd'hui, je ne me connais pas. Je n'ai pas peur des juifs et je n'ai pas peur des musulmans. Je ne suis pas athée, pas arabe, pas européen, je ne suis pas du pays d'Irak, je suis de la terre du Khorasan [nom médiéval de l'Afghanistan, signifiant "là où se lève le soleil"]. Je mourrai, mais cet écrit de moi demeurera dans cette maison. »

Un peu plus bas, une seule phrase, une sorte de haïku en dari : « Dans ce monde, si tu possèdes une fleur, ta pensée est pour la terre. »

Toute l'âme des Afghans, peuple de guerriers et de poètes, est contenue dans ces quelques vers. Comment ne pas être ému en lisant ces mots écrits par des hommes qui, loin de chez eux, s'adonnent à ce geste simple et millénaire : inscrire leur nom sur un mur, un arbre, un morceau de papier, pour laisser une trace de leur passage ? Qui sait ce qu'ils sont devenus ? Peut-être sont-ils arrivés sains et saufs à Berlin, Vienne ou Londres. Peut-être sont-ils morts dans l'Évros, le fleuve qui marque la frontière entre la Grèce et la Turquie. Peut-être sont-ils toujours à Istanbul, attendant d'avoir suffisamment d'argent pour poursuivre le voyage.

J'hésite un instant à emporter le magazine avec moi, mais décide finalement de le laisser sur place. D'autres clandestins pourront y inscrire leurs noms.

Je perçois des voix en provenance de la pièce voisine : celles de Lamine, d'un autre homme et d'une femme, sans compter les gazouillis du bébé. Les deux hommes parlent fort. Je demande à Hanan de quoi il est question. « Ils parlent de quelqu'un qui doit de l'argent, mais j'entends très mal ce qu'ils disent », me répond-il avant de retomber dans le silence. Il semble toujours effrayé que nous nous fassions repérer.

J'ai soudain une idée pour tenter de déterminer notre localisation précise : mon téléphone ne prend pas seulement des photos, il fait aussi GPS ! J'active Google Maps. La flèche bleue qui indique notre position se met à clignoter. Elle nous apprend que nous sommes remontés dans le nord-ouest de Zeytinburnu, non loin de la mosquée Konyali et de la polyclinique Özel Yeşiltepe. Je ne vois pas notre adresse exacte, mais nous nous trouvons dans un triangle formé par le boulevard 58, la grande rue 74 et la grande rue 56. J'inscris tout cela sur une de mes feuilles de cahier.

Nous attendons, sans savoir vraiment quoi. Une demi-heure. Une heure. Deux heures. De temps à autre, nous piquons du nez. À part Lamine qui apparaît régulièrement pour savoir si nous voulons encore du thé, c'est le calme plat. Manifestement, il ne se passera plus rien ce soir.

« Tu veux partir ? me demande Hanan.

– Oui, on n'a qu'à inventer une fausse excuse pour Lamine. »

Nous expliquons à notre logeur que nous mourons de faim et aimerions aller acheter quelque chose. Il hésite un instant : c'est peut-être dangereux de nous laisser sortir maintenant que nous sommes au chaud chez lui. « Bon, OK, finit-il par dire, mais soyez discrets et n'allez pas vers les grandes rues. La police tourne par là-bas. »

Nous nous rechaussons prestement sous l'œil circonspect du *kouchakbar* et quittons l'appartement avant qu'il ait pu nous faire ses dernières recommandations. Nous marchons pendant trente minutes, le temps de retrouver notre chemin dans les rues sombres du quartier. Sur le boulevard 58, nous hélons un taxi. Une demi-heure plus tard, nous sommes de retour à notre auberge.

Les jours suivants, j'ai longuement repensé à notre nuit chez Lamine, avec un sentiment ambivalent. Certes, il me semblait bien avoir pénétré un monde interdit, un univers souterrain. Tous les éléments paraissaient réunis : l'excès de précautions entourant les rendez-vous, le mystérieux intermédiaire, Saïd Hafiz, resté un simple correspondant téléphonique, les pièces vides et nues accueillant des clandestins à la chaîne, le magazine sur lequel ils laissaient une trace de leur passage, la gêne de Lamine à l'idée de nous laisser partir seuls dans la nuit…

Cependant, je n'avais pas eu le sentiment d'enfreindre une quelconque loi. Tout s'était fait le plus simplement du monde. Les protagonistes agissaient en habitués, enchaînant mécaniquement les questions et les gestes. Comme si le commerce de chambres clandestines était chose normale et anodine.

Une découverte pour moi ; une routine pour eux.

15

« S'appeler Mustapha, c'est plus facile pour s'intégrer »

Notre passage par l'appartement clandestin de Zeytinburnu date de quelques jours déjà. Lamine n'a jamais rappelé sur mon portable. Nous l'avons payé ; j'imagine que peu lui importe ce que nous sommes devenus.

Si j'ai décidé de venir à Istanbul, c'est parce que, depuis une dizaine d'années, la ville a la réputation d'être le « nouveau *hub* des migrations clandestines vers l'Europe », comme je l'ai lu dans un atlas des migrations, qui la décrivait comme un « pôle d'accueil des sans-papiers transitant vers l'Europe », asiatiques comme africains. Sauf que des Africains, je n'en ai pas vu un seul à Zeytinburnu. Et Hanan est formel : jamais il n'a vu de « Noirs » dans ce quartier non plus lors de son séjour au début des années 2000. Où se cachent-ils, alors ?

Avant mon départ, une amie journaliste qui était en poste à Istanbul dans les années 2000 m'a donné les coordonnées de l'association Asem, une antenne de Médecins du monde venant en aide aux sans-papiers et installée dans le quartier de Kumkapi. « Ils ne soignent que des Africains », m'a-t-elle précisé.

Quand je l'ai joint par téléphone, le docteur Condé m'a donné rendez-vous à 9 h 30 devant le local de l'association :

« Bachir, mon assistant vous accueillera. Vous verrez, on reçoit tout le monde, mais en réalité on ne traite que des Africains.

- Pourquoi ?

– Parce que c'est la population du quartier, tiens ! »

Lorsque je sors dans la rue ce matin-là, le froid me fait frissonner. Hanan est resté à l'hôtel, je serai seul cette fois-ci. J'ai délaissé ma tenue de migrant. Je longe les immeubles décatis de la rue Katip Kasim, aux toits desquels s'accrochent les nuages.

Le local de l'association n'est pas encore ouvert. Devant la porte, cinq Noirs patientent, emmitouflés dans des blousons d'hiver, la tête couverte d'un bonnet de laine qui leur cache les yeux. Sur les marches, une feuille a été coincée sous un caillou. On peut y lire une liste de dix noms : Sako, Traoré, Bâ, Doukouré... Je suis le seul Blanc. Les hommes m'observent d'un œil soupçonneux.

Ils sont quatre à discuter. Le cinquième, à l'écart, enroulé dans un coupe-vent rapiécé, est un type à la joue gauche balafrée de part en part. Je note aussi que le lobe de son oreille droite est plus petit que celui de la gauche, comme si on lui en avait coupé un morceau. Il s'approche et s'adresse à moi en anglais :

« Ça ne devrait pas être ouvert, à cette-heure-ci ? C'est pas 9 h 30 ?

– Si, je crois bien...

– C'est toi, le responsable qui ouvre la porte ? Tu peux pas me faire passer avant ? Je suis là depuis 6 heures. Je suis numéro 6 sur la liste, mais mon patron va me tuer si j'arrive trop en retard. Je veux pas me faire virer, tu comprends ? »

Non, ce n'est pas moi qui ouvre la porte. Moi, je suis journaliste. Une moue de dépit étire la balafre sur sa joue. « Ah, zut... Mon patron va vraiment me tuer... Ils ne rigolent pas, les Turcs. » Le souci avec Asem, m'explique-t-il, c'est qu'il a beau arriver aux aurores, il y a déjà d'autres personnes inscrites sur la liste avant lui. « Ceux qui habitent dans le quartier viennent dans la nuit pour noter leur nom. Moi, je dois attendre le premier bus. »

Quand il parle, de petites volutes de fumée s'échappent de sa bouche. Il me tend la main :

« Je m'appelle Henri. Thierry Henri, comme le footballeur.

– Tu es nigérian ? »

Son accent et son mauvais anglais me laissent penser qu'il vient de ce pays.

« Non, je viens du Cameroun, mais d'une ville pas loin de la frontière avec le Nigeria, là où on parle anglais. Je suis déjà venu ici un autre jour, j'avais demandé ma journée au patron. Je ne savais pas qu'il fallait être là tôt, je n'ai pas pu avoir ma consultation. Une journée de congé pour rien... T'imagines !

– Tu fais quoi comme travail ?

– Je fais des robinets et des tuyaux. C'est loin, à au moins une heure d'ici. Il faut prendre deux bus. »

Tandis que nous discutons, la porte du local s'est ouverte. Un jeune Africain, grand et bien mis, chemise repassée et chaussures cirées, nous invite à entrer. C'est Bachir, l'assistant sénégalais du docteur Condé. D'une porte cochère voisine sortent trois ou quatre femmes dissimulées sous des capuches et des écharpes, les lèvres bleuies par le froid, qui se précipitent à l'intérieur pour se réchauffer. Africaines elles aussi. Je ne les avais pas aperçues en arrivant.

Je pénètre à leur suite dans une salle blanche exiguë. Un bureau est installé dans un angle, des chaises alignées le long d'un mur, et des affiches en français mettant en garde contre le virus du sida sont collées un peu partout. Une paroi vitrée forme la cloison avec une autre pièce.

Tout le monde s'assoit, Thierry Henri en bout de rangée, à côté du radiateur.

Bachir me regarde : « C'est vous le journaliste ? Venez prendre un café avant qu'on commence. De toute façon, le docteur n'est pas encore là. Il y avait déjà du monde quand vous êtes arrivé ? » En m'entendant répondre par l'affirmative, il lève les yeux au ciel :

« Les patients viennent de plus en plus tôt. Les premiers sont là dès 6 h 30 ! (Il me montre la liste de noms.) On ne prend que dix patients chaque jour, sans rendez-vous. Les premiers arrivés sont les premiers servis. Mais on a eu des problèmes l'autre jour : des Kurdes ont cassé la gueule à un Africain.

– Pourquoi ?

– Juste parce qu'il était africain. Les gens n'aiment pas voir des Noirs dans les rues d'Istanbul. »

Bachir retourne dans la petite pièce du devant pour faire l'appel et vérifier les identités de chacun. Je me cale sur une chaise à côté de Thierry Henri. Les patients défilent un à un pour être enregistrés. Puis Bachir appelle « Mustapha », et je vois Thierry se lever. Lorsqu'il regagne sa place sous mes yeux ahuris, il m'explique : « Sur mes papiers, c'est écrit Henri, mais mes collègues turcs, au travail, ils ont décidé de m'appeler Mustapha... Ça fait musulman ! Attention, hein, moi je suis chrétien pour de vrai, je vais à la messe le dimanche ! Mais s'appeler Mustapha, c'est plus facile pour s'intégrer. »

Quelques minutes plus tard arrive le docteur Condé. C'est un petit monsieur d'un mètre soixante, vêtu comme s'il allait au bal : costume bleu satiné très chic, gilet de noce sous sa veste, cravate sombre à pois blancs et chaussures pointues qui brillent. Posant sa sacoche, il se tourne vers la salle somnolente et lance très fort, en français et avec un sourire :

« Bonjour tout le monde !

– Bonjour... », marmonnent les patients dans la même langue.

On les sent vaguement mal à l'aise, comme s'ils devaient parler en public.

« *Hello everybody !* » poursuit le docteur.

Seuls Thierry et un autre gars bien habillé, avec une montre chromée en faux or, lui répondent un « Hello » tout aussi timoré que le « Bonjour » des francophones.

« Faut pas être timides, les gens ! plaisante le docteur. Comment allez-vous aujourd'hui ? *How are you today ?* »

Il répète tout deux fois dans chaque langue. Plein d'entrain, joyeux à l'excès, on dirait un chauffeur de salle avant un meeting électoral ou un spectacle de cabaret.

J'essaie de me tasser sur ma chaise pour me faire oublier, mais il est difficile de ne pas me remarquer : je suis le seul Blanc dans cette Little Africa.

Le docteur continue son speech : « Avant de commencer les consultations, on va tous se présenter. C'est mieux comme ça ! Moi, c'est le docteur Sékouba Condé, je suis de Guinée-Conakry et je suis ravi de vous rencontrer. »

Les patients, intimidés, restent silencieux. D'un geste de la main, le docteur Condé invite un homme assis à un bout de la rangée à se présenter. Le type, un bonhomme aux oreilles décollées portant une casquette molle sur le crâne, décline en français son nom et son pays d'origine – le Sénégal. Un à un, les autres l'imitent. Je ferme la marche. Mon « Je suis français et je suis journaliste » est suivi d'un petit silence.

Je note sur un coin de feuille la répartition des pays d'origine : six Sénégalais, deux femmes de République démocratique du Congo, une Ivoirienne, un Nigérian, Thierry Henri le Camerounais. À part les deux derniers, tous sont francophones.

Vient ensuite le quart d'heure projection. Le docteur Condé lance sur le rétroprojecteur un Powerpoint sur la prévention du sida. Pendant ce temps, Bachir distribue des gâteaux secs, du thé et du café. Sur l'écran défilent les recommandations pour ne pas attraper la maladie : « ne pas avoir de rapports sexuels non protégés », « ne pas mélanger son sang »... Le médecin commente en même temps : « Si tu as le sida, tu attrapes toutes les autres maladies du corps : la tuberculose, la grippe, le mal à la tête... Tes défenseurs dans ton corps, ils ne marchent plus. C'est comme les rebelles quand ils entrent dans un pays. Qu'est-ce qu'ils font ? Ils cherchent d'abord à neutraliser tous les camps de soldats pour être tranquilles. Le sida, il fait pareil. » Dans l'assistance, tout le monde se tait. Les visages sont studieux, tendus vers l'écran.

Le docteur poursuit : « Tu peux tout faire avec celui qui a le sida. Tout sauf deux choses : faire le sexe et mélanger le sang, comme quand deux personnes sont blessées et que leurs sangs se touchent. Tu peux manger avec la personne qui a le sida, tu peux t'asseoir à la même table, tu peux dormir avec elle, tu peux prendre une douche avec elle... Tout ça, ce n'est pas grave. »

À côté de Thierry, l'une des deux Congolaises s'est endormie, le nez dans son écharpe, capuche relevée sur la tête. La porte du local entrouverte laisse entrer le murmure de la rue, mais dans la salle on n'entend que la voix du docteur.

Sékouba Condé s'adresse tout à coup aux femmes : « Mesdames, on sait comment sont les hommes turcs, hein ? » Petits rires étouffés. Une femme fait un bruit de salive, une autre fait claquer sa langue. Un homme opine du menton pour montrer qu'il est d'accord.

Le docteur reprend : « Les hommes turcs, ils n'ont jamais essayé une femme africaine. Alors, les patrons turcs, ils disent aux femmes africaines : "Viens faire l'amour avec moi, sinon je te paye pas." On sait comment ça se passe. La femme, elle arrive du pays. Elle ne connaît personne ici, elle ne sait pas où dormir, et puis elle croise un gentil Turc qui lui dit : "Viens dormir dans ma maison." Et puis, à la maison, il la force à faire l'amour. Hein, c'est bien comme ça que ça marche ? Et la femme, elle doit nourrir sa famille et ses enfants au pays, alors elle doit dire oui. Il y a aussi le patron qui dit de passer le dimanche au magasin pour payer le salaire, mais il n'y a personne d'autre dans le magasin le dimanche, et le patron, il vous force à faire le sexe. »

Cette fois, la salle entière acquiesce. Des « oui » fusent de tout côté. Certains tapent dans leurs mains.

La Congolaise qui s'était assoupie a rouvert les yeux et prend la parole : « Certaines femmes, elles sont invitées par des Africains à venir ici. Pas par des Turcs. Ils leur font croire que d'ici elles peuvent prendre un train pour Paris, pour Barcelone. Mais c'est pas ça. C'est faux. » Le docteur hoche la tête : « Au moins, protégez-vous ! Pensez à mettre le préservatif quand vous n'avez pas le choix ! »

Il se tourne vers les hommes : « Et vous : certains d'entre vous vendent les montres dans la rue. Parfois, les Turcs vous font dégager et prennent votre matériel. » Nouveaux hochements de tête dans l'assistance. « Et parfois, quand il y a des homosexuels qui sont là, ils vous disent : "Viens faire l'amour avec moi dans la maison là-bas, je te donnerai 200 dollars. En échange, je te rends tes montres." L'homme africain, il a sa famille au pays qu'il doit faire manger. Il n'a pas toujours le choix. Et chez nous, on sait comment c'est. Celui qui est parti, il ne peut pas dire que ça va pas, il y a tout le monde qui compte sur lui au pays. »

Je ne sais plus très bien qui parle à cet instant : le docteur Condé ou Sékouba le Guinéen ? Cela n'a pas beaucoup d'importance, de toute façon. Ce qui me frappe, c'est l'impression d'avoir, sur la route vers l'Europe, plongé dans la grande marmite de l'Afrique. Je savais que des Africains mouraient en Méditerranée, mais je n'avais aucune idée de leurs conditions de vie dans la périphérie d'Istanbul.

Le docteur Condé n'a plus du tout l'air d'un chauffeur de salle ni d'un animateur de foire. Il est tout à fait sérieux. Il conclut, grave et profond, comme un homme politique qui viendrait de prononcer un discours historique : « Nous sommes venus ici, en Turquie. Nous ne sommes pas chez nous. Il faut que l'on s'adapte. Nous n'avons pas le droit à la parole. Nous n'avons pas de droits dans notre travail. Nous n'avons pas droit à la santé... La vie ici est très dure pour tout le monde. Il faut au moins que l'on reste en bon état. Il faut mettre le préservatif ! »

Tous gardent le silence, le regard triste flottant dans le vague. Bachir ressert une tournée de café tandis que le docteur s'installe dans son cabinet, une pièce située au fond du local. Les consultations vont pouvoir commencer.

Sur le siège voisin du mien, Thierry Henri se trémousse : « Fais chier, je vais vraiment être à la bourre au travail maintenant. » Il me raconte que, septième enfant d'une fratrie de neuf, il est allé à l'école jusqu'au lycée. Il a ensuite émigré à Dubaï et travaillé un temps là-bas. Cela fait six mois qu'il vit à Istanbul. Il est arrivé ici par avion avec un visa de travail de trois mois. Une fois le visa expiré, il est resté. Tous les Africains font ça, dit-il. En Afrique, la Turquie est connue pour filer des visas à tout le monde. Pourquoi est-il venu ici ? Est-ce que c'est à cause de Boko Haram, qui sévit non loin de chez lui ? Non, pas du tout ! Boko Haram ne lui fait ni chaud ni froid. Il veut aller en Europe pour gagner de l'argent. La « monnaie » est la seule chose qui l'intéresse.

Cela permettrait de faire bien vivre sa mère, ses frères et ses sœurs au Cameroun. Là-bas, il est impossible de travailler sans avoir à payer une myriade de petits fonctionnaires corrompus.

D'Istanbul, la frontière de l'Europe – la Grèce ou la Bulgarie – n'est qu'à trois heures de route. S'il n'y est pas encore allé, c'est parce que la police s'est mise à la surveiller plus sérieusement. Du coup, il s'est trouvé un petit logement avec deux autres Africains dans le quartier de Feriköy, au nord, et ce boulot dans la confection de robinets.

« Et toi, me demande-t-il, tu dors où ? Tu es à l'hôtel ? » Je lui dis que je partage une chambre de quatre avec un ami et deux autres personnes. Le tarif de ma nuit d'hôtel semble être de la plus haute importance pour lui, comme s'il pouvait en déduire le niveau de ma richesse. « On paie 35 euros à deux. Ça fait 17 euros par personne environ. » Il ouvre grand les yeux, impressionné par ma fortune.

C'est enfin son tour pour la consultation. Quand il en ressort, il me glisse dans la main un bout de papier avec son numéro de téléphone : « On s'appelle et on se recontacte sur Facebook ! Et puis, peut-être que tu pourras m'aider à trouver une entreprise en France qui me fasse une lettre de recommandation pour venir travailler chez toi… »

Je n'ai pas le temps de lui expliquer que ça ne se fait pas comme ça chez nous, que les choses sont plus compliquées : le voilà déjà parti pour tenter de sauver ce qui peut l'être de sa journée de travail.

16

« Jamais ils ne rentreront en Afrique »

En Europe, nous parlons des « migrants » comme s'ils représentaient un tout homogène. Rien n'est plus faux. À Istanbul, chaque communauté a ses rues, son centre de gravité, ses modes de vie. Je l'apprends au fil de mon séjour. Chaque fois que je découvre un nouveau quartier, je me rends compte qu'une vie parallèle s'y déroule. J'ai emprunté un plan de la ville à mon hôtel et, au stylo, commencé à entourer les quartiers en indiquant à côté les nationalités qui y vivent : Zeytinburnu abrite les Afghans, les Iraniens et les Pakistanais, Kumkapi les Africains francophones, Kurtuluş les Africains anglophones...

Qui soupçonnerait une telle cartographie informelle ? Qui imaginerait une diaspora africaine disséminée aux quatre coins de l'ancienne Constantinople ? Le sort des Africains clandestins d'Istanbul n'est brièvement parvenu aux oreilles du monde qu'en 2007, lorsqu'un immigré nigérian, Festus Okey, a été tué par un policier dans un commissariat du quartier de Beyoğlu. Le jeune homme, comme des milliers d'autres, espérait faire carrière dans les ligues mineures de football du pays.

Dans le local de l'association Asem, après le discours enflammé du docteur sur le préservatif, je déplie ma carte sur le bureau de Larzan, l'assistante sociale, un petit bout de femme solide comme un roc et au sourire de sainte. Du doigt, elle me désigne l'emplacement de chaque communauté dans les environs de Kumkapi : les Sénégalais sont dans le nord, à la lisière du quartier de Beyazit ; les Ivoiriens sont dans le sud, vers la rue Ismaïl Sefa, « derrière la mosquée » ; la rue Katip Kasim, qui traverse le quartier sur toute sa longueur, a été surnommée par les Sénégalais « Mogadiscio Street », car de nombreux Somaliens s'y sont installés.

Larzan m'explique : « Dans les rues de Kumkapi, personne ne parle turc. On n'entend que le kurmanji [la langue kurde]. » Au fil du temps, les Kurdes sont devenus propriétaires des immeubles. Aujourd'hui, ce sont eux qui logent les Africains à des prix d'usuriers. Aucun Noir ne viendra se plaindre des loyers trop élevés ou de l'insalubrité des baraques : il aurait plus à y perdre qu'à y gagner.

« Et que font tous ces Africains à Istanbul ? » Bachir, entré dans le bureau entre-temps, a entendu ma question. C'est lui qui me répond : « Quatre-vingt-dix pour cent des Africains qui vivent à Istanbul sont en transit pour l'Europe. Sauf qu'avec Frontex ils sont tous bloqués ici, maintenant. Ils sont comme emprisonnés en Turquie. Ils voudraient partir, mais ils ne peuvent pas.

– Que font-ils, alors ?

– Ils travaillent comme ils peuvent, dans les ateliers de confection, les usines... Les Sénégalais vendent des montres et du parfum dans la rue. Les Nigérians sont dans le "cargo", l'import-export. Ils achètent et vendent des marchandises, des vêtements, des chaussures, des sacs qu'ils envoient au Nigeria.

– Et ils restent combien de temps, tous ces gens-là ?

– Avant la mise en place de Frontex, en 2005, ils ne restaient que quelques jours, puis partaient pour la Grèce. Aujourd'hui, beaucoup restent pendant plusieurs mois. On en croise aussi qui sont là depuis plusieurs années, sept, neuf, dix ans même ! »

Ces migrants essaient-ils encore de se rendre en Europe, malgré Frontex ? Pas vraiment, me répond Bachir. Certains tentent de passer par la Bulgarie, mais c'est très compliqué. Ils se retrouvent enfermés dans des camps, puis renvoyés ici. La tendance, aujourd'hui, c'est de quitter la Grèce pour revenir en Turquie. C'est vraiment très dur là-bas, à ce qu'ils disent. Il n'y a pas de travail et les Grecs accusent les étrangers de leur prendre leurs emplois.

Bachir est sénégalais. Sa conclusion est sans appel : « Les clandestins reviennent peut-être en Turquie, mais jamais ils ne rentreront en Afrique. Ce n'est pas dans notre culture. Cela voudrait dire qu'ils ont échoué, alors que les parents ont tout sacrifié pour eux. Ça n'est pas possible. »

Quelques jours plus tard, je retrouve Kamal, le serveur afghan borgne, sur un banc près de la Mosquée bleue, entre des parterres de fleurs et une fontaine, loin des oreilles de son patron.

Il partage un appartement avec cinq autres Afghans qui l'obligent à dormir par terre et le font payer s'il veut utiliser le fer à repasser, me raconte-t-il. Cela fait des jours qu'il n'a pas changé de chaussettes, pour faire des économies de lessive. Sa garde-robe en comprend deux paires, ainsi que deux pantalons, deux vestes et trois chemises. Il s'est fait plumer par son passeur, qui lui a volé son passeport. Il gagne 600 euros par mois et en envoie 250 à sa mère. « Parfois, mon patron ne me paie pas. Qu'est-ce que je peux faire ? Si je gueule, il me vire. Si je me tais, il continue. » Il n'a jamais entendu parler du Haut Commissariat aux réfugiés. Il dit qu'il passera en Europe quand il aura de l'argent, par la Bulgarie : « C'est beaucoup moins cher. »

À peu près au même moment, je rencontre un autre Afghan, serveur dans le restaurant où je vais souvent dîner. Rangin est un garçon élégant, avec des manières de comtesse et un anglais de lord. « J'ai fait le traducteur pour l'armée américaine pendant deux mois, m'explique-t-il. J'ai dû partir parce que les talibans se sont mis à ma recherche quand ils l'ont su. » Comme Kamal, il sert les touristes douze heures par jour avec un sourire de publicité.

Un soir, Hanan et moi l'attendons à la fin de son service, vers 22 heures. Rangin nous a invités à passer la soirée dans la chambre qu'il sous-loue. Il habite le quartier de Küçük Pazar, que nous rejoignons à pied en une trentaine de minutes. Les poubelles n'y sont jamais ramassées et il ne fait pas bon y traîner la nuit : les bagarres sont fréquentes et les Turcs cherchent souvent chicane aux immigrés. Il y flotte une odeur de poisson pourri et de fruit avarié.

Il fait nuit noire et le froid engourdit nos pieds. Rangin s'arrête devant un salon de coiffure et se met à crier en direction des fenêtres du premier étage : « Muhammad ! Muhammad ! (Une tête apparaît.) Viens nous ouvrir ! »

Moins d'une minute plus tard, nous voyons une ombre se faufiler entre les grands sièges de cuir du salon. En trois petits bonds, elle est à la porte et nous ouvre. Une odeur de cheveux mouillés et de serviettes de toilette sales nous assaille. Un fil à linge est tendu au milieu de la pièce – « c'est le nôtre », nous dit Rangin. Nous montons par un escalier en colimaçon très raide, tout au fond du salon. Une fuite d'eau a formé une grosse flaque sur le linoléum.

Le sol de la chambre est recouvert de tapis – une fois de plus, je me remémore les *hojra* du Pakistan et la maison de Lamine à Zeytinburnu. Deux matelas sont posés par terre, deux autres sur des lits de fer collés au mur. Pas de rideaux. Une grande baie vitrée donne sur la rue par laquelle nous sommes arrivés. Je vois des hommes prendre le thé dehors. Au centre de la pièce, une natte a été posée sur laquelle s'entassent des fruits : pommes, clémentines, raisins.

Devant nous, pas gêné le moins du monde, Rangin se met en slip. Il suspend son pantalon, sa veste et son gilet à un cintre, s'assurant qu'ils ne se froissent pas – « je dois les remettre demain » –, et enfile un short et un t-shirt de sport. Il s'ouvre une canette de Redbull.

Muhammad, lui, a commencé à me préparer des morceaux de pomme et de clémentine qu'il pose devant moi. « Mange ! » m'intime-t-il. À peine ai-je avalé un quartier qu'il m'en prépare d'autres. Si je ne les mange pas tout de suite, il s'inquiète : « Tu n'aimes pas ? Tu veux qu'on aille t'acheter autre chose ? »

Rangin nous parle de son expérience dans l'armée américaine. Les procédures étaient bien rodées : « Mon chef, on l'appelait "John", mais ce n'était pas son vrai nom. On avait tous des faux noms, pour des raisons de sécurité. Même moi : les soldats américains m'appelaient “Mike”. Ils ne connaissaient pas mon nom afghan. John, c'était un homme vraiment très bien, il était très grand et costaud. Il m'appelait quand il avait besoin de rencontrer des hommes des villages alentour, je faisais la traduction. Parfois, on faisait des interrogatoires. On avait deux salles pour ça sur la base, une “jaune” et une “verte”. »

Sur l'écran de son portable, il fait défiler des photos de lui. Je le reconnais à peine avec son treillis, ses lunettes aux verres fumés et sa barbe noire. Sans compter qu'il pesait quinze kilos de plus. Sur l'une des photos, il pose aux côtés de « John », un gaillard roux plein de muscles. Il a aussi photographié sa carte de travail délivrée par l'armée américaine. « Je sais que c'est important d'avoir tout ça pour demander l'asile aux États-Unis. » Je lui dis qu'il aura peut-être besoin de l'originale. « Elle est restée en Afghanistan. Je ne voulais pas prendre le risque de la perdre en l'emportant avec moi.

– Tu connais le vrai nom de ton chef, quand même ?

– Non, je ne sais rien du tout. Je ne connais que “John”, son nom d'opération.

– Tu sais de quel coin des États-Unis il vient ?

– Non, il n'avait pas le droit de le dire. C'était la sécurité de la base. »

Je m'étonne de la naïveté de Rangin : il a fui en pensant que quelques photos sur son téléphone lui permettraient d'obtenir le statut de réfugié en Europe. Trop souvent, les exilés imaginent que leur bonne foi suffira, avant de se casser les dents sur la complexité des procédures d'asile.

Hanan et moi repartons au milieu de la nuit. Pendant le trajet jusqu'à l'hôtel, je réfléchis : peut-on encore dire que Kamal, Rangin, Thierry Henri font partie du « tiers-monde » ? Ils me donnent plutôt l'impression d'être en transit permanent. Comme si la route vers l'Europe avait créé à Istanbul – et ailleurs – un univers autonome, invisible des touristes. Comme si le monde des migrants était devenu un « cinquième monde ».

17

« Tu veux traverser la mer avec nous ? C'est super-sûr ! »

Quelques jours plus tard, Hanan et moi prenons la direction d'Izmir. Située sur la côte méditerranéenne, c'est la troisième plus grande ville de Turquie. Et c'est là qu'opèrent beaucoup de passeurs. Nous allons redevenir migrants pour les approcher.

Le quartier de Basmane traîne sa mauvaise réputation comme un boulet. Tout ce que la ville offre d'illicite est concentré ici, dans l'entrelacs de ruelles et d'impasses qui s'étend entre la gare ferroviaire, où il ne faut surtout pas se rendre la nuit, et le front de mer luxuriant. Au bord de l'eau s'étirent la promenade piétonne, les restaurants pour touristes et les agences de location de jet-ski à la journée. On trouve à Basmane des prostituées venues d'Ukraine et de Moldavie, des dealers de haschich et d'héroïne, des receleurs de téléphones volés, des marchands de vêtements contrefaits, des parieurs d'arrière-salle… Le long des strip-clubs bon marché, les trottoirs grouillent constamment d'hommes qui vous hèlent pour vous proposer des iPhone et des Samsung sous le manteau ou jouent au bonneteau sur un carton retourné.

Nous sommes arrivés dans la soirée sous une pluie battante et glaciale. Transis, ruisselants jusqu'aux chaussettes, nous nous sommes perdus dans le quartier avant de trouver notre hôtel, encore plus miteux que celui d'Istanbul. Nous y louons une chambre pas plus grande qu'un placard à balais. L'établissement, un peu en retrait des grandes artères, jouxte un bar à hôtesses. Des filles aux ongles vernis et aux lèvres peintes, perchées sur des talons immenses, y sont assises seules sur des banquettes de moleskine, fumant des cigarettes, l'œil aguicheur. Au-dessus du comptoir grésillent des néons aux couleurs criardes. À l'entrée, un portier nabot nous propose de venir boire un verre chaque fois que nous passons devant lui.

Basmane n'est pas seulement le quartier du sexe et de la drogue. Il cache aussi les migrants, ceux qui veulent prendre la mer pour le Yunan, la Grèce.

Ce fut un point chaud de l'immigration clandestine dans les années 2000. Des centaines de clandestins étaient amenés là par les réseaux de passeurs et des dizaines d'embarcations accostaient chaque jour sur les îles grecques toutes proches. Puis, à partir de 2009, la Grèce et Frontex ont multiplié les contrôles de police en mer. La voie maritime a été progressivement abandonnée au profit de la route terrestre passant par la Thrace, où coule le fleuve Évros.

Cela a duré trois ans. En 2012, un programme de surveillance de la frontière terrestre baptisé Aspida (« bouclier ») a été instauré. Un mur surmonté de barbelés a été construit le long de l'Évros, des caméras thermiques ont été installées, 1 800 policiers des frontières déployés. Conséquence : depuis la fin de 2012, les voyages par la mer ont repris et Izmir est redevenue l'un des principaux points de départ de la côte turque.

Ce n'est pas la première fois de son histoire que la ville fait face à un afflux massif de réfugiés. À la fin de l'été 1922, lorsqu'elle s'appelait encore Smyrne et était grecque depuis la fin de la Première Guerre mondiale, 200 000 réfugiés grecs et arméniens se sont retrouvés coincés ici alors qu'ils cherchaient à fuir Atatürk.

Dans notre minuscule chambre, le lendemain de notre arrivée, Hanan et moi revêtons de nouveau notre panoplie de clandestins. Cette fois, nous n'oublions pas de nous munir chacun d'un sac à dos.

Nous avons décidé de modifier un peu notre histoire. Me faire passer pour un Afghan est dangereux si les trafiquants que nous rencontrons sont eux-mêmes afghans ou parlent le dari. Il vaut mieux me trouver une nationalité peu connue des passeurs, qu'ils soient pachtounes, turcs ou ouzbeks. L'Azerbaïdjan nous apparaît comme une bonne idée. Bien rares sont les gens qui peuvent situer ce pays sur une carte, et les chances sont minces que je tombe sur un trafiquant azéri.

Nous élaborons donc un nouveau récit : je viens de fuir l'Azerbaïdjan en raison de menaces. Mes parents sont des intellectuels membres de l'opposition politique. Pour me protéger, ils ont préféré m'envoyer en Europe. Si je parle anglais, c'est parce que j'ai étudié les sciences politiques à l'université de Bakou. Hanan et moi nous sommes rencontrés à Istanbul : j'étais perdu, et lui, sans le sou. En échange de son aide pour partir en Europe, où il a déjà réussi à se rendre une fois, je paie sa nourriture.

Vers midi, nous prenons le chemin de la mosquée Hatunye. On y distribue de la soupe et du pain aux pauvres – des indigents turcs, mais surtout des migrants, dont on dit qu'ils sont nombreux là-bas. Si nous voulons approcher les passeurs d'Izmir, c'est là qu'il faut aller.

Un soleil blanc a succédé à la pluie de la nuit. La température reste fraîche, l'air est cinglant comme une gifle. Nous débouchons sur une grande place parsemée de platanes. La mosquée est dissimulée derrière le feuillage, mais on voit son minaret s'élever vers le ciel. Dans la cour intérieure, on a dressé des tables de cantine. L'air est empli de bruits de soupe qu'on avale et de tintements de cuillère. Un moustachu regarde flotter des croûtes de pain dans sa bouillie.

Hanan reste sur le parvis extérieur : il veut fureter et tenter de capter des bribes de dari ou d'une autre langue qu'il connaîtrait. De mon côté, je me dirige vers un groupe de cinq ou six Africains qui se tiennent un peu à l'écart de la file, attendant qu'elle s'amenuise pour aller remplir leur gamelle.

J'avise l'un d'eux, un grand bonhomme aux paupières tombantes, âgé d'une quarantaine d'années. Il est massif, mais son corps semble avachi sur lui-même. Il s'appelle Abdel Malik. Dans un anglais à la conjugaison et à la grammaire rudimentaires, je m'enquiers d'un détail pratique – est-ce qu'il faut prendre un ticket ou inscrire son nom quelque part pour pouvoir manger ? Il est originaire du Soudan. Ses copains sont soudanais eux aussi. Notre conversation a attiré leur attention et ils s'approchent de nous. Le plus ingénument possible pour ne pas avoir l'air trop curieux, je leur demande pourquoi ils sont à Izmir. Abdel Malik humecte ses lèvres : « Je suis venu pour visiter un ami. Je suis en Turquie pour vingt jours. » J'ai du mal à le croire. Il me paraît étrange qu'une personne venue rendre visite à un ami à l'autre bout de la planète se retrouve à manger aux Restos du cœur dans un quartier mal famé.

Tandis qu'on discute, la silhouette maigrelette de Hanan apparaît à la grille qui me fait signe de le rejoindre. Il vient de rencontrer trois Afghans digérant leur soupe devant la mosquée. « On fait comme on a dit : tu ne parles qu'anglais. Je leur ai dit que j'étais avec un ami d'Azerbaïdjan. »

Ali, Saïd et Saël grelottent, emmitouflés dans des anoraks de ski trop grands pour eux, les mains enfoncées dans leurs poches. On dirait des adolescents. Leurs pieds sont nus dans des tongs en plastique, révélant des ongles violacés par le froid et des orteils pleins de corne.

Hanan me présente : « C'est mon ami d'Azerbaïdjan. Il parle un peu anglais, mais il ne comprend pas le pachto. » Je leur serre la main et les salue dans cet anglais haché que je m'efforce désormais d'utiliser. Ali et Saïd n'en comprennent que quelques mots. Seul Saël le parle impeccablement : comme Rangin, il était traducteur pour l'armée américaine en Afghanistan. Il a le crâne rasé et de profonds cernes sous les yeux.

Nous nous mettons à discuter du meilleur moyen de gagner l'Europe. Hanan leur a déjà raconté notre parcours des mois précédents. Il explique que nous avons décidé de venir à Izmir pour tenter notre chance par la mer jusqu'au Yunan. À Istanbul, la rumeur dit que la route terrestre par le nord est bloquée, et pour longtemps. Les trois garçons l'écoutent attentivement. Saël, d'une voix pleine de componction, annonce qu'ils connaissent des passeurs dans le quartier, si ça nous intéresse. Puis, tirant son bonnet sur ses oreilles, il se tourne vers moi :

« Alors mon frère, comment ça va ? Tu es d'Azerbaïdjan ? On ne voit pas beaucoup de monde de chez toi, par ici. Tu veux traverser la mer avec nous ? On part ce soir, normalement.

– Ouais, j'aimerais bien. Mais est-ce que c'est sûr ? On m'a dit que c'était dangereux.

– Évidemment que c'est sûr ! C'est super-sûr ! Il n'y a pas de problème ! »

Il montre Saïd, chétif et très brun sous son bonnet orange, qui tremble de tous ses membres à ses côtés :

« Lui, il a déjà essayé il y a huit jours. Il n'a pas réussi. Mais il a dit qu'il n'y avait aucun problème. Tu es dans un bateau solide. C'est pas comme traverser la frontière par la terre tout au nord. Là, c'est dangereux. La police est partout, maintenant. Moi, j'ai déjà essayé, mais ils m'ont attrapé et mis dans un camp. J'ai perdu beaucoup de temps. On y reste un mois, deux mois…

– Et on sera combien sur le bateau ?

– Ah ça, je sais pas. Quinze, vingt personnes maximum. Mais c'est sûr, je te dis. Ça risque rien. Sinon, je le ferais pas. »

Au Pakistan, j'ai rencontré énormément de gens dont des amis étaient morts noyés pendant l'une de ces traversées en mer. Là-bas, personne n'est dupe sur la dangerosité de cette entreprise.

Pourtant, Saël insiste : « C'est *safe*, je te promets. Tu veux venir avec nous ce soir ? Faut te décider rapidement, parce que après il n'y aura plus de places à bord et il faudra attendre longtemps. »

Il est si pressant que je me demande s'il ne fait pas le rabatteur pour les passeurs. En réalité, comme je le découvrirai peu après, cela fait des semaines qu'il attend d'embarquer. Les trafiquants ne font partir leurs bateaux que lorsqu'ils sont pleins. En l'absence d'un nombre suffisant de clients, les autres sont condamnés à attendre ici.

Je change de sujet :

« Et pour la traversée jusqu'aux îles grecques, c'est combien ?

– Moi, j'ai payé 1 400 dollars. Ce sera peut-être un peu moins si tu arrives à négocier avec le passeur. »

Je prends un air concentré : 1 400 dollars, soit près de 1 100 euros, pour une traversée de nuit en bateau pneumatique. Cela fait cher.

À quelques mètres de nous, Abdel Malik et ses compagnons soudanais sortent de la mosquée et vont se poser au soleil sur les marches d'un petit hôtel, de l'autre côté de la rue. Les montrant du doigt, Saël nous apprend qu'eux aussi devraient être du voyage.

« Vous voulez rencontrer un *agent* [passeur] ? nous demande-t-il, manifestement pressé d'en finir. On peut y aller dès maintenant. Ceux qui doivent nous emmener au Yunan habitent tout près. »

Nous nous consultons du regard. Tout cela se fait si vite. L'occasion ne se représentera peut-être pas de sitôt. Nous hochons la tête en signe d'acquiescement, et nous voilà partis.

Les trois Afghans prennent la tête de notre petite troupe. Derrière eux, Hanan et moi arborons des visages graves et fermés. Si l'on en croit Saël, les *agents* que nous allons rencontrer ne sont pas du même calibre que le logeur de Zeytinburnu. Là-bas, nous avions négocié pour quelques euros ; ici, la transaction pourrait s'élever à plus de 1 000 euros.

Je n'ai aucune intention d'entreprendre la traversée de la Méditerranée en bateau. Je ne l'ai jamais eue : je ne m'en sens pas le courage. Ce qui m'intéresse, c'est de voir la façon dont les passeurs négocient et opèrent. De quoi ont l'air ces fameux trafiquants, et à quoi ressemble le moment crucial où l'on se met d'accord sur le prix du voyage ?

Contournant l'enceinte de la mosquée, nous laissons derrière nous le marché couvert que nous avons longé en arrivant et grimpons sur une centaine de mètres une rue mal pavée qui tortille légèrement. Après une poignée de minutes, nous arrivons devant un portail qui s'ouvre sur une petite cour parsemée d'herbes sèches, de cailloux et de crottes de chien. Une poule racle le sol de la pointe de son bec. Voilà, nous y sommes.

Au fond de la cour se dresse une maison de trois étages blanchie à la chaux. « C'est ici qu'on dort tous », nous informe Saël en nous faisant signe de le suivre à l'intérieur. Mon estomac se serre, comme à Zeytinburnu quand nous avons pénétré dans l'appartement de notre logeur. Nous entrons par une porte basse, courbés pour ne pas nous cogner le front. Un couloir sombre et étroit mène à un petit escalier. Il fait à peine plus chaud ici qu'à l'extérieur. De petits nuages de vapeur s'échappent de nos bouches.

En file indienne, nous montons jusqu'au premier étage. Tout est si minuscule que j'ai le sentiment de visiter une maison de poupée. Le plafond est très bas, l'espace vital inexistant. Nous n'entendons aucun bruit, si ce n'est celui de nos respirations. Deux portes ouvertes donnent sur des pièces jonchées de matelas, de couvertures roulées en boule, de chaussures de plage et de sacs de voyage. L'odeur de renfermé est suffocante. J'essaie de compter : cinq, peut-être six personnes doivent dormir à cet étage. « C'est là qu'on vit, précise Saël comme s'il avait lu dans mes pensées. Pour ceux qui font la traversée, les lits sont gratuits. Si vous venez avec nous, vous n'aurez plus besoin de payer votre hôtel. C'est bien, non ? »

Nous n'avons pas fini de grimper. Cette fois, nous empruntons une petite échelle de fer, comme celles qui mènent au grenier des vieilles maisons. Au deuxième étage, l'espace est tout aussi exigu et l'aménagement tout aussi sommaire. Nous pénétrons dans la pièce située en face de nous. Elle est un peu plus luxueuse, avec deux lits à sommier, des couvertures bien pliées, des matelas qui paraissent confortables. Sur la table de chevet, un cendrier, un paquet de cigarettes et la télécommande du téléviseur fixé au mur.

Deux hommes sont en pleine conversation dans une langue qui pourrait être du pachto. Ils ont la quarantaine, de gros sourcils noirs et portent des vestes en cuir. Ils n'ont pas l'air de rigoler du tout.

Ils interrompent leur discussion en nous voyant entrer. D'un œil soupçonneux, celui qui paraît être le plus vieux nous jauge des pieds à la tête. Cela ne dure qu'une seconde, mais je me sens transpercé par son regard, comme s'il cherchait à voir jusqu'au contenu de mes poches.

« C'est deux amis qui veulent venir avec nous, clame Saël avant même qu'on ait pu ouvrir la bouche. Lui, il est pachtoune, et lui, il vient d'Azerbaïdjan. » Au mot « pachtoune », les types se dérident un peu. Le plus jeune nous tend la main, une main fine et ferme, même pas craquelée par le froid, avec des ongles bien taillés. L'autre l'imite, mais sans nous quitter de son regard dur qui lui plisse le front.

Le plus jeune s'appelle Shah Wali. Il nous invite à nous asseoir face à eux et nous engageons la conversation. Après nous avoir demandé nos noms, il interroge Hanan :

« Alors, tu es pachtoune ? Tu viens d'où ?

– De Peshawar, mais ma famille est originaire de la province de Paktiyâ, en Afghanistan. »

Shah Wali vient de la province de Baghlân, au nord de Kaboul. Lui et son collègue sont pachtounes aussi. La conversation se fait donc en pachto et je n'en saisis que des bribes, des mots appris quelques semaines plus tôt dans les rues de Peshawar.

Shah Wali se tourne vers moi, visage fermé : « Et toi, tu es d'Azerbaïdjan, c'est ça ? Comment vous vous connaissez ? » Je sens que notre étrange attelage le surprend. Je lui narre notre rencontre dans mon anglais de cuisine, des mots bruts apposés les uns à côté des autres. Comme lui ne parle presque pas anglais, Hanan lui traduit l'essentiel de mes propos. Il y ajoute des détails tirés de sa véritable histoire :

« Moi, j'ai déjà fait le voyage une fois jusqu'à l'Angleterre. Je travaillais à Portsmouth, dans un kebab, mais je me suis fait attraper un soir et ils m'ont renvoyé en Afghanistan. J'ai décidé de repartir et je connais la route, maintenant. Je sais qu'il faut passer par Izmir, que c'est tout fermé au nord. On a rencontré ces gars-là (il désigne Saël, Saïd et Ali) devant la mosquée, ils nous ont parlé de toi et ramenés ici.

– Et vous dormez où ?

– Dans une sorte d'hôtel, pas très loin. »

Shah Wali hoche la tête par instants en l'écoutant, le front plissé. À ses côtés, l'autre, dont nous ne connaissons pas le nom et qui n'a toujours pas ouvert la bouche, continue de nous dévisager de ses yeux mauvais. Les deux trafiquants restent méfiants. Comment avons-nous su qu'il fallait venir à Basmane pour passer en Grèce ? C'est ce qui se murmure dans les rues d'Istanbul, lui répondons-nous. Tout le monde sait que le quartier des clandestins à Izmir, c'est Basmane, de même qu'on sait que Zeytinburnu à Istanbul est le coin des Afghans, et Kumkapi celui des Africains. « C'est pas faux », lâche Shah Wali dans un demi-sourire.

Son compagnon se lève soudain et sort de la pièce pour gagner le balcon. De là où je suis assis, je l'aperçois en train de passer un appel, le portable collé à l'oreille. De sa main libre, il fait des moulinets dans l'air, comme s'il était en colère. Je me demande s'il gère d'autres traversées de clandestins en même temps que Shah Wali negocie avec nous.

Ce dernier paraît désormais plus serein. Notre histoire a l'air de l'avoir convaincu. Les trois jeunes Afghans, eux, sont restés debout à écouter notre conversation en silence, dociles et impressionnés.

« Bon, qu'est-ce que je peux faire pour vous ? finit par nous demander le passeur.

– On veut aller en Grèce. On nous a dit que vous pouviez nous organiser ça. »

Il nous explique que, d'ordinaire, les migrants qui arrivent à lui sont envoyés par un passeur d'Istanbul. Mais après tout, si on a de quoi payer, cela n'a pas beaucoup d'importance. L'appât du gain est peut-être notre meilleure protection face à lui.

Lorsqu'on l'interroge sur le prix, il répond sans sourciller : « Dans un bateau à plusieurs, c'est 1 500 dollars chacun. 3 000 dollars en tout. »

Silence. Échange de regards entre Hanan et moi. Hanan la joue chacun pour soi :

« C'est beaucoup trop cher. Moi, j'ai pas beaucoup d'argent. J'ai tout dépensé pour aller en Angleterre la première fois. Fais-moi un prix, s'il te plaît.

– 1 500 dollars, c'est un bon prix !

– Non, c'est beaucoup trop ! Tu n'as qu'à me faire payer 1 000 dollars et 1 500 dollars à mon ami. »

C'est mon tour de protester : « Moi non plus, je ne peux pas payer aussi cher ! J'ai déjà presque tout dépensé. Ma famille à Bakou n'a quasiment plus rien. »

La conversation se prolonge durant dix bonnes minutes. Finalement, Shah Wali consent à faire un geste commercial :

« Dans ce cas, on dit 2 500 dollars en tout et vous vous arrangez entre vous.

– 1 250 dollars chacun ? je répète en guise de confirmation. Faut que j'appelle mon père à Bakou. C'est lui qui a l'argent, c'est lui qui peut dire si c'est bon ou pas. »

J'ai surtout envie d'avoir une bonne excuse pour filer d'ici dès que la négociation sera terminée. Hanan, lui, fait une moue dubitative et continue de dire que le prix est trop élevé pour lui. Shah Wali l'informe : « On a d'autres routes, si tu veux. Tu peux aller en Italie dans un bateau très rapide en une heure, c'est 5 500 euros. Tu peux marcher sur la route jusqu'en Grèce, c'est 3 500 euros. »

Il ne nous en parle pas, mais je sais qu'il existe depuis peu une nouvelle route passant par la mer Noire pour accoster en Roumanie. Pour l'heure, seuls quelques cas ont été recensés. En juillet 2013, trente-trois Syriens embarqués sur un voilier ont été interceptés à sept milles du continent par les gardes-côtes roumains. À bord se trouvaient vingt hommes, huit femmes et sept enfants, ainsi que deux Turcs, présumés être les passeurs.

Il y a peu, un article a paru dans la presse locale, que m'a traduit un ami. Il rapportait notamment une conversation téléphonique interceptée par la police turque entre deux trafiquants, surnommés Lala et Irfan. Des propos qui soulignaient combien ces hommes étaient dangereux.

LALA : Fais ce que je te dis de faire ! Sors-les de la maison ! Qu'ils dégagent !

IRFAN : OK. Dans la maison, il n'y a pas eu de problème ?

LALA : Il y en a un [un migrant] qui est mort.
IRFAN : Nous sommes à Dieu et nous retournerons à Dieu… Qui est mort ?
LALA : Laisse tomber, ce n'est pas important.
IRFAN : OK, compris.

Ce dialogue glaçant me remet en mémoire un élément que je ne dois surtout pas oublier : ces gars-là ne plaisantent pas, qu'ils se prénomment Lala, Irfan ou Shah Wali. Un mort laissé au bord de la route, cela ne leur fait ni chaud ni froid.

Les trois Afghans, debout à nos côtés, semblent se demander s'ils doivent rester ou nous laisser. Par la vitre, je vois le deuxième passeur toujours pendu au téléphone sur le balcon. Pressé d'en finir, je m'adresse à Shah Wali :

« Et comment on fait pour verser l'argent ? À qui faut payer ?

– Il faut que vous versiez l'argent au Pakistan. (Il cherche un numéro de téléphone dans son portable.) Tu vas appeler ce numéro. C'est celui du *sârrâf* Haji Zafar. Il travaille à Chowk Yadgar, à Peshawar. Tu lui dis que tu appelles de ma part et que tu veux le payer. Il faut que ta famille lui envoie l'argent. La somme sera bloquée chez lui tant que tu ne l'auras pas appelé de Grèce pour lui dire que tu es bien arrivé. »

Sârrâf (« banquier » en arabe) est un mot que j'ai déjà entendu au Pakistan. C'est sur ces agents de change que repose le système de paiement baptisé *hawala*, utilisé depuis le Moyen Âge par les Indiens et les musulmans pour transférer des sommes d'argent d'un bout à l'autre de la planète à l'abri de tout contrôle politique et bancaire. Si elle convient parfaitement aux réseaux criminels, la *hawala* est surtout massivement employée par les immigrés pour envoyer de l'argent à leur famille au pays. Elle présente en outre l'avantage de taux d'intérêt très bas, de l'ordre de 2 ou 3 %, alors que des intermédiaires comme Western Union ou MoneyGram prélèvent 8 ou 9 % à chaque transfert.

Tout le système est basé sur une confiance inconditionnelle entre les *sârrâf* qui tissent le réseau a travers le monde, ainsi que sur des jeux d'écriture. Au lieu de faire circuler les billets de banque d'un pays à un autre, les *sârrâf* s'échangent les dettes et les créances de leurs clients. En Europe, où la *hawala* est interdite, ils opèrent en sous-main, souvent derrière le paravent de magasins de téléphonie ou de kebabs, et n'offrent leurs services qu'aux initiés de leur communauté. À Paris, on les trouve aux environs de la gare de l'Est. En revanche, le système est tout à fait légal en Inde, au Pakistan, en Somalie et dans une bonne partie du monde musulman.

Prenons le cas d'un immigré débarquant d'Islamabad à Londres. Avant son départ, il aura déposé une certaine somme d'argent chez un *sârrâf* pakistanais. À son arrivée à Londres, il se présente à un autre *sârrâf* qui, d'un simple coup de fil à son homologue pakistanais, s'assure que ce dernier a bien reçu l'argent. Une fois la confirmation obtenue, le « banquier » britannique verse le cash au client et inscrit dans ses livres de comptes la somme que le *sârrâf* pakistanais lui doit désormais. Aucune trace informatique, à l'heure de la 4G et de PayPal. C'est la raison pour laquelle la *hawala* convient si bien au trafic de migrants : elle assure une sécurité financière aux clandestins, qui craignent de se faire dépouiller par les passeurs, et, dans le même temps, garantit aux trafiquants la solvabilité de leurs clients.

Chowk Yadgar, le quartier qu'a mentionné Shah Wali, ne m'est pas inconnu non plus. J'y suis passé lors de mon séjour à Peshawar. La place de l'Histoire est connue pour être le territoire des agents de change. On y voit des hommes accroupis devant de petits caissons vitrés remplis de billets de banque, négociant des prêts toute la journée. Hanan m'a expliqué que, là-bas, parmi les *sârrâf* pratiquant la *hawala*, seule une dizaine est impliquée dans le trafic de migrants : « Il faut de grosses réserves d'argent pour faire le business de migrants. Tout le monde n'a pas ces sommes. » Quelqu'un comme Haji Zafar est sans aucun doute une personne très riche, avec des gardes, des employés, des enfants, des frères qui travaillent pour protéger les montagnes de cash avec lesquelles il jongle tous les jours.

Dans la chambre des passeurs, Hanan et moi enregistrons le numéro de Haji Zafar sur nos téléphones. Dehors, le soleil ne parvient toujours pas à percer le voile cotonneux de nuages.

Saël, plus bravache que ses deux copains, s'assoit à côté de moi sur le lit. Je le sens très curieux au sujet de notre histoire, lui qui ne fréquente que des Afghans depuis qu'il est sur la route. Je le devine aussi très perspicace. Il s'agit d'être crédible sans trop lui en dire.

Passant la main sur son crâne rasé, il me demande :

« Comment tu es arrivé à Istanbul ?

– Par la montagne, tiens ! Tu sais, il y a de très hautes montagnes à l'est de la Turquie. J'ai traversé l'Arménie et je suis venu jusqu'à Istanbul.

– Moi aussi, je suis passé par la montagne ! dit-il en souriant de la coïncidence. Tu as payé combien ? »

J'invente un prix, m'inspirant des tarifs que d'autres clandestins m'ont donnés : 3 000 dollars. Lui en a payé 2 500 – un très bon prix, lui dis-je. Est-ce qu'il a déjà payé la totalité de son voyage ou est-ce qu'il paie à chaque étape ? C'est ce que les Afghans appellent le *step by step*, beaucoup moins cher, mais aussi beaucoup moins sûr. Saël tord la bouche en une grimace de dégoût : « *Step by step*, jamais de la vie ! Tu es fou ? On te traite comme de la merde et tu n'as aucune garantie. En payant tout d'un coup, je suis au moins sûr d'arriver. » D'arriver où, au juste ? Saël a prévu d'aller jusqu'en Italie. Au total, il a versé 5 000 dollars à un *sârrâf* de Kaboul.

À nos côtés, Hanan et Shah Wali poursuivent leur conversation. Hanan tente encore de le convaincre de baisser son prix et continue d'insister pour payer moins cher que moi. Ils ont sorti des cigarettes et fument à petites bouffées avec des airs de grands bourgeois, riant par instants, puis redevenant graves dès que l'objet de la négociation revient sur le tapis.

Saël, lui, poursuit son travail de persuasion auprès de moi : « Tu dois vraiment venir avec nous, mon pote. On part cette nuit avec quatre autres Afghans qui dorment à l'étage du dessous. On est déjà sept. Avec vous deux en plus, ça fait neuf. À neuf, on peut partir, c'est sûr ! »

Neuf personnes pour un seul bateau ? C'est vraiment très peu. Je suis certain que les passeurs ne feront partir personne ce soir. Il leur faut au moins vingt ou trente clients – c'est ce que m'ont dit tous les clandestins que j'ai interrogés. Neuf personnes à 1 500 dollars la traversée, cela fait un chiffre d'affaires de 13 500 dollars ; avec trente personnes, cela monte à 45 000 dollars. Une somme rondelette, même si, à chaque traversée, les passeurs doivent déduire de leur recette le prix du bateau, qu'ils ne récupéreront pas.

Je demande à Saël : « Mais toi, ça fait longtemps que tu attends pour partir ? »

Il grimace de nouveau et les sillons sous ses yeux se creusent un peu plus, lui donnant l'air d'avoir beaucoup pleuré. Il hésite à répondre. Et puis, soudain, il déverse un flot de paroles continu, comme si une digue intérieure venait de sauter. Comme si son optimisme avait atteint ses limites :

« Ça fait dix jours que je suis à Izmir, je suis complètement *stranded* [en rade]. J'ai plus une thune. On est bloqués tant que les *agents* n'ont pas assez de candidats pour mettre leur bateau à l'eau. Pendant ce temps, l'argent file, parce qu'il faut manger et recharger la carte de téléphone. Attendre, ça coûte cher. Lui (il pointe Saïd), ça fait deux mois qu'il est coincé ici. »

Saël me dit tout cela d'une traite, indifférent à la présence de Shah Wali, qui de toute façon ne comprend pas un mot d'anglais. Puis, brusquement, il semble regretter d'en avoir tant dit et revient à la charge :

« Bon, alors, vous venez avec nous ?

– 1 250 dollars, c'est une grosse somme. Faut que je parle à ma famille d'abord. C'est eux qui envoient l'argent. »

Saël comprend.

Shah Wali a cessé de parler avec Hanan. L'autre passeur n'est pas réapparu. Il est temps pour nous de nous éclipser. « On rentre à notre hôtel et on vous tient au courant », dit Hanan en donnant le signal du départ.

Shah Wali nous laisse son numéro de téléphone. Nous lui serrons la main et sortons, les trois Afghans sur les talons. La nuit n'est pas encore tombée. Le soleil de la fin d'après-midi fait étinceler les murs blancs de la mosquée. Durant quelques minutes, les Afghans nous suivent. Saël semble ne pas vouloir nous lâcher. Il nous propose même de nous accompagner à notre hôtel pour nous aider à transporter nos bagages. Nous déclinons poliment et promettons de le rappeler.

C'est lui qui prend les devants le lendemain matin en me « bippant » : une seule sonnerie, signal pour que je le rappelle. Il n'a plus de crédit. Il me demande immédiatement :

« Alors, vous vous êtes décidés à venir avec nous ?

– Mais… vous ne deviez pas partir la nuit dernière ?

– Shah Wali a dit qu'il fallait attendre, qu'il y avait un problème. Mais il a promis que ce serait pour ce soir. C'est sûr, cette fois ! »

Il doit tenir ce discours à tous ceux qu'il tente de convaincre. Y croit-il seulement lui-même ? Je lui explique que nous avons décidé de ne pas tenter la traversée. C'est trop cher pour nous et trop risqué. Déçu, il raccroche.

18

« Mais alors, de l'autre côté de la Terre, les gens vivent la tête en bas ? »

Quelques jours plus tard, nous reprenons le bus pour Istanbul. Durant les neuf heures de voyage, Hanan s'amuse à me lister toutes les cachettes possibles pour un clandestin dans un bus : le faux fond des toilettes (là, il ne faut surtout pas faire de bruit), au-dessus des essieux arrière (là, il faut rester en position allongée durant tout le trajet), la soute à côté du moteur (là, on risque de mourir de chaud à cause de la chaleur)... Dans tous les cas, la consigne la plus importante est de s'équiper d'une couche-culotte comme les bébés ou d'une bouteille d'eau vide : la route peut prendre plusieurs heures et il ne faut pas se pisser dessus.

Nous avons une seule nuit à passer à Istanbul avant de repartir pour Paris. Nous décidons d'aller dîner dans le restaurant où travaille Rangin, le serveur afghan. Nous le trouvons occupé à desservir une table où dînent un couple de Britanniques et leurs enfants blonds qui picorent des frites. Il porte la même chemise blanche et le même gilet que les autres jours. La salle est presque vide et les deux serveurs qui officient avec lui ce soir-là s'ennuient derrière le comptoir, les yeux rivés sur l'écran de leur téléphone. Les néons de la rue diffusent dans la pièce une lumière bleutée caressante.

« Allez vous installer à l'étage, j'ai presque fini, je vous rejoins », nous dit Rangin. Nous commandons du poulet grillé et des pintes de bière fraîche que nous descendons à grandes gorgées au moment où il vient s'asseoir avec nous. Son patron n'est pas là ce soir, il peut se le permettre.

Il ouvre de grands yeux en entendant notre récit d'Izmir. Quand il aura quitté la Turquie et qu'il aura de vrais papiers, il ira « voir le bout du monde », nous dit-il. C'est son rêve. « Tu sais ce qu'il y a, tout au bout du monde ? insiste-t-il. Je veux dire, tout au bout, après l'Amérique ? »

Je suspends ma fourchette à mi-distance entre l'assiette et ma bouche. Quelle question saugrenue ! Que veut-il dire par là ? Son idée d'un bout du monde est pleine de poésie et me rappelle les vers griffonnés sur le magazine chez Lamine le logeur.

Je lui réponds avec un sourire amusé que c'est partout et nulle part, le bout du monde. Cela n'existe pas. C'est le Finistère, Gibraltar et le cap Horn à la fois. Il plisse les yeux et tord la bouche : il ne comprend rien à ce que je lui raconte. C'est que sa question est tout à fait sérieuse, aussi sérieuse que lorsqu'un enfant demande à ses parents ce qu'il y a après les étoiles ou s'il est possible de compter jusqu'à l'infini. Je bois une gorgée de bière et lui dis doucement : « Mais tu sais que la Terre est ronde, non ? » Il me regarde comme si je venais de lui annoncer que j'étais la reine d'Angleterre. Je continue : « Si tu vas tout droit, tu en fais le tour et tu finis par revenir là d'où tu es parti… »

Rangin me fixe, éberlué. Je n'ai jamais vu une telle expression de surprise sur le visage d'un homme. Je poursuis : « Après l'Amérique, c'est l'océan, et après l'océan, c'est l'Asie, la Chine, l'Afghanistan, puis la Turquie et l'Europe, l'océan encore, et puis de nouveau l'Amérique… » Je déchire une page de mon carnet pour y dessiner grossièrement les cinq continents, en inscrivant des croix aux emplacements de la France, de la Turquie et de l'Afghanistan, puis je roule la feuille en cylindre. Avec mon stylo, je suggère un déplacement autour du tube en papier : « Il n'y a pas de bout du monde, tu vois. Si tu continues tout droit, tu reviens d'où tu es parti. »

Il hoche la tête, secouant ses boucles brunes. « Mais alors, de l'autre côté de la Terre, les gens vivent la tête en bas ? »

Je n'ai jamais été très fort en physique. J'essaie maladroitement de lui expliquer que non, que la Terre est tellement vaste qu'on ne se rend pas compte qu'elle est ronde, que nos yeux ne voient pas suffisamment loin pour percevoir la courbe du globe. Il faut s'envoler très haut dans le ciel pour observer la forme réelle de la Terre. « On ne peut pas se fier uniquement à ce que voient nos yeux. Parfois, ils voient quelque chose qui n'est pas la vérité. »

Hanan nous écoute d'un air circonspect. Des bruits étouffés nous arrivent par instants du rez-de-chaussée.

Mon explication suscite de nouvelles questions chez le jeune Afghan : « Et pourquoi les hommes ne tombent pas dans le vide, alors ? Et qu'est-ce qu'il y a dans le milieu de la Terre, ce n'est pas l'Enfer ? » Je réponds : si les hommes ne tombent pas, c'est parce qu'une force invisible les maintient cloués au sol. Sur mon carnet, je dessine le globe terrestre avec des flèches dirigées vers son centre pour symboliser l'attraction : « Même en bas, on tient accroché. » Quant à ce qui se trouve au centre de la Terre, ce n'est pas l'Enfer, mais un énorme noyau de feu qu'on appelle « magma ». Quand un volcan explose, c'est un peu de ce feu qu'il recrache.

Hanan sort brutalement de son silence :

« Tu peux pas dire ça ! L'Enfer, il existe ! C'est écrit dans le Coran. Le Coran dit qu'il y a sept ciels, sept terres et sept enfers. Je veux bien qu'il y ait du feu et pas l'Enfer dans le centre de la Terre, mais il est où, l'Enfer, alors ?

– Je ne parle pas de religion, Hanan, je parle de physique. Je te dis juste ce qui a été prouvé scientifiquement.

– Mais il est où, l'Enfer ? » répète-t-il.

Rangin nous contemple comme si nous rejouions devant lui *La Vie de Galilée* de Bertolt Brecht. En cinq minutes, il vient de faire sa révolution copernicienne. Je lui raconte Christophe Colomb parti à l'aventure il y a plus de cinq cents ans pour démontrer que la Terre n'était pas plate et qu'il n'y avait pas de monstres à ses marges. Devant son incrédulité, je poursuis ma petite leçon de physique : « Tu sais comment le jour et la nuit arrivent ? Comment les années passent ? »

Je pousse mon assiette sur le côté, et notre table se transforme en un planisphère sur lequel nous nous penchons tous les trois. Ma pinte de bière devient le Soleil, mon verre d'eau la Terre, la salière la Lune. Joignant le geste à la parole, je me lance : « Bon, la lumière vient du verre de bière. Quand je fais tourner mon verre d'eau sur lui-même, la lumière n'en atteint qu'un seul côté, tu vois ? Quand le verre d'eau fait un tour complet sur lui-même, ça fait une journée. La nuit et le jour alternent comme cela. Le verre d'eau tourne autour de la bière aussi, et quand il a fait un tour complet, cela fait une année. Et puis le sel tourne autour du verre d'eau : c'est la Lune qui se promène dans le ciel. »

Je repense aux explications de mon père, quand j'étais gamin : dans la cuisine, il faisait tourner une orange autour d'une lampe-torche pour me montrer l'alternance du jour et de la nuit. Je pense aussi à toutes ces petites expériences que l'on fait en classe, comme verser de l'huile dans un verre d'eau pour constater qu'elle est plus légère et ainsi comprendre la gravité. Rangin, lui, n'est jamais allé à l'école. À 15 ans, il travaillait déjà sur les chantiers. Il n'a appris à lire et à écrire le dari, sa propre langue, qu'à l'adolescence. Puis il s'est mis à l'anglais tout seul – une langue qu'il parle admirablement bien. Il a aussi appris le turc en arrivant à Istanbul il y a un an, au point d'impressionner ses collègues autochtones par sa maîtrise. Incontestablement, Rangin est un surdoué des langues. En revanche, il n'a jamais suivi le moindre cours de géographie, d'histoire ni de science. Né dans les années 1980 en Afghanistan, son horizon historique se limite aux Soviétiques, aux talibans et aux Américains.

Hanan, de nouveau, m'interrompt. Mes explications le dérangent. « Ce que tu dis là, OK, mais comment tu expliques que tout ça fonctionne ? Qui est-ce qui fait que la Terre tourne autour du Soleil ? Et tout le reste ? Comment tu expliques que l'herbe pousse, que les fruits grandissent, que les hommes naissent et puis meurent ? C'est Allah ! C'est Allah qui fait tout ça ! La vie ici n'est qu'un miroir, une image, une seconde. Tout ça n'a pas d'importance. La vraie vie, elle ne commence qu'après, a dit Allah. »

Je répète calmement qu'il n'est pas question ici de religion, mais je sens qu'il est trop exalté pour m'entendre. Je n'ai pas envie d'engager un débat métaphysique ce soir. Chacun donne l'explication qu'il veut du monde.

Après cette conversation un peu surréaliste, je me suis dit que Rangin était un garçon sidérant. Il avait parcouru quatre mille kilomètres et franchi illégalement deux frontières, tout cela en pensant que la terre était plate ! Comment avait-il pu se lancer dans une expédition aussi folle en connaissant si mal le monde autour de lui ? Il me rappelait ces adolescents avec qui j'étais allé visiter le zoo de Peshawar, qui pensaient que Chypre se trouvait près des côtes américaines ou parlaient d'émigrer en Grande-Bretagne sans même savoir si le nom de leur destination était une ville ou un pays. Sans rien connaître de l'Europe, ils voulaient seulement *partir*, comme si cela suffisait à leur garantir une vie riche et heureuse. J'étais constamment ramené à ce « *London tâ zama* », dont un chanteur afghan a fait une chanson que l'on trouve sur YouTube[1]. Une vidéo de sept minutes et quelques que regardent les candidats au départ pour se préparer à leur voyage : voilà à quoi se résume leur saut dans l'inconnu.

Je suis rentré en France à la fin du mois de novembre. J'ai conservé les contacts de Rangin, de Thierry Henri, de Kamal et des autres. Le téléphone de Saël a fini par cesser de répondre. J'imagine qu'il a fait la traversée avec Saïd et Ali et que, si tout s'est passé comme prévu, ils sont à l'heure actuelle quelque part au Yunan ou plus loin sur la route des Balkans.

Le 16 décembre 2013, quelques semaines après mon retour, la Turquie et l'Union européenne ont signé un accord « clandestins contre visas ». La Turquie s'engage à reprendre tous les migrants illégaux qui ont transité sur son sol, en échange de quoi l'UE promet d'ouvrir des négociations en vue d'exempter les Turcs de visa pour entrer sur son territoire.

1. https://www.youtube.com/watch?v=dzYFU1UzWKo.

Ce pacte fait de la Turquie le garde-frontière de l'Europe, tout comme la Libye a servi un temps de sentinelle à l'Italie, et tout comme aujourd'hui la Papouasie-Nouvelle-Guinée et la petite île de Nauru abritent les centres de rétention australiens pour clandestins. Ou comment refourguer la question migratoire à d'autres pays moyennant quelques arrangements financiers.

SECOND SÉJOUR : PRINTEMPS 2014

19

« Je n'arrive pas à croire que ce n'est que ça, la vie »

« Allô, Rangin ? Comment ça va ? C'est Arthur à l'appareil ! »

L'Afghan met quelques secondes à me remettre. « Ah oui, Arthur ! Comment vas-tu ? Tu es de retour à Istanbul ? »

Cinq mois se sont écoulés depuis mon séjour en Turquie avec Hanan. Nous sommes en avril 2014. Les arbres bourgeonnent, des grappes de fleurs alourdissent les branches, on entend les oiseaux dans les feuillages, une herbe verte et grasse recouvre désormais les parterres. Je suis venu pour retrouver ceux que j'ai quittés l'hiver dernier et savoir ce qu'ils sont devenus. Sont-ils toujours là ou ont-ils réussi à partir pour l'Europe ?

Hanan ne m'accompagne pas cette fois-ci. J'ai suffisamment pris pied dans la communauté afghane pour me débrouiller sans son aide. Avec Rangin, nous nous sommes donné des nouvelles par intermittence sur Facebook au cours des mois précédents. Ce matin, au téléphone, je reconnais parfaitement sa voix : il parle toujours comme un lord anglais, dans une langue ampoulée, me donnant du « cher Arthur » comme si j'étais président de la République.

« Je suis passé devant le restaurant où tu travaillais mais je ne t'ai pas aperçu. Tu y travailles toujours ?

– Non... Je bosse dans un autre restaurant maintenant, de l'autre côté de la Corne d'Or. Mon ancien patron ne me payait plus ! »

Nous prenons rendez-vous pour dans trois jours, au moment de son unique congé hebdomadaire.

Le jour dit, nous nous retrouvons à 15 heures sur les bancs qui jouxtent l'imposante mosquée Yeni Cami, posée au bord du Bosphore comme un gros baba au rhum. Il fait doux et, aux terrasses, les femmes penchent leur tête en arrière pour profiter des rayons du soleil. Des centaines de pigeons picorent entre les marchands ambulants qui proposent des drapeaux de la Turquie, des ballons d'hélium, des cartes postales et des chouchous dégorgeant de sucre.

Rangin a encore maigri. Il me dit qu'il pèse 60 kilos, alors qu'il en pesait 85 il y a deux ans. Ses joues se sont creusées. Il s'est laissé pousser la barbe et a taillé son bouc en pointe, ce qui lui donne une allure de diablotin.

« Ta demande de visa américain, ça a donné quoi ?

– Ça n'a pas marché, soupire-t-il. Ils m'ont dit que je n'y ai pas droit, parce que je n'ai pas fait le traducteur pour leur armée assez longtemps. Il fallait avoir travaillé cinq mois au moins, et je n'en ai fait que deux. »

Il a abandonné la chambre au-dessus du salon de coiffure. Trop insalubre. Être obligé d'aller tous les jours à la mosquée pour se laver et faire ses besoins, ce n'était pas pratique. En ce moment, il est dans une « pension » avec son frère. Entre-temps, il a attrapé une saloperie à l'estomac, une vilaine maladie qui lui brûle le ventre et irradie dans ses intestins. « Je suis allé voir un médecin. Il m'a conseillé de me faire opérer, mais il faut rester au repos pendant deux mois après ! Je ne peux pas m'arrêter de travailler aussi longtemps. »

Son nouveau boss est « bien », mais il fait toujours des horaires de chien : de 10 heures à 22 heures six jours par semaine. La paie ? 500 euros sans les pourboires.

Il s'interrompt pour observer une famille de touristes moyen-orientaux. Appareil photo en bandoulière et visière en plastique sur le crâne, ils s'installent sur le banc d'en face et déballent des gâteaux qu'ils commencent à dévorer. Le petit garçon s'en met plein les doigts et la bouche, sous le regard comblé de sa mère.

Rangin détourne les yeux, son dos se voûte. Fixant le sol, comme si ce qu'il avait à me dire l'empêchait de soutenir mon regard, il murmure : « Il faut que je te dise aussi… J'ai essayé de passer en Bulgarie cet hiver, avec des passeurs. Ça n'a pas fonctionné. » Je tombe des nues. La dernière fois, il m'avait juré ses grands dieux qu'il ne retenterait jamais l'Europe « avec des enculés de passeurs ». Sa séquestration dans un appartement d'Istanbul l'avait vacciné contre les trafiquants. Absorbé dans la contemplation des pigeons qui becquettent des miettes de gâteau, il raconte :

« C'était de nuit, vers le mois de février. Les *agents* nous ont lâchés près d'une forêt. On était une vingtaine en tout, quasiment que des Afghans. On a marché longtemps, peut-être vingt heures. Nous étions seuls, le passeur nous avait dit d'aller tout droit. On s'est perdus. Au bout d'un moment, je ne marchais plus qu'avec quatre ou cinq personnes – on s'était séparés en petits groupes pour avoir moins de risques d'être repérés. Des policiers bulgares nous ont attrapés. Ils nous ont pris nos affaires, notre argent, nos téléphones. Moi, ils m'ont tapé parce que je parlais anglais et qu'ils pensaient que j'étais le passeur. Et puis ils ont trouvé le chargeur de mon smartphone et ils m'ont demandé où je le cachais. Je l'avais dissimulé dans une couture de mon sac, ils ne l'ont pas trouvé. Ils le voulaient parce qu'ils se disaient que c'était un portable qui coûtait cher. J'avais 700 euros en liquide, mais ils ne les ont pas trouvés non plus. Ils ont fini par nous relâcher et on est revenus sur nos pas. Jusqu'en Turquie. »

Lorsqu'il relève la tête, je lis un immense chagrin dans ses yeux. Il paraît avoir vieilli de vingt ans. Il poursuit : « Certains matins, c'est terrible quand je me réveille. J'ouvre les yeux et je me dis : Ah non, ce n'était pas un rêve, c'est bien la vraie vie. Alors je les referme pour essayer de dormir encore un tout petit peu, parce que c'est trop douloureux. Quand je dors, au moins, je ne pense pas. »

Après un silence, il ajoute : « Je sais que c'est pas bien, mais j'ai commencé à boire de l'alcool. Juste une bière de temps en temps. Allah ne veut pas, mais ça m'aide. J'arrive pas à croire que ce n'est que ça, la vie. C'est tellement dur. »

Il doit déjà partir. Il a un rendez-vous pour un nouveau logement. Nous convenons de nous retrouver plus tard dans la soirée.

20

« Ça fait quarante et un jours que je n'ai pas travaillé »

Il existe une hiérarchie informelle dans les petits boulots qu'exercent les clandestins d'Istanbul. Elle n'est inscrite nulle part, n'est connue de personne, sauf de ces hommes qui n'ont pas de papiers et doivent se débrouiller pour survivre.

Küçüksu (la « petite eau ») est le nom du palais d'été des sultans ottomans, un monument très visité par les touristes, situé sur la rive asiatique du Bosphore. À quelques rues de là se trouve un lieu qui n'est mentionné sur aucun plan, où se rendent les plus pauvres des pauvres pour trouver du travail à la journée sur les chantiers de construction. Seules des personnes vivant dans ce quartier pourront vous indiquer son emplacement. Les associations d'aide aux sans-papiers que j'ai contactées n'en ont jamais entendu parler. Istanbul, avec ses 14 millions d'habitants, est devenue si tentaculaire que l'on peut y vivre sans rien connaître des quartiers voisins.

Rangin m'avait parlé de cet endroit en termes vagues lors de nos premières rencontres, en novembre 2013. Il y a vécu et travaillé pendant un mois, s'esquintant le dos à porter des sacs de ciment de 30 kilos. C'est grâce à sa connaissance de l'anglais qu'il a pu s'extirper des chantiers pour monter – légèrement – dans la hiérarchie sociale des clandestins en devenant serveur de restaurant. « Les chantiers de Küçüksu, m'avait-il dit alors, c'est le pire du pire. C'est ce qu'on fait quand on n'a plus rien. La dernière chance avant de mourir de faim. »

Sas d'arrivée des clandestins, Küçüksu est le fond du panier, le bout du rien. Ceux qui y travaillent ne cherchent même pas à gagner de l'argent pour financer leur passage en Europe, seulement à faire chauffer la casserole le soir. Les salaires sont trop bas pour penser économiser quoi que ce soit.

Ce soir d'avril 2014, Rangin a consenti à me guider dans le faubourg reculé de Küçüksu. L'un de ses amis afghans, avec qui il a partagé une chambre durant des semaines il y a un an, est encore coincé là-bas. Du moins, aux dernières nouvelles. Comme son numéro ne répond plus, il faut aller voir sur place.

Il est 20 heures quand nous nous retrouvons sur le quai d'embarquement des ferries qui font la navette entre les rives européenne et asiatique. Le soleil couchant fait miroiter les milliers de paillettes de poussière en suspension dans l'air, donnant l'impression que la ville a été repeinte en or. Pendant la traversée, j'évoque l'idée de me faire embaucher sur un chantier pour quelques jours. Rangin m'en dissuade immédiatement : « Tes mains sont trop douces, elles n'ont pas de marques, on verra tout de suite que tu n'as jamais bossé dans le bâtiment. Tu as les mains de quelqu'un qui tient un crayon, pas des sacs de ciment. »

Une heure trente plus tard, nous atteignons Küçüksu. Le quartier se love dans le district de Beykoz, aux confins asiatiques d'Istanbul. Après avoir débarqué du ferry, nous avons pris un bus, puis un taxi, avant de marcher sur deux ou trois kilomètres. Il fait nuit noire maintenant, mais la lune jette une lumière pâle sur le faubourg, dépourvu de tout éclairage public. Nous ne sommes pas très loin du Bosphore. Je le sens à l'air que je respire, plus pur, plus vif, avec un parfum revigorant d'iode et de varech. Ce n'est déjà plus tout à fait la ville. Je devine dans l'obscurité de grands carrés de verdure disséminés entre les blocs d'habitations.

Nous empruntons une route bitumée en pente raide. La misère se devine partout : aux façades qui s'écaillent, aux jardins mal entretenus, aux mauvaises herbes qui grimpent dans les grillages, au linge qui sèche sur les balcons, au bric-à-brac de planches, de bouteilles vides et de sacs plastique entassé devant les portes.

Rangin marche devant moi, toujours vêtu de son costume impeccable, la seule tenue que je lui connaisse. Nous tournons à droite dans une allée dallée qui mène à une baraque basse et décatie d'où s'échappent un filet de lumière et des voix assourdies. « C'est ici que je vivais ! » me dit-il. Il ignore si son copain habite toujours là. Un rideau épais empêche de voir quoi que ce soit à l'intérieur.

Rangin frappe trois coups au carreau. À l'intérieur, la conversation s'arrête net. On entend des bruits de pas dans le couloir, le verrou qui tourne. Dans l'encadrement de la porte apparaît le visage sombre et méfiant d'un jeune homme d'une vingtaine d'années. « Nouroullah habite toujours ici ? » demande Rangin. Une silhouette massive se dessine derrière le garçon : « Rangin ? C'est toi ? »

Nouroullah est tout en muscles. Les yeux bridés, les cheveux mal peignés, il porte un t-shirt bleu, un bas de jogging noir taché, et marche pieds nus. Il part d'un grand rire et serre Rangin dans ses bras. « Comment vas-tu, mon ami ? Qu'est-ce que tu fais là ? Laisse-les entrer, dit-il en se tournant vers le jeune homme. Ce sont des amis. »

Six clandestins, tous afghans, vivent ici à l'année, dans ce petit intérieur composé de trois pièces où règne une odeur de tabac et de friture. Il y a un lavabo en faïence et un WC au bout du couloir, une cuisine ridiculement petite et deux pièces pour dormir, éclairées par une ampoule nue. Les murs sont gonflés de salpêtre. Un téléviseur dont l'antenne a été piratée diffuse des images de la BBC en farsi : il est question de la préparation de l'élection présidentielle afghane, qui doit avoir lieu dans quelques jours.

Les six hommes travaillent sur des chantiers des alentours. « Enfin, quand il y a du boulot ! précise l'un d'eux. C'est de plus en plus rare. » Un petit gros ajoute : « Ça fait quarante et un jours que je n'ai pas travaillé. » Il me fait penser au pêcheur du *Vieil Homme et la mer*, d'Hemingway, qui compte ses journées de pêche sans poissons. Il mange uniquement du riz pour ne pas trop dépenser. Le loyer de la maison s'élève à 88 euros par mois : cela fait 15 euros par personne, 50 centimes par jour, ce n'est rien du tout. Je demande :

« Pourquoi c'est si dur de trouver du travail ?

– Parce qu'on est trop nombreux maintenant. »

Il y a encore six mois, il n'y avait pas autant de candidats « au bord de la route ». Un autre petit gros avec des pattes d'oie au coin des yeux raconte qu'il vient de sortir de prison. Il bossait sur un chantier sans certificat de travail ; l'inspection du travail l'a surpris, la police l'a coffré. Tout naturellement, il est revenu ici dès qu'il a été libéré. Un type maigre et édenté me montre la copie de son diplôme de fin de lycée. Il paraît beaucoup plus jeune sur la photo : il a des cheveux, des dents et aucune ride. C'était il y a sept ans.

Il est minuit. Rangin, dans son costume du dimanche, part prendre le dernier bateau pour la rive européenne. Il doit être au restaurant à 10 heures demain. Me voilà seul avec les six Afghans, qui ont accepté de m'héberger pour la nuit. Demain matin, nous nous lèverons à l'aube et je les accompagnerai « là où il faut attendre le travail », comme ils disent. Vers quelle heure exactement faut-il se réveiller ? « 6 h 30, me répond Nouroullah. Il faut être au bord de la route avant 7 heures si on veut avoir une chance d'attraper du travail. » Me voyant bayer aux corneilles, il ajoute : « Viens, je vais te faire ton lit à côté. »

Dans la pièce voisine, trois matelas sales occupent presque toute la surface au sol. Pour gagner de la place, les Afghans ont planté des clous dans le mur et y suspendent leur sac à dos, leur pantalon, leurs chaussures… Nouroullah me tend une grosse couverture à fleurs et un oreiller crasseux, puis éteint la lumière et quitte la pièce.

Je me couche tout habillé. Les auréoles marron sur l'oreiller sentent la sueur, comme le reste de la pièce, qui ne comporte aucune fenêtre. Je reste une bonne demi-heure à moitié éveillé à respirer cet air vicié. Somnolant au son des voix de l'autre côté du mur, je devine qu'une partie de cartes est en cours. Quand je finis par sombrer, tout le monde n'est pas encore couché.

Je me réveille au milieu de la nuit, criblé d'invisibles morsures sur tout le corps, comme si un moustique me piquait encore et encore. Ce sont des puces. Le matelas en est plein. De minuscules bestioles qui me sucent le sang.

À côté de moi, trois corps ronflent sous les couvertures, l'un d'eux allongé à même le sol. Il s'agit de Zaïf-e-Dine, le grand maigre édenté, de Hamid, le « mollah », et d'un troisième garçon dont je n'ai pas retenu le nom. Apparemment, ils ne sont nullement indisposés par les puces de lit. La maison est maintenant plongée dans la pénombre et silencieuse. Je cherche mon téléphone à tâtons : l'écran affiche 4 heures. J'ai beau me donner des claques sur les jambes et le buste, les piqûres continuent. Il n'y a rien à y faire.

Je finis par m'assoupir en rêvant de puces voraces. C'est l'appel à la première prière de la journée – *sobh* – qui me tire de mon sommeil tourmenté. Je vois Hamid s'extraire avec peine de sa couverture et s'agenouiller pour prier en silence. Il est 5 h 30. Je reste allongé à le regarder psalmodier dans le noir. Les autres le surnomment « le mollah » parce qu'il est le plus croyant de la maisonnée. À part lui, tout le monde dort encore.

Quand je me lève, la maison est en train de s'éveiller, même si toutes les lumières demeurent éteintes. Mon corps continue de me démanger. Nouroullah, torse nu, s'asperge le visage d'eau froide au lavabo du couloir. Un autre attend son tour derrière lui, pieds nus, brosse à dents à la main, les yeux fermés comme s'il dormait à la verticale. Je passe aux toilettes, puis utilise l'évier de la cuisine pour me débarbouiller et me laver les dents. Zaïf-e-Dine se lève à son tour. Dans la pénombre de notre chambre, il enfile l'un sur l'autre deux pantalons et deux tee-shirts, et fait de même avec les chaussettes.

Dans le couloir, j'avise Nouroullah qui passe son anorak, les yeux mi-clos. Sans prononcer le moindre mot, il me fait signe de ramasser mes affaires et de le suivre. Quelques minutes plus tard, nous sommes prêts à partir avec Zaïf-e-Dine et un troisième garçon, Muhammad. Il est 7 h 15, nous sommes déjà en retard. Dans l'aube grise, alors que les premiers rayons du soleil se devinent derrière les collines, je vois pour la première fois à la lumière du jour la maison où je viens de passer la nuit. C'est une longue bicoque d'un seul étage. Des vêtements d'homme sèchent sur une cordelette à l'entrée. Le froid me réveille d'un coup. J'aime le vif du petit jour, son fouet cinglant sur mes joues.

Nous nous mettons en route en file indienne, tantôt marchant sur le trottoir, tantôt mordant sur la chaussée. Les voitures nous frôlent, le bruit des moteurs est assourdissant. De toute façon, personne ne parle ; nous dormons tous debout. Mes compagnons ont gardé leurs vêtements de la veille et deux d'entre eux portent des vestes de costume trop grandes. Ils tiennent tous à la main un sac en plastique qui leur donne l'air de revenir du supermarché. Je les ai vus fourrer à l'intérieur avant de partir des chaussures de chantier à coque dure et des vêtements maculés de peinture.

Nous croisons quelques Turcs bien habillés qui partent à l'embauche.

Les maisons d'habitation ont laissé place à des magasins. La plupart vendent des matériaux de construction : dalles de carrelage, briques, poutrelles de bois, sacs de ciment, robinetterie, tuyaux en cuivre, tuiles, enduit... C'est là que les artisans, maçons, carreleurs, couvreurs, menuisiers et électriciens viennent s'approvisionner chaque matin avant de filer sur leurs chantiers respectifs ; c'est ici que, naturellement, les trimardeurs proposent leurs services.

Après trente minutes de marche silencieuse, nous débouchons sur une intersection où s'élève une petite mosquée blanche, la mosquée Haci Zihni Gürler, point de ralliement des travailleurs. Quel choc de voir que cent ou deux cents hommes sont déjà là à attendre ! Tous dans la même position, au bord du trottoir, un sac plastique à la main, le regard rivé sur la route pour guetter les voitures. Ils lèvent la tête en chœur dès qu'un bruit de moteur se fait entendre. Il semble n'y avoir là que des Afghans et des Arabes, aucun Africain.

Mes trois compagnons se postent comme les autres et commencent à regarder passer les voitures. Je fais de même, les mains dans les poches de mon K-way pour les réchauffer.

Les artisans qui ont besoin de main-d'œuvre pour la journée s'arrêtent ici pour recruter des bras. La veille au soir, avec Rangin, nous sommes passés par ce même carrefour, alors complètement désert. Seuls quelques taxis attendaient d'hypothétiques clients. Rangin m'a exposé les deux règles implicites que doivent respecter les migrants s'ils ne veulent pas avoir de problèmes :

1° Les Afghans et les Arabes (des Syriens essentiellement) ne doivent jamais se positionner à l'angle du trottoir jouxtant la mosquée. C'est le meilleur emplacement, car c'est de ce côté qu'arrivent les entrepreneurs. Il est réservé aux travailleurs turcs et kurdes, qui eux aussi proposent leurs services au noir.

2° Sur les trois pans de trottoir restants, ouverts aux sans-papiers, les premiers arrivés prennent les meilleures places, c'est-à-dire les extrémités, premiers points d'arrêt des artisans. Ceux qui arrivent en retard, comme nous ce matin, s'installent au milieu de la ligne droite, un emplacement fort peu stratégique.

Rangin m'a raconté avoir déjà vu des Turcs se battre avec des Afghans qui étaient venus s'installer sur leur trottoir. « Les Turcs ne nous aiment pas parce qu'on propose des tarifs plus bas qu'eux. » Selon lui, les ouvriers turcs et kurdes demandent 100 lires turques (33 euros) pour la journée, alors que les Arabes et les Afghans ne demandent que 80 lires (27 euros). « Les patrons préfèrent les Afghans, parce qu'on travaille mieux que les Turcs. On a souvent de l'expérience dans la construction, et puis on ne fait jamais de problèmes. On ne veut pas voir la police. »

Rangin m'a expliqué une autre particularité du monde clandestin : la différence entre travail « volant » et travail « fixe ». Le « travail volant », c'est le travail au jour le jour. On se présente ici chaque matin et, si on est chanceux, on se fait embaucher pour la journée. On n'est pas sûr du tout de travailler le jour dit, et encore moins le lendemain. Le travail « fixe », c'est un nombre de jours de travail garanti par l'employeur en échange d'un salaire journalier inférieur à celui du travail « volant » – environ 60 lires turques la journée. La période de travail peut être d'une semaine, de quinze jours, d'un mois.

Tout cela constitue un « code du travail » informel, ultra-flexible et spécifique aux clandestins, tout comme il existe une cartographie informelle des quartiers d'Istanbul où ils vivent. C'est un monde invisible et normé, avec ses règles et ses hiérarchies, parallèle à notre univers, celui des personnes en situation régulière. Un « cinquième monde ».

Je suis interrompu dans mes réflexions par Nouroullah, qui me fait de grands gestes : « On doit y aller ! On a un travail ! » Les trois Afghans ont trouvé un job fixe pour quelques jours. Ils me serrent la main et disparaissent à l'angle de la rue.

Je ne reste pas seul très longtemps. Quelques minutes plus tard apparaît Najibullah, un autre des occupants de la maison où j'ai dormi hier soir. Il porte une veste de costume et des chaussures de ville qui lui donnent des airs d'employé de bureau, sauf que, comme les autres, il transporte ses vêtements de chantier dans une poche plastique. Comme il ne parle pas du tout anglais, nous communiquons grâce au peu de farsi que je connais.

Il me fait signe de le rejoindre sur le trottoir d'en face. Là, des tables et des chaises pliantes ont été disposées par une association d'aide aux migrants. Nous sommes attirés par une marmite fumante. Elle contient de la soupe de légumes que l'on nous sert dans des gobelets en carton, accompagnée d'un morceau de pain.

La soupe avalée, nous reprenons notre poste, en lisière du trottoir. J'observe les différentes stratégies des clandestins pour tenter de se faire embaucher. Certains, surtout des jeunes, se placent à la sortie du virage, en amont de l'avenue. Ce sont sûrement des hommes qui n'ont jamais conduit de leur vie, car il n'existe pas d'endroit plus dangereux pour arrêter un véhicule. Ils n'ont aucune chance d'être pris. D'autres, jeunes aussi pour la plupart, déploient une stratégie offensive qui transgresse ouvertement les règles de Rangin : sitôt qu'un véhicule s'arrête, ils courent pour être les premiers à la portière, au mépris total de ceux qui ont la chance de se trouver à l'endroit où la voiture s'est immobilisée. Les premiers sont toutefois repoussés sans ménagement par les seconds. D'autres encore tentent de forcer la main des employeurs, grimpant d'autorité à l'arrière de la voiture pour négocier leur tarif. Ceux-là non plus ne sont jamais pris.

Bientôt, je vois arriver au loin une fourgonnette de chantier dont la benne arrière est partiellement remplie de matériel : des parpaings, des fers à béton par paquets de dix, des planches, trois ou quatre pelles, des sacs de ciment. Elle klaxonne trois coups avant de s'arrêter. Aussitôt, les Afghans du trottoir d'en face viennent se coller à la portière côté passager comme des mouches autour d'un pot de confiture.

Najibullah et les autres clandestins qui nous entourent ne bougent pas, pas plus que les jeunes postés dans le virage, qui observent d'un air dégoûté la forêt de bras et de têtes entourant la fourgonnette. Je suis trop loin pour entendre ce qui se dit là-bas, mais je vois le conducteur faire de grands gestes en criant et repousser quelques têtes qui s'aventurent dans l'habitacle. Finalement, il désigne deux hommes qui se précipitent à l'intérieur, tout sourire, leur sac plastique à la main. Ils adressent un au revoir joyeux à leurs copains restés sur le trottoir.

Je comprends mieux pourquoi Rangin m'a dissuadé de tenter de me faire embaucher. Il y a très peu de chances de se faire recruter, même pour les vrais clandestins.

Une Ford Mondeo blanche arrive, un vieux barbu au volant. Il ne ressemble pas à un entrepreneur : peut-être cherche-t-il des bras pour faire son jardin. Après une scène semblable à la précédente, il fait monter trois jeunes garçons. Se succèdent ensuite un puissant 4 × 4 avec deux hommes à bord qui font monter un Afghan et son copain, une fourgonnette dont le chauffeur tape sur les doigts agrippés au rebord de sa fenêtre, puis encore des voitures de chantier, chacune prenant deux ou trois personnes maximum.

Au total, une vingtaine d'hommes se seront fait embaucher au cours de la matinée. Les clandestins qui restent sur le carreau arborent des mines déconfites. Najibullah a fait deux tentatives lorsque des voitures ont stoppé à quelques mètres de nous, mais il n'a pas été pris. Je me sens désolé pour lui.

Je quitte le carrefour de Küçüksu avec le sentiment d'avoir assisté à une gigantesque loterie, le gros lot étant une journée de travail payée au lance-pierre.

21

« C'est décidé, je vais rentrer au Cameroun »

L'heure de rentrer en France approche, mais il me reste encore une personne à voir. Thierry Henri, le Camerounais, a proposé qu'on se rencontre dans l'atelier de robinetterie où il travaille depuis onze mois. Sur Facebook, il a pris l'habitude de poster des photos de lui posant devant des voitures rutilantes garées dans la rue, comme si elles lui appartenaient.

Il m'accueille à l'entrée. Avec son tablier qui tombe jusqu'aux genoux, ses gants en plastique qui remontent jusqu'aux coudes et ses hautes bottes en caoutchouc, on croirait qu'il travaille au rayon poissonnerie d'un supermarché. « C'est pour se protéger de l'acide », m'explique-t-il. La fabrique est installée dans le sous-sol d'une maison en béton, sans lumière. Cinq Turcs vêtus comme lui trempent des robinets dans des cuves remplies jusqu'à la gueule de produits chimiques qui exhalent une vapeur irritante pour les yeux.

Thierry Henri me fait faire le tour du propriétaire : « Ici, on protège les robinets contre l'oxydation. Il faut les plonger dans plusieurs bains : d'abord sept fois dans une cuve, attendre que ça sèche, recommencer, puis changer de cuve et recommencer encore. Après, on les envoie dans une autre usine pour qu'ils soient montés ensemble. » Il travaille là neuf heures par jour. Je lui demande quels produits contiennent les cuves. « Ça, je sais pas. » L'odeur qui s'en dégage irrite la gorge et les sinus. Moi qui n'arrête pas de tousser, je constate, éberlué, qu'un de ses collègues est en train de fumer au-dessus du bain chimique dans lequel il plonge des robinets.

Nous nous asseyons un peu plus loin pour prendre un thé. Thierry lâche : « C'est décidé, je vais rentrer au Cameroun. » Je m'étonne : il avait l'air si sûr de partir en Europe il y a cinq mois ! « Les deux colocataires avec qui je vivais, ils sont enfermés dans un camp en Bulgarie. Ils ne peuvent plus envoyer d'argent à la famille. Je peux pas prendre ce risque. » Dans les communautés africaines d'Istanbul, on murmure qu'en Bulgarie il existerait un camp juste pour les Africains, quelque part en pleine campagne.

Nous nous revoyons une dernière fois le lendemain dans un restaurant africain du quartier de Kurtuluş. La patronne est éthiopienne, le serveur nigérian, les clients sont ghanéens et camerounais. Thierry Henri m'a dit qu'il voulait me parler d'une « chose importante » avant que je parte. Tandis que nous nous apprêtons à déguster notre mafé, il plonge ses yeux dans les miens, penché au-dessus de la table : « Je ne peux pas passer en Europe, mais j'ai besoin de ton aide pour monter un commerce de voitures au Cameroun. Tu peux m'aider ? On est amis maintenant. » Sans me laisser le temps de répondre, il poursuit :

« Je voudrais faire venir des Toyota d'occasion d'Europe pour les revendre. C'est un très bon business, les Toyota au Cameroun, parce que les pièces de rechange sont faciles à trouver.

– Tu vas en faire quoi, de ces voitures ? À qui tu les vends ? »

Son visage s'éclaire. Il a pensé à tout : « Aux patrons des compagnies de taxi, tiens ! Le patron recrute dix chauffeurs qui ont leur permis de conduire. Ensemble, ils fixent la somme que le chauffeur doit ramener au patron chaque mois et le salaire du chauffeur. Le chauffeur, faut d'abord qu'il paye son patron, après il se paye lui. Pour les réparations, c'est à la charge du boss. Une voiture, ça se vend 2,5 millions de francs CFA. Entre 6 000 et 7 000 euros. »

Bien plus rentable que de plonger des robinets dans des bains d'acide toute la journée, effectivement. Mais je sais déjà que je ne pourrai pas l'aider. Je suis journaliste, pas concessionnaire automobile, et je n'ai aucun contact dans ce milieu. Je tente d'esquiver poliment :

« Tu sais, en France, c'est surtout des Renault, des Peugeot et des Citroën qu'on a.

– Ah non, ça intéresse pas les gens au Cameroun, ça. Il faut des modèles où on trouve facilement les pièces de rechange. Les meilleurs, c'est les Rav4, les Toyota Corolla et les Toyota Corona. Celles-là, tu es sûr de trouver quelqu'un à qui les revendre. Chez nous, on juge une voiture à son aspect et à l'état du moteur, pas à son âge ou au nombre de kilomètres au compteur. »

Je lui répète que je ne peux rien faire pour lui. Dépité, il écarte son assiette de mafé. Il n'ouvrira presque plus la bouche jusqu'au moment où nous nous quitterons.

•

Dans l'avion qui me ramène en France, je repense aux Afghans de Küçüksu et aux hommes de Peshawar. Je me demande ce qu'ils deviennent. Khaled, d'après Hanan, est sur le point de reprendre la route de l'Europe. Bachir est toujours taxi à Kaboul.

Tandis que je survole les Balkans, une idée germe dans mon esprit : c'est par la Bulgarie que je dois tenter de pénétrer en Europe ! Lors de mes rencontres en Turquie, les gens n'ont cessé d'évoquer ce petit pays pauvre et méconnu. Rangin a tenté d'y passer. Les Africains parlent d'un camp rien que pour eux là-bas. Les ONG s'intéressent de près à l'État bulgare, le soupçonnant de se débarrasser des migrants qui arrivent sur son sol en les renvoyant illégalement.

Oui, c'est décidé, la Bulgarie sera ma porte d'entrée en Europe.

Troisième partie

BULGARIE

22

« Tu veux te faire attraper par la police bulgare ? »

En cette fin de mois de mai, me voici de retour en Turquie pour la troisième fois en moins d'un an. Pas à Istanbul, mais à Edirne, la grande ville du nord-ouest, à trois heures de route de l'ancienne Byzance. Ici, nous ne sommes qu'à une trentaine de kilomètres de l'Union européenne, le rêve de tout clandestin. À l'ouest, la frontière grecque. Au nord, la frontière bulgare. Les trafiquants disent que celle-ci est la « moins chère d'Europe », une sorte de version discount de l'immigration illégale.

Depuis la fin de 2013, la Bulgarie est le principal point d'entrée dans l'Union européenne pour les migrants venant de Turquie. J'ai décidé de faire l'essai à mon tour : de me glisser, une fois de plus, dans la peau d'un clandestin pour voir comment l'UE traite ses sans-papiers. D'après le règlement européen de Dublin III, les demandes d'asile sont étudiées au cas par cas dans le premier pays européen dont un migrant foule le sol, mais de sérieux doutes existent au sujet de certains pays, dont la Bulgarie. Un rapport de Human Rights Watch d'avril 2014 intitulé « Containment Plan » a dénoncé les reconduites illégales de clandestins à la frontière – en anglais, *pushbacks* – par la police de ce pays. Est-ce la vérité, ou ces accusations ne sont-elles que des inepties, comme le proclament les responsables politiques bulgares ?

Tandis que je cherchais quelqu'un pour m'aider dans cette étape de mon enquête, un ami m'a mis en contact avec une de ses connaissances, Anne, une journaliste belge d'origine grecque installée à Thessalonique depuis la fin de ses études pour « retrouver ses racines », comme elle me l'explique, assise en face de moi à une terrasse de café située sur le toit d'un immeuble. De là, nous surplombons Edirne et les dômes colorés des mosquées.

« Si j'ai bien compris, tu veux te faire attraper par la police bulgare à la frontière pour qu'ils te placent en rétention avec les autres migrants ? me demande-t-elle.

– C'est exactement ça. L'idée, c'est que tu prennes un hôtel dans le coin et que tu attendes de mes nouvelles. Pendant cinq jours, pas plus. Si tu n'entends pas parler de moi passe ce délai, tu donnes l'alerte. »

Nous avons dressé la liste des personnes qu'Anne doit contacter dans ce cas : l'ambassade de France en Bulgarie, ma compagne, notre ami commun et mon éditrice. Si au contraire tout se passe « bien » pour moi – c'est-à-dire si je suis emmené dans un camp et parviens à prévenir Anne dans un délai de cinq jours –, elle devra rester en veille dans la région pendant deux semaines environ, le temps que je puisse observer de l'intérieur les pratiques des autorités bulgares et européennes à l'égard des clandestins. Au-delà de quinze jours, je serai soit envoyé dans un « camp ouvert », dont je pourrai sortir sans problème, soit maintenu en rétention, auquel cas Anne devra alerter les contacts de notre liste.

C'est elle qui va conserver mon passeport, ma carte de presse et mes autres papiers d'identité. Je ne peux pas prendre le risque de les avoir sur moi, même dissimulés dans la doublure d'un vêtement ou la semelle de mes chaussures. Ce serait trop bête d'être démasqué si facilement et de tout faire capoter. Je me rendrai en Bulgarie sans aucun document officiel prouvant que je suis un journaliste français. Le numéro d'Anne est la seule chose qui me reliera au monde réel. Je l'ai appris par cœur.

Le soleil commence à descendre sur Edirne, mais il fait encore chaud. Alors que nous sirotons nos verres, les voix des muezzins montent des haut-parleurs alentour.

« Et qu'est-ce que tu feras si les policiers veulent te garder en prison plus de quinze jours, vu que tu n'auras aucun papier sur toi ?

– J'y ai pensé mille fois. Après quinze jours, je tombe le masque et je leur raconte tout. Ils ne vont pas aimer cela du tout, mais ma nationalité française est ma meilleure garantie. Je serai poursuivi pour usage de fausse identité, voilà tout. Je te préviendrai, quoi qu'il arrive. »

Elle hoche la tête, mais ne paraît pas totalement rassérénée.

« Et pour qui vas-tu te faire passer, alors ? »

Cela aussi, je n'ai cessé d'y penser depuis mon dernier séjour turc. Je sors de ma poche une carte plastifiée que je lui tends. C'est une carte d'étudiant de l'université de Tbilissi sur laquelle sont apposés le logo de l'université, récupéré sur Internet, ma photo et un nom : Lasha Okruashvili. Elle indique que je suis né le 3 mai 1986. Je l'ai fabriquée moi-même avec mon frère, un formidable bidouilleur en informatique. C'est lui qui a dessiné la carte, apposé ma photo, choisi les couleurs. Une amie a traduit les noms en géorgien, puis j'ai acheté un film plastique dans un commerce pour quelques euros et j'en ai recouvert le document.

« Pourquoi une identité géorgienne ? s'étonne Anne. Est-ce qu'il y a beaucoup de Géorgiens qui passent par la Bulgarie ? »

Non, il n'y en a pas beaucoup. Ce n'est pas cela qui a motivé mon choix. Si j'ai opté pour cette nationalité, c'est parce qu'il y a très peu de chances que je tombe sur quelqu'un qui parle le géorgien. Je lui montre la carte d'étudiant, où les informations sont écrites dans les deux alphabets – latin et géorgien. « Regarde, tu as déjà vu du géorgien ? Cela ne ressemble pas au cyrillique [l'alphabet utilisé dans la majeure partie des Balkans]. Avant qu'on découvre que je ne sais ni parler ni écrire le géorgien, il se sera écoulé suffisamment de temps pour que je puisse mener mon enquête. Tu sais, de nombreux migrants mentent au sujet de leur identité. En disant venir d'un autre pays que le leur, ils pensent obtenir plus facilement une régularisation. La tendance, aujourd'hui, c'est de se déclarer syrien. Il y a dix ans, tout le monde était afghan, et il y a quinze ans, kosovar. Les policiers ne sont pas dupes. Mais même s'ils se doutent que je mens, mon cas sera similaire à des centaines d'autres, et ils n'auront aucun moyen de déterminer ma vraie nationalité. Je pourrais aussi bien être un Bangladais se faisant passant pour un Géorgien.

– Et le nom, Lasha Okruashvili, tu le sors d'où ? »

Je souris. Personne ne peut deviner, à moins de bien s'y connaître en judo. C'est un sport que je pratique depuis mon enfance et dans lequel les Géorgiens excellent. Je suis allé piocher un nom dans leur équipe nationale, celui d'Adam Okruashvili, vice-champion d'Europe des plus de 100 kilos. Quant au prénom, c'est celui du champion olympique des moins de 66 kilos, Lasha Shavdatuashvili.

Anne est intéressée par d'autres détails pratiques :

« Comment vas-tu faire pour discuter avec les gens, puisque tu ne parles pas bulgare ?

– Je parlerai anglais. Le mauvais anglais que j'ai utilisé avec les passeurs à Izmir.

– Tu n'as pas peur que cela te fasse repérer tout de suite ?

– Non, je ne pense pas. Tous les migrants qui viennent de familles éduquées parlent anglais. Il me suffit de me faire passer pour l'un d'eux, de faire croire que je suis allé à l'université. J'y ai bien réfléchi : si on m'interroge, je dirai que j'ai appris l'anglais à l'université, mais que j'ai dû fuir mon pays parce que mon père était membre de l'opposition. »

Reste un point crucial à régler dans ce scénario bien rodé : comment passer la frontière ? Recourir à un passeur est incertain : je risque de payer cher sans jamais parvenir en Bulgarie – la mésaventure de Rangin me l'a démontré. Faut-il que je tente la traversée par moi-même, de nuit ?

La veille, avec Anne, nous sommes allés en voiture aux abords de la frontière bulgare pour inspecter les lieux. À perte de vue, des bois pleins de ronces et des champs. Un coup à me perdre ou à me faire repérer par les policiers turcs avant même d'être entré en Europe. Il existe des endroits où le terrain est plus propice au passage, mais un mur hérissé de barbelés est en train d'y être construit sur une distance de trente kilomètres. Il fera trois mètres de haut une fois terminé et s'ajoutera aux miradors et aux caméras thermiques déjà installés un peu partout le long de la frontière.

Tandis que nous roulions, j'ai soudain eu une idée : pourquoi ne pas *prétendre* avoir franchi la frontière à pied ? L'essentiel est que la police pense que je l'ai fait ! J'expose mon plan à Anne : « Nous passons la frontière en voiture comme si nous étions des touristes. Peu avant la tombée de la nuit, tu me largues en pleine nature à proximité d'un des villages frontaliers. Je dors à la belle étoile et le lendemain, au lever du jour, je me pointe dans le village, comme si j'étais arrivé pendant la nuit. »

Anne est d'accord, d'autant que c'est bien moins dangereux que de tenter véritablement la traversée.

Comment choisir le village où je vais débarquer au petit matin ? Je sors une carte IGN de mon sac. La frontière turco-bulgare est longue de 259 kilomètres. Tout à l'est se trouve le grand parc naturel de la Strandzha, une zone de hautes montagnes et d'épaisses forêts où, dit-on, vivent encore des ours bruns. Dans cette partie du pays, la rivière Resovo constitue une frontière naturelle. Certains migrants passent par cette route, car, bien que dangereuse, elle est la moins surveillée.

Le franchissement de la frontière se fait plus aisément juste au nord d'Edirne : on y trouve des terres agricoles, quelques bois, des vallons et des petites collines. La rivière Tundzha fait office de frontière naturelle sur quelques kilomètres. Je décide de me cacher dans ce coin-là. Mon index parcourt le chapelet de villages frontaliers dans lesquels la presse rapporte des arrivées de migrants : Lesovo, Goljam Dervent, Studena, Sladun… J'en repère un, Radovets, qui me paraît idéalement situé, à proximité de la Tundzha. Les fleuves constituent toujours de bons points de passage. C'est décidé, je me cacherai vers là-bas.

Il faut que tout soit prêt pour partir demain matin. Dans ma chambre d'hôtel, pour la énième fois de mon enquête, j'opère ma transformation.

J'ai emporté les vieux vêtements déjà utilisés à Istanbul et à Izmir. Dans mon jean, j'ai fait réaliser une double poche, imperceptible au toucher, au niveau de la couture de la taille. J'y glisse 250 euros en liquide – des billets de 20 et de 50 pliés en longueur –, ainsi qu'une puce de téléphone achetée en Grèce. Je porterai l'un des tricots de corps achetés au Pakistan, un t-shirt, une chemisette et un sweat à capuche gris déchiré à l'épaule. Par-dessus, un coupe-vent également acheté d'occasion et moucheté de taches de café. La fermeture Éclair ne fonctionne plus. Pour parfaire ma panoplie, j'enfoncerai un bonnet de laine épaisse sur mon crâne, jusqu'au ras des sourcils. J'ai troqué les vieilles godasses des fois précédentes contre une paire achetée d'occasion. Dans le talon de la chaussure droite, j'ai creusé une cavité pour y dissimuler mon téléphone portable. Je l'y glisserai au dernier moment, car c'est très inconfortable et cela me fait claudiquer. Dans mes poches, j'aurai de la petite monnaie turque, un autre téléphone portable contenant une carte SIM Turkcell et un paquet de cigarettes de la marque turque Samsun. Tous ces détails accréditeront l'idée que j'ai passé un certain temps en Turquie et que j'en arrive juste.

Je dois enfin réfléchir soigneusement au contenu de mon sac. C'est une besace tout à fait banale, avec une poignée en nylon et deux bretelles permettant de la porter sur le dos. J'y enfourne quelques vêtements supplémentaires en prévision du froid de la nuit. J'ajoute à cela deux chargeurs de batterie de portable, quelques feuilles de papier pliées en quatre pour pouvoir prendre des notes, un stylo, un couteau acheté à Peshawar. En guise de vivres, j'emporte deux paquets de gâteaux secs achetés en Grèce – j'ai pris soin de retirer les emballages portant des inscriptions grecques –, deux bouteilles d'eau, une bouteille de soda à l'orange, une brosse à dents et un tube de dentifrice.

Je m'observe dans le miroir de ma chambre : avec le col de mon coupe-vent relevé et mon bonnet enfoncé sur les oreilles, on ne voit de mon visage que mes yeux, mon nez, ma bouche et quelques mèches noires. Lasha Okruashvili est prêt à franchir la frontière.

23

« Ne pas se faire repérer avant la nuit... Ne pas se faire repérer avant la nuit... »

Notre voiture de location grecque progresse à faible allure sur une route qui ne doit plus être entretenue depuis des années, truffée de nids-de-poule qu'Anne tente d'éviter à grands coups de volant. Nous voilà en Bulgarie. Le soleil de la fin d'après-midi est encore haut dans le ciel et, au loin, la route semble se dilater pour former de vastes flaques de bitume liquide.

Partis d'Edirne ce matin, nous sommes repassés par la Grèce pour pénétrer sur le territoire bulgare. Un détour de deux cents kilomètres pour ne pas avoir à franchir le poste-frontière de Kapitan Andreevo, entre la Turquie et la Bulgarie, où la police est très présente : inutile d'éveiller le moindre soupçon de ce côté-là. Nous avons ensuite emprunté des routes secondaires. Autour de nous, nous n'apercevons plus que des genêts sauvages et des champs à perte de vue. Nous nous sommes relayés au volant durant les premières heures, mais c'est Anne qui conduit depuis que nous sommes entrés en Bulgarie.

Un panneau de signalisation rouillé nous informe que nous approchons de Radovets. Nous avons prévu de traverser le village pour faire un petit repérage, puis de le dépasser de quelques kilomètres pour qu'Anne me dépose en pleine nature, loin des regards.

Il est environ 18 h 30. À l'entrée de Radovets, nous passons devant une étable, un troupeau de vaches blanches, des habitations basses et décrépites. Les roues d'un tracteur ont laissé des traces de boue sur le goudron. Nous restons silencieux, anxieux. L'air est pesant, le village paraît vide et assoupi. Nous longeons le bureau de poste, puis une terrasse de café déserte surmontée d'une tonnelle. La route débouche sur un panneau « Stop » face à l'église, blanche avec un clocher pointu. Sur le parvis, un gros monsieur décharge des cartons du coffre d'un monospace.

« Je prends à droite ou à gauche ? » me demande Anne. Je n'ai pas le temps de lui répondre : déjà, l'homme pointe son nez à la portière. Il a un visage tout rond et l'allure d'un sumotori qui aurait trop pris le soleil, avec des pommettes rouges et luisantes comme des pommes d'amour. Très gentiment, il nous demande si nous cherchons notre chemin. Il a posé sa question en grec au vu de la plaque minéralogique de notre voiture. Il nous prend pour un couple de touristes hellènes égarés.

Anne et moi, nous nous dévisageons un court instant. Quelle poisse ! Dans ce village qui paraissait totalement endormi, il a fallu que nous tombions sur un curieux ! Par chance, je n'ai pas encore revêtu l'intégralité de ma panoplie : le bonnet et le coupe-vent sont encore dans mon sac, car il fait trop chaud dans l'habitacle. Je ne devrais donc pas être trop reconnaissable. Je me tasse tout de même sur mon siège, fixant la pointe de mes chaussures. Anne répond au sumotori en grec :

« Euh, oui, nous sommes perdus… On visite la région et on cherche la route pour retourner en Grèce.

– C'est par là, à droite, en direction de Studena », nous dit le type, tout sourire, en pointant une route bordée de fermettes en pierre.

Il ne doit pas rencontrer beaucoup de touristes, même grecs, dans ce coin perdu de l'Union européenne. Cette zone rurale et excentrée semble n'avoir jamais vu la couleur d'un euro pour refaire les routes ou les bâtiments publics. Ici, il n'y a que des champs et des arbres. Rien de spécial à visiter, même pour des touristes en quête de dépaysement total.

Nous le remercions et nous nous empressons de suivre la direction qu'il nous a indiquée. La gorge sèche, je dis à

Anne : « Roule un peu, qu'on s'éloigne suffisamment. Il faut qu'il y ait de la végétation pour que je puisse me cacher. Tiens-toi prête, il va falloir faire très vite, il ne faudrait pas qu'une voiture passe à ce moment-là. »

Puis le silence retombe. Le moment sur lequel nous avons concentré tous nos efforts ces derniers jours est sur le point d'arriver. Je regarde la campagne qui défile, des champs, des vignes, encore des champs. Au loin, on devine les collines de la Thrace. Nous avons parcouru environ deux kilomètres quand j'avise un chemin de terre qui part sur la droite pour disparaître dans les blés. À quelques mètres, un gros bosquet d'épineux et d'herbes sauvages. Aucune voiture ne nous suit, aucune ne vient à notre rencontre. « Arrête-toi là, ce sera très bien ! »

Tout se passe en quelques secondes. Anne stoppe la voiture au bord du chemin, laissant le moteur tourner. Je saisis mon sac, enfonce mon bonnet sur ma tête et saute à terre en lançant un « Merci ! ». Après quelques pas, je me retourne une dernière fois pour la saluer et elle me fait un signe en souriant. Mon cœur palpite. C'est le grand saut dans l'inconnu. Tandis que je me remets en route, j'entends derrière moi le bruit de la marche arrière, les pneus qui crissent sur les gravillons, la voiture qui s'éloigne. Me voilà seul dans la campagne bulgare comme un véritable clandestin. Il ne me reste plus qu'à attendre le lendemain.

Je dois vite me cacher avant que quelqu'un ne m'aperçoive. Le chemin fait un coude pour disparaître dans les champs en direction d'un alignement de pins. À ma droite, un lopin de terre fraîchement labouré. À ma gauche, un petit talus couvert de hautes herbes, le bosquet que j'ai aperçu depuis la route et un gros arbre au tronc épais veiné de mousse claire.

Le bosquet me paraît être un abri acceptable pour passer la nuit. Je l'atteins en quelques bonds et m'empresse de m'allonger à plat ventre en dessous pour me dissimuler aux regards. C'est une sorte de rosier sauvage aux fleurs pâles et aux fines tiges criblées d'épines. Il est si léger que la moindre bourrasque le fait frémir.

Mon cœur bat à 200 à l'heure. Tout doucement, je me couche en chien de fusil. Immobile, le nez dans la terre humide, j'attends une quinzaine de minutes dans un silence total, seulement émaillé des pépiements d'oiseaux dont le gros arbre semble abriter une véritable colonie. Peu à peu, ma peur s'estompe, mon rythme cardiaque ralentit, je cesse de trembler. J'ose enfin me redresser sur un coude pour observer les alentours. Tout est calme. Pas un être humain à l'horizon. La route asphaltée que nous avons empruntée se trouve quelques mètres au-dessus de moi, invisible derrière le bosquet. C'est une fin d'après-midi tiède et paisible.

À croupetons, je me glisse jusqu'à la rigole qui court à mes pieds. Là, la terre est molle et fraîche. J'en saisis une pleine poignée et en tapisse les jambes de mon pantalon. Je répète l'opération sur mon K-way et mon sac. Puis je racle mes doigts dans la glaise pour incruster la boue sous mes ongles. Me voilà sale comme si je venais de passer plusieurs jours dehors.

Mes premières heures d'attente sont plutôt agréables. J'observe les chenilles, les fourmis, les araignées microscopiques qui se promènent dans l'herbe. Quelques voitures passent sur la route. Le fait de ne pas les voir me donne l'impression qu'elles me frôlent. Pour tuer le temps, je mange des biscuits et me désaltère un peu. Dans le ciel, le soleil a commencé à descendre.

Depuis combien de temps suis-je allongé ici ? Deux, trois heures ? Je n'ai pas de montre, le soleil est mon seul indicateur.

J'entends des bruits tout près de moi, en provenance du chemin de terre : les sabots et les renâclements d'un cheval, des voix d'homme, des cris d'enfant. Je me fige en retenant mon souffle. Le canasson passe dans le coude du sentier, à moins de cinq mètres de ma cachette. Je me ratatine. Si seulement je pouvais m'incruster dans le sol ! Je me répète comme un mantra : « Ne pas se faire repérer avant la nuit… Ne pas se faire repérer avant la nuit… » Tout mon stratagème tomberait à l'eau si cela arrivait. Un migrant caché

blob' : 556JKASA

fb : 753ovjoSANGA

Crous : " " "

MSA : 554GRAMS*

C.Mut : 751248

G.Conf : 666SVKsa

Doct' : 888sssCROCODILES

dans les fourrés en plein jour, cela n'a pas de sens. Les passeurs font tous traverser la frontière durant la nuit.

La carriole s'éloigne, je souffle. Mon attente reprend.

La nuit est tombée, mauve, puis bleue, puis noire. Pas un nuage dans le ciel. Au début, je trouve le spectacle magnifique. Je m'allonge sur le dos, les mains nouées derrière la tête, pour contempler les étoiles. Mais, rapidement, la nature devient plus hostile. La nuit va être rude, bien que nous touchions à la fin du printemps. La température a subitement baissé et la chaleur qu'exhalait la terre s'est dissipée. Le sol est aussi dur et froid que du marbre. Je sors de mon sac et enfile une à une mes couches de vêtement supplémentaires : un sweat, une veste, une écharpe, une paire de chaussettes. Je remonte mon col et mange encore un peu pour emmagasiner des calories.

Les oiseaux se sont tus. À la place, je perçois des bruits étranges, des grincements, des piaillements, des soufflements émis par des animaux invisibles. Sur la route, plus aucune voiture ne passe. Mes muscles sont engourdis, j'ai des fourmis dans les jambes et les pieds. Je serre les bras contre ma poitrine pour tenter de me réchauffer. Mes yeux me brûlent sous l'effet de la fatigue. Doucement, dans cette posture de momie égyptienne, le sommeil me gagne.

Je suis réveillé en sursaut par un hurlement qui me glace les sangs. Quelques secondes plus tard, le cri se répète, une longue complainte portée par le vent. Serait-ce un chien de ferme qui aurait repéré un migrant ? Ça m'étonnerait, cela ne vient pas du côté du village.

Un autre cri se fait entendre, cette fois en provenance des collines boisées, au nord. Puis un autre, plus à l'ouest. Puis un troisième, d'un autre côté encore. Ils semblent se répondre les uns les autres. Tout à coup, je comprends : des loups ! Des fichus loups ! Je n'y avais pas pensé ! La campagne bulgare est encore sauvage, et on n'y trouve pas seulement des ours bruns, comme dans le parc de la Strandzha. Et si, plus encore que de la police aux frontières, c'était des loups que les migrants avaient le plus à craindre ?

Je me redresse et tends l'oreille. À en juger par la puissance des hurlements, les quatre ou cinq bêtes qui se répondent, dispersées dans la campagne environnante, doivent être à plusieurs kilomètres d'ici. Cela ne m'empêche pas d'être terrorisé. Ma tête carbure à toute vitesse. Que faire ? Me réfugier à Radovets ? Je ne veux pas m'y faire repérer avant le petit matin, cela décrédibiliserait tout mon scénario. Grimper dans l'arbre gris ? Ses branches les plus basses sont trop hautes et son tronc est trop lisse pour que je puisse envisager cette solution.

À cet instant, une voiture passe sur la route au-dessus de moi, avec pour effet immédiat de me remettre les idées en place. C'est évident, le bruit des moteurs est le meilleur moyen de tenir les bêtes éloignées. J'ai tout intérêt à rester caché là où je suis. De plus, le village est tout proche, et je suis sûr que les loups ne s'aventurent pas à proximité des habitations.

Bien que les cris aient de nouveau laissé place au silence, je décide de rester éveillé jusqu'au matin. Je m'assois, les genoux contre ma poitrine. Mes sens sont aux aguets. Au moindre craquement, au moindre mouvement dans les herbes, je me fige. Les idées dansent dans ma tête. Comment les loups repèrent-ils leurs proies ? Est-ce grâce à leur odorat ? Il me semble que le vent va dans la direction opposée à celle d'où viennent les hurlements. Un bon point pour moi.

Il n'est peut-être même pas minuit. Je n'en sais rien, en réalité ; ma notion du temps est altérée. Je fixe les étoiles et, pour combattre le froid, noue mon deuxième pull autour de mes jambes. La fatigue alourdit mes paupières et ralentit mes gestes, mais je ne peux m'abandonner au sommeil. Une seule fois je m'assoupis – j'ignore pendant combien de temps – et me réveille en sursaut au bruit du vent. À trois ou quatre reprises dans la nuit, j'entends les loups entonner leur complainte. Je pense aux clandestins qui restent plusieurs jours dans cette contrée, confrontés aux bêtes sauvages avant de faire face à la police.

Lorsque je distingue un fin liseré blanc à l'horizon côté est, je sais que ma nuit d'angoisse va bientôt se terminer, même si le lever du jour est encore loin. Je laisse passer une demi-heure, peut-être une heure, le temps que la lueur des étoiles les plus basses soit absorbée par l'aube naissante. Une frange multicolore irradie le ciel. Les loups se sont définitivement tus.

Je rassemble mes affaires, éparpillées autour de moi pendant la nuit, et les enfourne dans mon sac. Je grelotte ; je dois être en hypothermie. La terre est gelée. J'aurais dû confectionner un matelas de vêtements entre moi et le sol. Tant pis…

Je me lève et m'étire longuement, faisant craquer mes articulations engourdies par douze heures d'immobilité. Je me donne de petites tapes sur tout le corps pour rétablir la circulation sanguine et me débarrasser des herbes accrochées à mes vêtements, puis, après être allé vider ma vessie un peu plus loin, je rejoins le chemin de terre. Il est temps de me mettre en route.

24

« Moi vouloir asile »

Pas âme qui vive sur le chemin. Pas davantage sur la route asphaltée. Quelle heure peut-il bien être ? 5, 6 heures du matin ? À cette époque de l'année, le soleil se lève tôt.

Je commence à marcher en direction de Radovets. Je frissonne toujours : l'humidité et le froid m'ont pénétré jusqu'aux os. Pas moyen de me réchauffer, même en avançant d'un bon pas. L'air porte encore la fraîcheur de la nuit et les champs de blé exhalent une odeur de terre mouillée.

Au bout d'une quinzaine de minutes, j'arrive à l'orée du village. Deux chevaux paissent au bord de la route, non loin d'un troupeau de chèvres qui font tinter leurs clochettes. Voilà les premières maisons, des baraques basses et assez coquettes, avec de la vigne qui grimpe aux murs. Un âne broute dans un jardin.

Je débouche sur la place de l'église, où je reconnais la poste et le café. La porte de la première ne tient que par un fil de fer entortillé avec un cadenas, tandis que le second est fermé par un simple grillage. Entre les mailles serrées, je distingue de grandes bouteilles de bière vides posées sur les tables. Tout a l'air endormi, oublié, comme figé quelque cinquante ans en arrière.

Lorsque je me retourne, une grosse femme traverse la place, un petit seau à la main. C'est la première personne que je croise depuis la veille. Ses joues rondes sont rosies par le froid et une verrue atomique orne son nez. Serrant les bretelles de mon sac, mon bonnet bien enfoncé sur la tête, je l'aborde dans mon anglais monosyllabique : « Bulgarie ? C'est Bulgarie ici ? » Elle me dévisage et fait un petit signe de tête affirmatif, pas même surprise. Je poursuis :

« Moi venir Turquie. Moi voir police.

– *Niet english*, dit-elle en secouant la tête.

– *Policia ? Policia ?* »

Elle fait non de la tête. Pas de police ici. Que la poste et le café. Je crois comprendre qu'il n'ouvre pas avant 7 ou 8 heures. Elle m'accompagne devant, m'indique qu'elle doit y aller et disparaît à l'angle de la rue.

Me voilà de nouveau seul, tremblant de froid et harassé par ma nuit sans sommeil. Je m'assois sur un banc devant la poste, mon sac à mes côtés. Bientôt, je bascule en position allongée, et il ne s'écoule pas trois minutes avant que je m'endorme profondément.

C'est le bruit d'un moteur qui me réveille. J'entrouvre les yeux et vois un gros monospace gris passer devant l'église, avant de m'assoupir de nouveau. Dans le brouillard de mon sommeil, je perçois une conversation assourdie. Je finis par ouvrir les yeux pour de bon. Il faut que je me secoue, que je me réveille. Étouffant un bâillement, j'attrape mon sac et me dirige vers l'arrière de l'église, d'où viennent les voix.

Une petite barrière en bois donne accès à un jardin verdoyant, aussi bien entretenu qu'un terrain de golf. Trois hommes se trouvent au milieu de la pelouse, à côté de deux énormes réchauds. Le gaz siffle sous les marmites et de gros morceaux de viande crue dépassent d'une bassine en plastique. Cela ressemble fort aux préparatifs d'une fête de village.

Sans franchir la barrière, je m'approche pour mieux distinguer les trois hommes. Il s'agit de deux vieillards ridés et d'un gros homme vêtu d'un jogging. Merde, c'est le sumotori d'hier ! Cette fois, c'est quitte ou double. Soit il me reconnaît et tout est fichu, soit mon accoutrement est crédible, et dans ce cas il ne fera jamais le lien avec le touriste grec aperçu furtivement la veille.

Je rentre la tête dans les épaules, remonte mon col et, les yeux rivés au sol le plus possible, dis d'une toute petite voix : « *Hello...* » Le sumo tourne la tête vers moi et plisse les yeux pour m'observer quelques secondes. « *Syria ?* me demande-t-il. *You from Syria ? You come Turkey ?* » Son anglais est aussi rudimentaire que celui que je m'efforce d'employer. Il m'invite à entrer dans le jardin, tout doucement, comme s'il cherchait à amadouer une bête sauvage pour la faire venir à lui. Il ne m'a pas reconnu.

Je réfléchis à 1 000 à l'heure. Vaut-il mieux lui dire que je suis géorgien et lui montrer ma fausse carte d'étudiant, comme j'ai prévu de le faire, ou bien admettre que je suis syrien, comme il semble le croire ? S'il pense cela, c'est parce que la grande majorité des migrants qui franchissent la frontière bulgare sont des Syriens ou se font passer pour tels afin d'obtenir plus facilement l'asile en Europe. C'est un truc bien connu des forces de police. Je décide de lui donner raison. Avant que les autorités bulgares me confrontent à un traducteur arabe, il se sera écoulé plusieurs heures. Entre-temps, j'aurai certainement été emmené dans un commissariat ou un camp de rétention.

Le type répète sa question : « *Syria ?* » J'opine du chef, mais n'ouvre toujours pas la bouche. Je suis debout devant lui, tout penaud, transi de froid. Il a l'air gentil. Il me dit de m'asseoir sur les marches de l'église et tente de poursuivre la conversation en anglais.

« Tu as nagé dans la Tundzha ? me demande-t-il en mimant des mouvements de brasse.

– Non, moi marcher. Juste marcher. »

Les deux vieux se sont rapprochés. Il échange quelques phrases avec eux, et je comprends qu'il est question de la Syrie. De nouveau, il se tourne vers moi en indiquant une route : « Tu viens de par là ? » Je lui montre une autre direction, la route du village de Studena, par laquelle je suis arrivé.

« Tu es avec d'autres personnes ?

– Non, tout seul. Police ? Moi voir police. Moi vouloir asile. »

Il hoche la tête et claque des doigts dans les airs. Il me semble deviner que cela signifie « plus tard ».

« Tu as faim ? » J'acquiesce. Il laisse les deux vieux à leurs marmites et me fait signe de monter dans le monospace gris. « Croissants ? Tu aimes croissants ? On va t'en trouver. »

Il est encore très tôt et les magasins de Radovets sont tous fermés. Durant un quart d'heure, il sillonne le village, frappant à différentes portes qui s'ouvrent sur des visages ensommeillés. Je crois comprendre qu'il dérange les commerçants directement chez eux. Il ne trouve pas de croissants, il est trop tôt. J'observe, éberlué, la peine qu'il se donne pour me trouver à manger. Pendant que nous roulons, je lui répète que je veux voir la police « pour asile » ; chaque fois, il se contente de répondre par un claquement de doigts. Il passe aussi deux ou trois coups de téléphone. Je tente de capter quelques mots en bulgare, en vain.

Nous faisons une halte à l'école du village. Peut-être espère-t-il y trouver de quoi manger. La cour ressemble à un paysage au lendemain d'une catastrophe nucléaire. Les lignes du terrain de basket sont à demi effacées, il n'y a plus qu'un seul arceau, les gradins sont envahis par le chiendent. Les salles de classe paraissent laissées à l'abandon. Pour un migrant posant le pied pour la première fois dans l'Union européenne, cela doit être un choc.

Finalement, deux rues plus loin, il entre dans un petit hôtel et en ressort avec deux croissants sous plastique et une bouteille de soda. Je lui adresse un signe de tête reconnaissant et commence à mâcher lentement. Le croissant a un goût de carton. Il est fourré d'une crème brunâtre et sucrée qui évoque vaguement le chocolat. Il me reste des biscuits dans mon sac, mais je préfère les économiser, ne sachant pas ce qui m'attend.

Tandis que nous repartons vers l'église, le sumo me tend sa carte d'identité. Se frappant la poitrine, il dit : « Moi, chef du village. » De fait, à côté de sa photo est écrit, en bulgare et en anglais : « *Mayor of Radovets* ». Il y a aussi sa date de naissance, 1988, et son prénom – je crois me souvenir que c'est Alexander.

Je m'assois sur un banc dans le jardin de l'église, mon sac à mes pieds, mangeant à petites bouchées le reste de mon croissant. Les deux vieux de tout à l'heure sont en train de déverser de la viande crue dans les marmites remplies d'eau bouillante. La cuisson va sûrement encore prendre plusieurs heures.

Je suis serein depuis ma rencontre avec le maire et le petit déjeuner de fortune qu'il m'a offert. Je croise les doigts pour que tous les Bulgares soient comme lui. Le soleil s'est levé, mais il fait encore très frais. Je ne parviens toujours pas à me réchauffer. Alexander est retourné à la préparation du repas. De temps à autre, il m'observe d'un air protecteur.

Au bout d'une dizaine de minutes, un gros 4 × 4 militaire se gare au bord de la route. En descendent quatre policiers au visage fermé et hostile. Je sens que l'ambiance va changer.

Faisant comme si je n'étais pas là, les quatre flics se dirigent vers Alexander, avec qui ils se mettent à discuter. Je devine qu'ils parlent de moi, car le mot « *Syria* » revient à plusieurs reprises. Par instants, ils jettent de brefs regards dans ma direction, comme si j'étais un objet encombrant dont il fallait se débarrasser. Ils portent des uniformes kaki. Sur leurs manches est inscrit « POLICE BORDER » – « police des frontières ». Le chef semble être le plus petit du groupe, un type chauve qui a l'air d'un demeuré.

Alexander a dû appeler la police depuis l'hôtel où il a acheté les croissants. Selon la procédure officielle, je devrais être emmené au commissariat de la police aux frontières d'Elhovo pour un interrogatoire et une vérification d'identité, puis transféré dans un des centres pour migrants du pays. J'ai enfreint l'article 279 du code pénal en pénétrant illégalement sur le territoire bulgare, mais, la Bulgarie ayant signé la convention de Genève sur les réfugiés, elle a obligation d'instruire toutes les demandes d'asile qui lui sont adressées.

Soudain, les quatre policiers encerclent mon banc de façon à ce que je ne puisse pas m'échapper. Je n'ai pourtant pas songé une seule seconde à m'enfuir : c'est à eux que je veux présenter ma demande d'asile. Alexander reste en retrait, à côté des marmites fumantes.

Le petit chef commence à me bombarder de questions en anglais :

« D'où viens-tu ?

– Syrie.

– Tu as des papiers sur toi ? Où est ton passeport ?

– Moi pas de passeport.

– Où est-il ?

– Perdu.

– Où ça ?

– Dans montagne. »

Il fronce les sourcils :

« Tu es sûr que c'est vrai, ça ? Tu l'as perdu dans la montagne ?

– Oui.

– Non, ce n'est pas vrai. Je suis sûr que tu mens. »

Il se tourne vers ses collègues pour traduire notre échange, puis reprend :

« Où sont les autres ?

– Quels autres ?

– Les autres ! Tu n'es pas venu tout seul.

– Si, si, je suis venu tout seul. »

Il se fait plus menaçant :

« Dis-moi où sont les autres !

– Moi vouloir asile ! Moi vouloir asile ! »

Il fait comme s'il n'avait rien entendu.

Je ne suis plus serein du tout. Je répète que j'ai marché seul toute la nuit. Clairement, il ne me croit pas et mon insistance l'énerve de plus en plus. Ses yeux virent au rouge, les veines saillent sur son cou blanc. Je cherche désespérément à accrocher le regard d'Alexander, la seule présence rassurante pour moi depuis que je suis arrivé ici, mais il détourne les yeux, feignant de s'intéresser à la cuisson de la viande. Manifestement, il n'est plus le maître à bord.

Trois nouveaux policiers arrivent, vêtus d'uniformes bleu sombre, avec sur la manche un lion héraldique brandissant une épée et des barrettes qui indiquent leur grade.

Je suis désormais encerclé par sept flics. Les trois nouveaux venus discutent entre eux, légèrement en retrait.

« De quel côté viens-tu ? » reprend le petit chauve. Une fois de plus, j'indique la route de Studena, vers l'ouest. Il donne des consignes dans son talkie-walkie et les hommes en bleu partent en trombe dans leur voiture. La chasse est donnée : persuadés que je ne suis pas arrivé seul, ils veulent intercepter mes compagnons hypothétiques. Ils risquent de chercher longtemps.

Le chef m'ordonne de le suivre, me fait monter dans le 4 × 4 et m'enferme à l'arrière. Les trois autres montent la garde autour du véhicule en me lançant de temps à autre des regards moqueurs, comme si j'étais un animal en cage. L'un d'eux, vêtu d'une tenue de camouflage, les cheveux coupés très court, se campe à côté de la portière et me fixe pendant plusieurs secondes. N'osant pas soutenir son regard, je me concentre sur un point sur le trottoir d'en face. Il toque au carreau. Quand je lève les yeux, je me retrouve nez à nez avec le canon de son pistolet qu'il agite derrière la vitre. Traduction : je ferais mieux de coopérer si je ne veux pas avoir davantage de problèmes. Est-ce une mise en scène pour me terroriser ? Il continue d'agiter son arme.

Les pensées se bousculent dans ma tête. Alexander s'est rapproché des flics et discute avec eux, mais il ne me regarde toujours pas. Je ressens une immense tristesse à le voir m'ignorer ainsi, et ma peur monte d'un cran. De plus, malgré mes six couches de vêtements, j'ai toujours froid. Mon corps est parfois secoué de tremblements irrépressibles.

Le petit chef revient à la charge en m'aboyant dessus : « Vous êtes combien, alors ? » Je décide d'inventer un bobard, sinon je sens qu'il ne me lâchera pas : « On était cinq, on est partis dans des directions opposées. »

Son visage se détend. Voilà ce qu'il voulait entendre !

« Il y a des femmes et des enfants parmi vous ?

– Non, que des garçons comme moi. »

Il s'empresse de transmettre ces informations dans son talkie-walkie. J'imagine un instant les policiers en bleu courant après des migrants imaginaires, et cela me réchauffe un peu le cœur.

Les quatre flics finissent par monter dans le 4 × 4. Le petit chef et l'homme qui m'a menacé de son arme sont assis à l'avant. À l'arrière, je suis gardé à l'œil par les deux autres, des types ventrus entre deux âges qui ne parlent pas un traître mot d'anglais. Nous démarrons. Alexander disparaît dans le rétroviseur. Me voilà seul avec ces flics, et cela n'a rien de rassurant.

Nous filons vers le sud pendant quelques minutes, le temps de sortir du village, puis nous nous arrêtons au milieu des champs de blé. Aucune habitation en vue. Le soleil est maintenant haut dans le ciel.

Les policiers sortent fumer une cigarette en me laissant à l'intérieur. Ils semblent attendre quelque chose. Quoi ? Je n'en sais fichtrement rien. Épuisé par ma nuit, je m'assoupis un instant. Ce n'est pas du goût des flics, apparemment : je suis réveillé en sursaut par le jeune au revolver, qui tape du poing sur la carrosserie en me hurlant de garder les yeux ouverts. Les autres éclatent d'un rire gras.

Au bout d'une quinzaine de minutes, nous sommes rejoints par une nouvelle voiture de police. En descendent deux jeunots en uniforme bleu, l'un brun, l'autre les cheveux clairs coupés ras. Le premier porte sur l'épaule une besace de toile grise, le second une sacoche de cuir qui ressemble étrangement à un sac à main de femme. Les deux équipes discutent brièvement, puis les hommes en kaki me font sortir de leur 4 × 4 et me confient aux nouveaux venus, avant de repartir en direction du sud.

Je ne comprends rien à tous ces va-et-vient. Je passe de main en main depuis maintenant deux heures, et je ne sais toujours pas si ma demande d'asile a été prise en compte. Avoir été menacé par une arme m'a ôté toute envie de poser des questions. Les policiers semblent surtout préoccupés par l'idée de rattraper mes supposés comparses.

Seul face à mes nouveaux gardes-chiourme, je tente de lire leurs intentions sur leur visage. Ils sont blancs et inexpressifs comme des statues de cire. Ce n'est pas bon pour moi. Depuis tout à l'heure, aucune voiture n'est passée.

« Assieds-toi ! » m'ordonne le blond d'une voix neutre de serveur automatique. Je m'exécute. « Est-ce que tu as une arme dans ton sac ? Un couteau, un pistolet ?

– J'ai un couteau.

– Fais voir. Sors-le doucement et donne-le-moi. »

Je lui tends le canif afghan que j'ai acheté à Peshawar. Je l'avais glissé dans mon sac, pensant qu'il pourrait m'être utile pour éplucher des fruits ou autre chose. J'en ai acheté une dizaine d'autres identiques au Pakistan. Le policier déplie la lame fine et pointue, éprouvant son tranchant sur la pulpe de son doigt, puis examine le tout d'un air approbateur et le fourre dans sa poche.

« Tu as d'autres armes dans ton sac ? » Non, ni objet tranchant ni revolver.

Ses questions suspicieuses s'enchaînent. Cet interrogatoire au milieu de nulle part ne ressemble en rien à ce que prévoient les procédures. Sans aucun témoin aux alentours, personne pour intervenir si les choses tournent au vinaigre, je suis totalement à leur merci.

Le brun, qui n'a pas encore ouvert la bouche, se penche sur sa sacoche de cuir. J'imagine un instant qu'il va brandir une matraque télescopique ou un bâton de défense, et je me prépare à me protéger la tête si les coups venaient à pleuvoir. Je me sens un peu stupide quand il sort une barre chocolatée qu'il se met à manger carré par carré. Mon épuisement psychologique me rend ultra-sensible. J'ai peur de tout.

À son tour, le blond fouille dans son sac, en sort une bouteille d'eau et me demande si j'ai soif. Je lui tends ma bouteille vide et il la remplit à moitié. Puis il s'allume une cigarette et m'en propose une. Je décline. Nous discutons un peu, il me demande si j'ai une femme, des enfants, d'où je viens en Syrie, comment je m'appelle. Une fois de plus, je m'invente une vie. Je lance le premier prénom qui me vient à l'esprit – Kamal – et explique que je suis originaire de Homs. Il est plutôt cordial, et son anglais des plus corrects. À un moment, il me dit même, les yeux dans les yeux :

« Tu sais, je pense que tu es un chic type. » Si ce n'était le souvenir du pistolet qu'on m'a agité sous le nez un peu plus tôt, j'arriverais presque à le croire.

Je jette un œil à la campagne environnante. La journée s'annonce brûlante. Dans le champ de l'autre côté de la route, un couple de paysans guide un cheval qui retourne la terre avec une herse.

Je ne sais combien de temps nous patientons ainsi. J'ai perdu toute notion des heures. Comme si l'histoire se répétait, une nouvelle Jeep se pointe dont descendent trois policiers portant les mêmes uniformes bleu sombre. Le chef est un homme sec et grisonnant chaussé de lunettes rectangulaires et vêtu d'une grande parka. Il a le visage dur et crispé. Le deuxième, le plus grand, porte un gilet pare-balles avec un tas de poches desquelles dépassent un couteau, une bombe lacrymogène, un bâton télescopique et d'autres objets de défense. Le troisième, le plus jeune et le plus gras, ne parle presque pas : il se contente d'exécuter les ordres des deux autres. Le soleil fait rosir son visage de gros bébé.

Je commençais à me sentir en confiance avec mes deux cerbères, et voilà que tout est à refaire. Quelle va être l'attitude de ces nouveaux flics ?

Je n'ai pas à m'interroger très longtemps. Déjà, ils me font asseoir à l'arrière de la Jeep. Alors que je m'apprête à poser mes fesses sur le siège, le petit gros aboie : « Pas là, ici ! » en désignant des cartons au sol.

Nous nous mettons en route vers le sud. Cela m'inquiète : le commissariat d'Elhovo, où j'attends qu'on m'emmène, se trouve dans la direction opposée. Au bout d'un moment, nous quittons la route asphaltée pour emprunter un petit chemin de terre qui serpente au milieu d'une campagne aride. Soudain, je comprends : on ne m'emmène pas du tout au commissariat, mais en Turquie ! Tout cela est parfaitement illégal.

Je m'affole. Le flic au gilet pare-balles m'ordonne de la fermer, mais je lui dis : « Je veux asile ! » Il me dévisage sans répondre. Je répète ma requête. « Tais-toi, maintenant ! » crie-t-il. J'obéis. Je n'ai pas oublié la menace du pistolet.

La voiture cahote sur le chemin, nous secouant comme des poupées de chiffon dans une machine à laver. Nous roulons longtemps, en silence. Le vieux à lunettes s'amuse parfois à donner de grands coups de volant pour que j'aille valdinguer de l'autre côté, contrôlant l'effet de son action dans le rétroviseur avec un sourire. À un moment donné, nous nous embourbons et devons tous descendre pour pousser. Après avoir placé du petit bois sous les roues, nous réussissons à nous dégager et pouvons repartir. Nous dépassons un petit hameau de maisons en pierre blanche. Je cherche dans le paysage des détails auxquels me raccrocher si par hasard je devais me débrouiller seul pour revenir jusqu'à Radovets.

Je continue de ruminer mon angoisse. Dans les conditions présentes, divulguer ma qualité de journaliste risque d'être un problème plutôt qu'une solution. Désormais, je dois aller jusqu'au bout, en espérant qu'il ne vienne pas à l'idée des policiers de me tabasser.

Nous rejoignons une route asphaltée et nous arrêtons peu après à l'écart de la route, sur un carré d'herbe roussie par le soleil. À une cinquantaine de mètres, un panneau de circulation en alphabet cyrillique indique l'entrée d'un village : Baphnk (Varnik en alphabet latin). Je me répète le nom plusieurs fois pour tenter de l'imprimer dans ma tête.

Nous descendons de voiture. Le chef m'ordonne de ne pas bouger et me demande si j'ai un téléphone. J'en ai deux : un dans la poche de ma veste, un autre au fond de mon sac – je me rends compte soudain que, dans la panique de la nuit, j'ai oublié de le cacher dans ma semelle, comme j'avais prévu de le faire. Je lui tends le second, celui qui n'est pas un smartphone. Il ouvre la coque de plastique et retire la carte SIM turque, puis me le rends. Je n'ai plus aucun moyen de joindre la Turquie maintenant : l'autre appareil ne contient pas de carte SIM.

« Ouvre ton sac ! » m'ordonne-t-il ensuite. J'obtempère en silence. En voyant le gars au gilet pare-balles enfiler des gants en plastique, je me dis que cela n'augure rien de bon... Il commence à fouiller mon sac, palpant méticuleusement les coutures, les doublures, les bretelles, puis vide sans ménagement dans le coffre tout ce qu'il contient : mes vêtements, mes bouteilles d'eau et de soda, mes gâteaux secs. Mes deux chargeurs de batterie, dissimulés tout au fond, tombent avec le reste. « Tu as un autre téléphone ! s'exclame le chef. Donne-le-moi ! Je t'ai dit de ne pas jouer avec moi ! »

À contrecœur, je sors le deuxième Samsung, que je gardais dans la poche intérieure de mon blouson. Celui-là peut faire des photos. À ma grande surprise, le policier, après s'être assuré qu'il ne contient pas de carte SIM, me le rend. Je m'empresse de le faire disparaître dans ma poche.

Bizarrement, bien qu'il ait fini de fouiller mon sac, le type au gilet pare-balles n'a pas retiré ses gants. Les manches retroussées, les bras légèrement écartés, comme un cowboy sur le point de dégainer, il me toise. « Tourne-toi ! m'ordonne-t-il. Pose tes mains sur le capot ! Baisse la tête ! » Au contact de ses mains gantées sur mon corps, je reconnais les gestes qu'on m'a enseignés à l'école des gardiens de prison quelques années plus tôt. L'une de ses mains est posée bien à plat en étoile sur ma colonne vertébrale. On m'a expliqué que cette position permet de s'en servir comme d'un sonar : le moindre frémissement de la personne fouillée est décelable et on peut anticiper sa réaction. La main libre, elle, palpe mon corps dans ses moindres recoins : le long de mes cuisses, de mes bras, de mes fesses, de mes chevilles, dans le col de mon blouson, les élastiques de mes manches, les coutures de ma veste, l'intérieur de mes chaussettes, mes lacets... Le policier procède méticuleusement et très lentement pour ne rien laisser passer.

Je sue à grosses gouttes, obnubilé par la pensée des 250 euros dissimulés dans la doublure de mon jean. Bien que j'aie soigneusement vérifié avant de partir que la cachette était imperceptible au toucher, je ne suis plus si sûr de moi face à ce policier qui me fouille avec autant de zèle. Lorsque ses doigts arrivent à cette hauteur, je retiens ma respiration. Avec horreur, je sens qu'ils s'arrêtent un instant, comme pour effectuer une deuxième vérification. Mais le flic passe déjà au contenu de mes poches. Je respire un grand coup. Il est maintenant occupé à compter les pièces turques que je détiens, l'équivalent de 4 ou 5 euros. Grand seigneur, il me les restitue jusqu'à la dernière.

La fouille terminée, il me fait asseoir à l'arrière de la voiture, portières grandes ouvertes. Il sort de son sac un sandwich, une spécialité bulgare à base de feuilles de brick et de fromage de brebis. Avec un couteau à cran d'arrêt qu'il extirpe d'une de ses multiples poches, il coupe le casse-croûte en deux et m'en tend une moitié : « Tu as faim ? Mange ! »

L'un des deux autres lui fait une réflexion en montrant le sandwich : je crois comprendre qu'il lui reproche de m'en donner alors que j'ai des biscuits dans mon sac.

Je n'ai pas faim du tout, mais je mange tout de même la part qu'il m'a tendue, comme si c'était mon dernier repas. Mon calcul est d'emmagasiner le maximum de calories en prévision des aventures à venir. Car mon esprit est déjà de l'autre côté de la frontière, en Turquie. Je suis désormais certain qu'ils vont m'y renvoyer. Ils n'auraient pas confisqué ma carte SIM si ce n'avait pas été leur intention. Est-ce qu'ils vont me larguer en pleine nature ? Est-ce qu'il faudra que je marche pendant plusieurs jours, comme l'a fait Rangin ?

Tout en mangeant, je peste intérieurement contre l'attitude vile et lâche du policier. Cherche-t-il à se racheter pour la fouille et la reconduite illégale à la frontière ? Est-ce qu'il agit ainsi chaque fois qu'ils évacuent un clandestin en violation de toutes les procédures ? Que peut bien me faire sa compassion ? Je réprime une envie de lui cracher au visage.

Depuis que nous sommes arrêtés là, je prie de toutes mes forces pour qu'une voiture passe sur la route et s'intéresse à notre petit groupe. Peut-être qu'un villageois ou un fermier pourrait me venir en aide ? Mais les abords de Baphnk sont désespérément déserts.

Au lieu de cela, une nouvelle voiture de police arrive. Si je n'étais pas aussi tendu, cela pourrait presque me faire rire.

25

« Va en Roumanie, je te dis ! Cours ! Cours ! »

Les deux policiers qui viennent de descendre doivent avoir dans les 40 ans. Gras, les tempes dégarnies, ils arborent la mine suffisante des hommes qui ont le pouvoir. Je calcule que, depuis ce matin, je suis passé entre les mains de quinze policiers différents. Quinze flics pour un seul migrant !

« Depuis ce matin »... Je n'ai aucune idée précise de l'heure qu'il est maintenant. Si j'en crois le soleil, qui brille haut et fort, il pourrait bien être 14 ou 15 heures. La sueur dégouline sous mon bonnet. Les deux nouveaux venus se moquent de moi. Je dois avoir piteuse allure, avec mon pauvre sac, mes vêtements tachés de boue et mes traits tirés.

L'un d'eux ouvre grand le coffre de la voiture, un vieux tacot des années 1980 peint en bleu et blanc, avec sur le toit un gyrophare portant le mot POLICE écrit très gros. Il me crie : « Viens ici, toi ! Et n'essaie pas de t'enfuir, sinon... »

En un éclair, j'ai compris : il veut que je monte dans le coffre. Je ne bouge pas. Les cinq policiers font cercle autour de moi et s'avancent, m'acculant contre la carrosserie. Celui qui a partagé son déjeuner avec moi a perdu son air compatissant. Vont-ils me frapper ? Une sueur froide m'inonde instantanément, ma tête bourdonne. Le flic qui a ouvert le coffre dégaine sa matraque et m'en colle un coup sec sur la cuisse, provoquant une brève sensation de brûlure. Rien d'insupportable, mais l'avertissement est clair : que je ne m'avise pas de résister ni de fuir. Il répète dans son anglais mal assuré : « Toi monter dedans ! Toi pas faire de problème ! » Et il part d'un grand rire. Les quatre autres, dociles petits soldats, observent sans rien dire, dardant sur moi leur regard noir.

Et si je leur révélais le pot aux roses maintenant ? Je balaie très vite cette idée : ils risquent de devenir violents s'ils apprennent que je leur raconte des histoires depuis le début.

N'ayant pas vraiment le choix, j'obtempère. Le coffre n'est pas assez large pour que j'y étende mes jambes et je me couche en chien de fusil. Contre mon estomac, je serre mon sac. Ils replacent la plage arrière, referment le coffre, et je me retrouve dans le noir, à l'exception d'un rai de lumière là où le caoutchouc est décollé. Tandis que mes yeux s'habituent à l'obscurité, j'entends leurs voix étouffées au-dehors. Au bout de plusieurs minutes, les portières claquent et le moteur se met en marche. Je crois deviner que la voiture tourne à gauche, dans la direction opposée à celle du village de Baphnk.

Le sang pulse dans mes veines. L'angoisse me serre la gorge. Aux aguets, je tente de décrypter les trajectoires du véhicule, mais je perds vite le fil. Mon esprit est en apesanteur. Nous empruntons tantôt des routes goudronnées, tantôt des chemins de terre, à en juger par la façon dont je suis bringuebalé. Je suis obligé de caler mon pied contre les parois pour ne pas me cogner la tête. Au-dessus du ronronnement du moteur, je perçois par instants le son étouffé de deux voix.

Au bout d'une quarantaine de minutes, la voiture s'immobilise, les portières s'ouvrent. Les voix sont désormais plus claires et j'en distingue nettement une troisième. Elles se rapprochent de moi. Je me recroqueville encore un peu plus au moment où le coffre s'ouvre.

Aveuglé par la lumière, je n'ai pas le temps de laisser mes yeux s'accoutumer que déjà celui qui m'a frappé avec sa matraque me hurle dessus : « Sors de là ! Sors de là, je te dis ! »

En dépliant mes articulations douloureuses, je jette un bref regard autour de moi. L'homme qui a rejoint mes deux accompagnateurs est vêtu d'un treillis militaire et tient dans la main un fusil de l'armée. À perte de vue s'étendent des collines et des champs. Je distingue des parcelles de blé, dont je perçois l'odeur tiède, de colza, de maïs.

Nous nous trouvons sur la crête d'une colline, légèrement en surplomb. À plusieurs centaines de mètres sur la droite se dresse un mirador de pierre, semblable à un phare dans une mer de céréales. Sur la gauche, une grande tente blanche en plastique doit servir de poste d'observation pour les gardes-frontière. À part cela, il n'y a pas âme qui vive.

Je me sens soudain totalement démuni. Perdu au milieu de nulle part, ne pouvant contacter personne, j'éprouve un mélange de rage et de peur, et surtout une immense envie de pleurer.

« Alors, tu sais où tu vas, maintenant ? me hurle le gros à la matraque en montrant la mer de blé à l'horizon.

– Oui, en Turquie, je balbutie.

– Non, c'est pas la Turquie ! reprend-il de sa voix de bouledogue. C'est la Roumanie ! Toi, tu te barres en Roumanie. C'est là où tu vas, maintenant !

Et il pousse un rire tonitruant.

Quoi ? En Roumanie ? La panique m'envahit. Mon corps se met à trembler de manière incontrôlable. Je ne connais strictement rien à ce pays. Anne m'attend à la frontière gréco-turque, à des centaines de kilomètres d'ici. De nouveau, l'envie de leur cracher au visage monte en moi. Quelle bande d'enfoirés ! Comment peut-on traiter un homme comme cela ?

Le policier brandit sa matraque en criant : « Va en Roumanie, je te dis ! Vas-y ! Cours ! Cours ! »

Je commence à détaler dans la direction qu'il pointe. Mais au bout de dix mètres il me rappelle en hurlant : « Arrête-toi, reviens ici ! » Je reviens sur mes pas. « Assieds-toi ! » Je m'exécute. Il me toise de toute sa hauteur. Je l'implore : « Ne me frappez pas ! », protégeant mon visage de mes mains. Il rit à gorge déployée. L'un des deux autres sort un long couteau militaire dont la lame scintille au soleil et s'approche. Je continue de supplier : « Ne me frappez pas, ne me faites pas de mal ! » Il empoigne mon sac et en sectionne les bretelles, qu'il balance derrière lui dans les hautes herbes. Ses comparses s'esclaffent.

« Et maintenant, vas-y, cours ! » ordonne de nouveau le gars à la matraque.

Je cale mon sac sous mon bras et me mets à courir dans les blés, tout droit, sans réfléchir, sans me retourner. Je vais aussi vite que je peux, j'ai peur qu'ils me tirent dans le dos. Les tiges me fouettent les jambes, mais je ne sens rien. Je n'éprouve que de la haine, de la honte, une immense fatigue et une envie de hurler comme je n'en ai jamais connu. J'ai l'impression d'être étouffé par des larmes qui ne coulent pas. J'entends leurs rires derrière moi, s'affaiblissant petit à petit.

Je traverse un champ, puis un deuxième, un troisième... Les voix sont presque inaudibles maintenant. Je me retourne. Je suis déjà loin, mais la tente est encore visible. Les silhouettes des flics forment trois points noirs. Tout ce que je veux, c'est être hors de vue et de portée de ces salauds, mais je n'ai plus la force de courir : j'ai le souffle coupé, envie de vomir, la tête qui tourne. Je ruisselle. Je me mets à marcher jusqu'au repli d'une colline, et là je m'arrête pour de bon.

Je suis en vie, entier, intact ! Perdu au fin fond de la Roumanie, mais en vie ! J'en sauterais presque de joie. Je me dis que les flics bulgares ne me poursuivront pas jusqu'ici, en territoire roumain.

Il fait incroyablement chaud et je suis habillé comme en hiver. Accroupi dans les blés, je retire toutes mes couches de vêtements pour finir en chemisette et tricot de corps. Je fourre tout ça dans mon sac sans bretelles, vérifie l'état de mes vivres – des biscuits, 25 centilitres d'eau – et reprends ma marche.

Les idées défilent à une vitesse folle dans ma tête. Que faire ? Je ne connais personne en Roumanie, à part une ancienne camarade de classe, une Roumaine venue étudier le journalisme en France. Mais comment la retrouver ? Non, le plus simple serait de contacter l'ambassade de France à Bucarest. J'espère que je n'en suis pas trop éloigné. J'ai une notion assez confuse de la géographie de la région, surtout en cet instant. Et quelle distance sépare la frontière roumaine de la frontière turque ? Il me semble pourtant que nous n'avons pas roulé tant que cela... Heureusement, les 250 euros dissimulés dans la doublure de mon jean devraient me permettre de tenir quelques jours.

Tout en réfléchissant, je tente de m'orienter dans cet océan de blé vert. Nous ne sommes qu'en mai, les moissons ne sont pas pour tout de suite. Au loin, près de la dernière colline avant l'horizon, j'aperçois une tache noire au milieu des champs. Je croise les doigts pour que ce soit un village et décide de m'en servir comme point de repère. Toutes les cinq minutes, je fais une halte pour vérifier que je me dirige toujours vers lui. Pour éviter les crampes, je fais passer mon sac d'un bras à l'autre, puis le porte sur ma tête. La chaussure dont j'ai évidé le talon me fait souffrir le martyre. Mes pieds sont en sang et des ampoules grosses comme des pièces de 2 euros se sont formées sur mes talons.

Arrêté à l'ombre d'une colline pour reprendre des forces, j'allume mon téléphone pour regarder l'heure. Le soleil darde ses rayons, l'après-midi doit être bien avancé. Je n'en crois pas mes yeux en voyant ce qu'affiche mon écran : il n'est que 9 h 50 ! Incroyable comme toutes ces péripéties ont distordu ma perception du temps.

Je marche pendant plus d'une heure, coupant à travers champs. Les parcelles de blé se traversent en un rien de temps ; celles de maïs, plus denses et plus hautes, me donnent du fil à retordre. J'en ressors désorienté. Comme les collines se succèdent et se ressemblent toutes, je perds souvent des yeux la tache noire. Finalement, au bout de ce qui me paraît une éternité, elle réapparaît et se précise : il s'agit bien d'un village ! Et je n'en suis plus très loin.

Je longe maintenant une petite forêt où l'air est plus frais. Dans une clairière, j'aperçois un vieux monsieur qui tond un carré d'herbe sous le regard de sa femme, assise sur une chaise de jardin en plastique. Je m'approche d'eux, suant et puant. L'homme pointe du doigt un sentier qui continue en direction du village. Le chemin débouche sur une route de graviers que l'on devine régulièrement empruntée par des tracteurs. Il est 11 heures passées quand j'arrive aux portes du village.

26

« *Tamom, Turkiye !* Oui, c'est la Turquie ! »

Le village est un hameau de paysans qui ressemble à ceux du sud de la Vendée, d'où viennent mes grands-parents. Aucun panneau n'en indique le nom. Il y flotte une odeur de bouse séchée. J'aperçois des baraques aux murs blancs et au toit de tôle, du linge étendu entre des poteaux, des rangs de salades dans les jardins, des clapiers à lapins. Dans la cour d'une ferme se dresse un mât au sommet duquel flotte un drapeau rouge avec une étoile et un croissant blancs. Le drapeau turc ! Sans doute une famille d'immigrés s'est-elle installée ici.

La route débouche sur une placette écrasée de soleil. Au centre trône le buste d'un homme au visage martial et sévère. Ses traits me disent vaguement quelque chose, mais je ne le reconnais pas tout de suite. Ces sourcils broussailleux, ce regard déterminé, ces lèvres fines, ce menton volontaire... Une petite lumière s'allume dans mon esprit : Mustafa Kemal Atatürk, le père de la Turquie moderne ! C'est l'une de ses représentations les plus connues, on la voit partout dans les restaurants d'Istanbul.

Je commence à comprendre.

À la terrasse du petit café qui occupe un coin de la place, j'avise un vieillard à la moustache roussie par le tabac qui sirote son thé noir, solitaire. Je lui pose en anglais la question qui me brûle maintenant les lèvres : « Turquie ? C'est la Turquie ici ? » Avec des yeux rieurs, il me répond en turc : « *Tamom, Turkiye !* Oui, c'est la Turquie ! »

Les policiers bulgares se sont joués de moi ! Ils ne m'ont pas expulsé en Roumanie, mais bien en Turquie. Je repense à l'humiliation du trajet dans le coffre de la voiture, à leurs rires gras, à leur mensonge ultime. Je suis moins qu'un homme à leurs yeux, comme tous les immigrés clandestins qu'ils ont dû renvoyer de la même façon.

À bout de forces, je m'effondre sur la chaise en face du vieil homme, qui hèle le patron pour qu'il vienne me servir un thé. Par la porte entrouverte, j'aperçois trois vieux qui jouent aux cartes. Au-dessus de leur tête, la télévision diffuse un bulletin d'informations. Personne ne parle un mot d'anglais ici.

Le vieux me regarde sucrer mon thé d'un œil bienveillant. Il me demande : « Bulgarie ? Bulgarie ? », en pointant de son ongle noir les collines d'où je viens. Je fais oui de la tête. Il hoche la sienne, sans paraître plus surpris que cela. Je lui offre une de mes cigarettes turques en remerciement. J'essaie de communiquer avec lui par gestes et en anglais pour savoir où je me trouve. La frontière entre la Bulgarie et la Turquie fait tout de même 259 kilomètres ! Au prix de longs efforts, je parviens à comprendre que le village où nous sommes s'appelle Uzgaç. Est-ce que la ville d'Edirne est loin d'ici ? Il fait signe au patron pour qu'il lui apporte un crayon et, sur la nappe en papier, trace deux chiffres d'une main mal assurée : 20. Vingt kilomètres ! Je me retiens pour ne pas l'embrasser. Si je ne suis qu'à vingt kilomètres d'Edirne, je peux y être dès ce soir ! Je suis épuisé, mais immensément soulagé.

J'apprends qu'il n'y a pas de taxis à Uzgaç. Le bus pour Edirne part à neuf kilomètres d'ici, dans un gros bourg qui se nomme Kemalköy, et la seule manière d'aller le prendre est de marcher (le vieillard mime des jambes avec son index et son majeur sur la table). J'inscris toutes ces informations sur le dos de mon paquet de cigarettes. Le départ est à 13 heures et il est plus de 11 h 30 : je peux encore l'attraper. C'est le seul bus de la journée.

Je salue chaleureusement le vieux, fais remplir mes bouteilles d'eau par le patron et me remets en route. Je finirai bien par trouver une voiture qui me prendra en stop.

Je marche durant près de deux heures, mon sac sous le bras, boitillant à cause de mes ampoules, dégoulinant de sueur, continuant de pester contre la police bulgare. À mi-chemin, je remplis de nouveau mes bouteilles à la fontaine d'un village. La tête me tourne, ma bouche est sèche, mes pieds saignent, mais je ne veux pas m'arrêter de peur d'arriver trop tard à Kemalköy. Le long de la route, ce ne sont que d'immenses champs cultivés. Pas une voiture. Seulement, une fois, un tracteur qui ne ralentit même pas en me dépassant.

J'arrive claudiquant à l'entrée du bourg vingt minutes avant le départ du bus. Kemalköy semble se résumer à une enfilade de hangars et de fermes au milieu de bottes de foin. La place du village somnole : des hommes boivent le thé en terrasse, des enfants avalent des glaces, des femmes voilées font leurs provisions. Il n'y a là qu'une quarantaine de personnes en tout, mais j'ai l'impression de retrouver un univers grouillant de vie.

Je monte dans un minibus, paie les 3 lires du voyage et m'effondre sur la banquette. Quarante-cinq minutes plus tard, j'arrive à Edirne.

Mon premier geste est d'appeler Anne d'une cabine téléphonique. Sidérée par le récit des événements des dernières heures, elle qui ne pensait pas avoir de mes nouvelles avant plusieurs jours, elle répète sans cesse : « Non, pas possible… » Elle a pris une chambre du côté grec de la frontière, vers Orestiada. Je lui demande de me rejoindre à Edirne. « OK, dans deux ou trois heures maximum ! » me promet-elle.

En attendant, je vais m'installer à l'hôtel où nous avons séjourné l'avant-veille. Après m'être déshabillé, je reste au moins vingt minutes sous l'eau tiède de la douche. Mon corps n'est plus que douleurs. Je m'allonge, mais impossible de dormir malgré ma fatigue extrême. Les événements des dernières vingt-quatre heures se bousculent dans ma tête. Je tente d'y mettre de l'ordre.

J'ai croisé quinze flics en uniforme vert ou bleu nuit, tous bulgares. Je n'ai vu aucune trace de Frontex, la police européenne.

Mon expulsion a-t-elle été organisée ? Évidemment. Il ne s'agit pas d'une initiative isolée des derniers policiers qui m'ont pris en charge.

Alexander, le maire de Radovets, qui a prévenu la police, savait-il ce qui allait m'arriver ? J'aimerais penser que non, mais je l'ignore.

Tout cela est-il légal ? Bien sûr que non ! Qu'ils m'aient fait voyager dans un coffre et aient cherché à dissimuler toute trace de mon passage en Bulgarie montre clairement qu'ils ont agi en marge du droit.

Je suis sur le point de sombrer dans le sommeil quand une dernière question me fait sursauter : comment vais-je pouvoir sortir de Turquie ? Certes, Anne va me rapporter mon passeport, mais celui-ci ne contient aucun tampon d'entrée. Rien n'indique que je suis entré légalement dans le pays. Quelle ironie ! Moi qui enquête sur les migrants illégaux, me voilà clandestin malgré moi sur le territoire turc.

Je décide de repousser ma sieste à plus tard et de m'activer pour trouver une solution à cette situation ubuesque. J'appelle d'abord deux amis journalistes en France. Ils me conseillent de me présenter au poste de douane de la frontière gréco-turque le lendemain matin et de raconter la vérité. « Au pire, me dit l'un d'eux, tu feras quelques jours de détention et tu te feras taper sur les doigts par l'ambassade de France. Mais tu es un citoyen français, il ne peut rien t'arriver de terrible. » Il a certainement raison, mais je suis trop épuisé pour garder la tête froide et j'anticipe au contraire les pires complications. Je suis persuadé que personne ne croira mon histoire de journaliste se faisant passer pour un migrant.

Je discute ensuite longuement avec un journaliste français en poste à Istanbul depuis des années. Lui me suggère, à l'inverse, de repasser illégalement en Bulgarie pour réintégrer l'espace Schengen, que je suis supposé ne pas avoir quitté.

L'idée me terrifie. Je n'ai aucune envie d'avoir de nouveau affaire à la police bulgare.

En fin de journée, Anne me rejoint et nous dînons en ville. Pendant toute la nuit, je me triture les méninges pour déterminer la meilleure solution.

Au petit matin, je décide de suivre la recommandation de mes deux amis français. Ce ne sont pas quelques jours de prison qui vont me tuer.

À 11 heures, Anne et moi, nous nous présentons au poste de douane, une enfilade de baraques fleuries entourées d'arbres majestueux. Un officier s'ennuie dans sa guérite blanche. Je lui tends mon passeport et m'apprête à lui raconter toute l'histoire que je me répète mentalement depuis des heures. Le fonctionnaire tourne machinalement les pages. Je le regarde, anxieux, les dents serrées. Puis il lève son tampon et, après avoir suspendu son geste une seconde, l'applique sur mon passeport. Je n'ai pas encore compris ce qui se passait qu'il me le rend déjà. J'ai le sentiment de flotter tant je suis soulagé, mais je reste impassible, tandis qu'Anne réprime un sourire. Le fonctionnaire n'a pas vu que mon visa d'entrée datait de l'hiver dernier !

Le cœur léger, nous parcourons à pied les deux kilomètres de no man's land qui s'étendent entre la Grèce et la Turquie et récupérons notre voiture restée côté grec. Je suis redevenu « légal », comme disent les clandestins.

27

« Ça n'existe pas ! Nous n'expulsons personne ! »

Je reste une petite semaine chez Anne, à Thessalonique. J'en profite pour coucher par écrit chaque étape de mon expulsion bulgare. Certains détails se sont perdus dans le tumulte des événements, mais d'autres demeurent incroyablement vivaces dans mon esprit : les uniformes des policiers, les échanges avec eux, mes sensations pendant le voyage dans le coffre…

J'ai décidé de retourner en Bulgarie pour confronter mon expérience au discours des officiels. Sous ma véritable identité cette fois-ci. Comme il me faut un traducteur sur place, Anne me met en contact avec Lazar, un de ses copains de lycée quand elle vivait à Bruxelles. Il vit maintenant à Sofia, où il est devenu « DJ de musique reggae ». Nous nous parlons au téléphone et il accepte de me servir d'interprète pendant une semaine.

Avant mon départ, j'établis soigneusement la liste des lieux et des personnes à voir : les camps d'accueil pour migrants, les responsables de la police, des avocats, des ONG… Je relis le rapport de Human Rights Watch dénonçant la pratique des *pushbacks* en Bulgarie : selon cette organisation, 519 migrants auraient ainsi été expulsés illégalement depuis novembre 2013, soit une moyenne de trois personnes par jour.

Le 28 mai 2014, je dis au revoir à Anne et à ses boucles rousses, et grimpe dans un bus en direction de Sofia.

Quelques jours plus tard, Lazar à mes côtés, je suis assis dans le bureau de Hristo Stefanov, le chef de la police aux frontières de la ville d'Elhovo. Avec ses ridules au coin des yeux, il a un visage avenant. Le pli de son pantalon vert est parfaitement repassé et sa chemise est boutonnée jusqu'au cou. Il tient dans la main une longue baguette de métal qu'il agite dans les airs comme un chef d'orchestre. Une carte de la zone frontalière entre la Bulgarie et la Turquie est accrochée au mur, avec le nom des villages et des postes-frontières.

Est également présente la chargée de communication de la police aux frontières, une femme aux cheveux très noirs, au rouge à lèvres très rouge et au décolleté très plongeant. Debout à la gauche du policier, elle garde les mains croisées devant elle, comme une maîtresse d'école écoutant un élève réciter une poésie.

Hristo Stefanov me fait un état des lieux : 500 policiers bulgares sont sous ses ordres, ainsi que 30 policiers de l'agence Frontex – des Néerlandais, des Polonais et des Allemands. Tout ce petit monde surveille 36 des 259 kilomètres de la frontière turque. « En 2013, la zone d'Elhovo a été le principal point d'entrée des migrants », m'apprend-il. Le village de Radovets fait partie de cette zone. Autrement dit, les hommes de Stefanov sont ceux qui m'ont expulsé ! D'ailleurs, dans la cour du commissariat, j'ai aperçu les Jeep et les uniformes bleu nuit que je connais bien, sans toutefois reconnaître aucun de mes cerbères.

Hristo Stefanov récite comme une leçon bien apprise : « L'article 279 du code pénal bulgare dit que les hommes qui franchissent la frontière sans autorisation commettent un crime, et l'article 280 stipule que ceux qui les aident commettent aussi un crime. En 2013, nous avons arrêté plus de 60 trafiquants, des Bulgares, des Syriens, des Turcs… Les clandestins, eux, ne savent parfois même pas qu'ils sont arrivés en Bulgarie. Certains pensent qu'ils sont en Macédoine, alors que c'est impossible : ce pays n'a pas de frontière avec la Turquie ! » À son côté, la responsable de la communication multiplie les petits hochements de tête satisfaits, ses lèvres peintes luisant dans la lumière pâle du bureau.

Il y a quelques mois, un migrant a déclaré au policier avoir versé 11 000 euros pour se rendre dans un pays scandinave. Un autre jour, une famille syrienne lui a dit avoir déboursé 28 000 euros pour gagner la Suède. Il cite ces chiffres en écarquillant les yeux d'étonnement, comme s'il les découvrait en même temps que moi.

Je lui demande ce qu'il advient d'un migrant une fois qu'il est intercepté à la frontière et déclare vouloir bénéficier de l'asile. Lazar traduit. La baguette fait un petit cercle au-dessus du bureau. « Les clandestins sont détenus ici, à Elhovo, durant vingt-quatre heures. Un homme par cellule – sauf bien sûr quand il s'agit d'une famille entière. » Il insiste tant sur l'importance de l'encellulement individuel qu'on croirait entendre un activiste des droits de l'homme. « Pendant ce temps, nous tentons de déterminer leur identité à partir de leur nom, de leur âge, de leurs empreintes. Ce n'est pas facile. Les immigrés donnent souvent de fausses informations. »

Il se lève et nous entraîne dans la pièce voisine, toute blanche, où deux hommes s'affairent derrière un bureau. « C'est ici que sont enregistrées les identités des clandestins. » Une toise est fixée au mur pour mesurer la taille des personnes interpellées. Par terre, une balance, et dans un coin un lavabo blanc couvert de taches d'encre bleue. Debout au milieu de la pièce, sous le regard protecteur de la chargée de com', Stefanov poursuit ses explications : « Les dossiers sont ensuite transmis au procureur. Si on doit garder les gens plus de vingt-quatre heures, ils sont envoyés au commissariat de la ville, la police aux frontières ne s'en occupe plus. »

Officiellement, donc, les clandestins n'ont pas de soucis à se faire, tout se passe conformément au droit bulgare. Je bous intérieurement, me repassant en boucle les images du coffre, de la matraque, du pistolet... Je joue les ingénus : « Avez-vous lu le rapport de Human Rights Watch sur les *pushbacks* ? Est-ce vrai que les policiers bulgares renvoient les gens illégalement en Turquie ? »

Stefanov répond comme une petite boîte à musique : « Selon l'article 279 du code pénal bulgare, ceux qui franchissent illégalement… » Je l'interromps : « Un migrant certifie qu'il a été intercepté aux alentours du village de Radovets le 22 mai 2014 au matin et expulsé par des policiers bulgares dans le coffre de leur voiture jusqu'au village turc d'Uzgaç. »

Le sourire de Madame Communication s'efface et le chef de la police s'agace : « Non, ça n'existe pas ! Nous n'expulsons personne ! Une fois que les migrants sont entrés en Bulgarie, ils sont arrêtés et on les conduit ici. C'est la procédure ! L'article 279… »

Coupant court, il suggère finalement de nous emmener voir la « salle aux caméras de surveillance ». J'imagine que c'est une visite qu'il propose à tous les journalistes étrangers de passage.

Nous faisons quelques pas dans le couloir et nous arrêtons devant une porte blindée munie d'un digicode. Elle s'ouvre sur une petite pièce sans fenêtre abritant des dizaines d'ordinateurs. Sur les écrans, des images de la frontière turque que scrutent des policiers. Parfois, l'un d'eux active un bouton ou une manette sur la console posée devant lui : la caméra zoome alors sur une portion de route ou de forêt.

Stefanov observe mon visage et lance d'un ton triomphant : « Cela vous surprend, n'est-ce pas ! Vous ne vous attendiez pas à voir cela en Bulgarie ! » Il n'a pas tort : on dirait une de ces salles d'écoutes ultramodernes qu'on voit dans les films sur les services secrets. Lazar a l'air aussi ébahi que moi. « Nous avons des caméras thermiques et des détecteurs de mouvements, poursuit Stefanov. Grâce à tout cela, nous surveillons déjà 7 des 36 kilomètres qui sont sous ma responsabilité. Par beau temps, on peut voir jusqu'à 25 kilomètres à la ronde avec nos caméras. » Il marque un silence, ménageant son effet : « C'est l'Union européenne qui finance ces installations. Elle a commencé en 2011, et tout sera terminé en 2015. Nous avons déjà intercepté plusieurs milliers de migrants grâce à ce matériel. Il faut le dire à votre gouvernement, hein ! » La chargée de communication a repris ses hochements de tête enthousiastes et retrouvé son sourire dents blanches.

Hristo Stefanov s'adresse à l'un des policiers qui scrutent les images : « Montre-leur la vidéo ! » S'affiche sur l'écran un plan fixe du poste-frontière de Lesovo, où passe la route conduisant de la Turquie à la Bulgarie. Le fichier comporte une date : 1er novembre 2013, 21 h 25.

La vidéo a été tournée de nuit avec une caméra thermique. Les sources de chaleur ressortent en blanc dans l'obscurité. On distingue la route, des bâtiments et des pylônes. Soudain, trois silhouettes apparaissent, marchant lentement en file indienne en contrebas de la route. « Ce sont des clandestins ! s'esclaffe Stefanov. Les passeurs les déposent en voiture à proximité des axes routiers. Les migrants ne s'éloignent jamais trop des routes, deux ou trois kilomètres au maximum. Regardez bien ce qui va se passer… » Les silhouettes disparaissent pour réapparaître quelques secondes plus tard, courant à grandes enjambées dans la direction opposée, poursuivies par d'autres silhouettes – des policiers. « Ce soir-là, les migrants ont été attrapés ! » fanfaronne Stefanov.

Il est midi quand Lazar et moi quittons les bureaux de la police des frontières. La ville d'Elhovo semble marcher au ralenti. Dans la rue principale, tout le monde a l'air d'être en promenade dominicale, des grappes d'adolescentes aux hommes fumant leur cigarette, la veste jetée sur l'épaule. Nous décidons d'aller déjeuner en terrasse avant de poursuivre notre journée. Autour d'une assiette de *chopska* – une salade de tomates, concombres, olives et féta typique des Balkans – accompagnée de *kashkaval* – un fromage bulgare –, Lazar m'en dit un peu plus sur lui.

Son look de jeune branché – piercing à la lèvre et vêtements amples et colorés d'adepte du skateboard – a surpris Hristo Stefanov quand nous sommes arrivés tout à l'heure. Né en Bulgarie il y a vingt-sept ans, Lazar a fait ses études secondaires en Belgique avant de revenir au pays natal. « La vie est moins chère ici qu'en Europe de l'Ouest. Je gagne moins d'argent, mais je vis bien mieux. » Il réalise des sondages par téléphone depuis Sofia pour une compagnie belge de téléphonie. « Je fais ça quelques jours par semaine, ça me suffit pour gagner ma vie. » Le reste du temps, il le consacre à la musique et à une émission de radio sur le reggae qu'il anime tous les mercredis. D'ailleurs, la seule condition qu'il ait fixée à notre collaboration était d'être libre le mercredi pour pouvoir enregistrer son show.

Nous terminons le repas sur un café frappé et nous apprêtons à repartir. Cet après-midi, nous nous rendons au camp d'accueil pour migrants de Pastrogor.

28

« On m'a dit que les Turcs frappent les Noirs avec des marteaux »

« Il n'y a que des Africains à Pastrogor », m'a appris une association d'aide aux sans-papiers que j'ai contactée avant ma visite. Je me souviens que Thierry Henri m'avait parlé de cet endroit : les Africains d'Istanbul évoquaient ce camp sans être totalement sûrs de son existence, comme une légende urbaine racontée par ceux expulsés de Bulgarie.

Le centre d'hébergement brille comme un sou neuf à deux kilomètres du petit bourg champêtre de Pastrogor : bâtiments blancs au crépi impeccable, vaste parking, clôtures irréprochables. La grille de l'entrée est grande ouverte. Deux hommes en uniforme y sont postés qui ne font pas vraiment attention aux allées et venues : ce ne sont pas des policiers, mais des employés d'une compagnie privée chargée de la sécurité du site.

Des migrants ont installé des chaises à l'extérieur pour profiter du soleil et du concert des grillons. Pastrogor n'est pas un centre de rétention (dont il est interdit de sortir), mais un centre d'accueil. Les migrants attendent ici que leur demande d'asile soit instruite par les autorités bulgares. Ils sont libres d'aller et venir pendant la journée. Tous les Africains sans-papiers arrivés par la Turquie sont envoyés ici. On y trouve « des Sénégalais, des Ivoiriens, des Ghanéens, des Maliens, des Congolais, des Éthiopiens, des Érythréens… », énumère l'un des gardes de l'entrée, un homme d'une quarantaine d'années qui se propose de nous faire la visite – le directeur n'est pas disponible et « il n'y a rien à cacher ». Tout en tripotant l'antenne de son talkie-walkie, il ajoute mollement : « Les Africains sont plus propres et plus calmes que les Arabes. Les Arabes, ils sont nerveux, ils s'excitent pour un rien. » En tout, le camp abrite actuellement 250 personnes – « presque que des Noirs », seulement quelques Syriens et deux Afghans.

Nous montons au premier étage d'un des bâtiments et pénétrons dans une immense salle au carrelage gris, aménagée en dortoir. Des dizaines de lits de camp s'alignent en rang d'oignons. J'avise un jeune homme assis sur son lit, le crâne rasé, les yeux fatigués de celui que les soucis empêchent de dormir. Lazar s'éclipse : je n'ai pas besoin de son aide, le jeune homme parle anglais.

Kofi est un Ghanéen de 31 ans. Je lui demande depuis combien de temps il réside dans le centre. « Je suis en Bulgarie depuis six mois, mais j'en ai passé seulement deux ici. » Au Ghana, il était conducteur de bus. Un jour, il a eu un accident qui a coûté la vie à 27 de ses passagers. Il risque la prison à perpétuité pour cela, et les familles des victimes veulent lui faire la peau. « C'est une raison suffisante pour obtenir l'asile en Europe », pense-t-il savoir. Quelle route a-t-il empruntée pour arriver ici ? Du Ghana, il est d'abord allé en Libye, puis il est passé en Turquie. « Un passeur m'a fait entrer en Bulgarie depuis Edirne. On était six Africains et deux Afghans dans le groupe. » En ce moment, il attend d'être convoqué pour son entretien avec les autorités bulgares dans le cadre de sa demande de régularisation. Jusqu'à maintenant, « tous les Noirs ont été refusés. De toute façon, on ne comprend rien aux documents que nous donnent les autorités. Ils n'ont pas le même alphabet que nous ».

Quelques lits plus loin, Daniel, allongé sur son matelas, écoute une musique rythmée et envoûtante crachotée par son téléphone portable. Ghanéen lui aussi, il a 39 ans, la voix douce et le visage d'un vieux sage. « C'est Sinach, une chanteuse nigériane », m'apprend-il. Sinach est une star chez les évangélistes africains, ses concerts attirent des milliers de fans. Daniel rêve de devenir pasteur. Il me montre sa petite bible et me cite son verset favori : « Plus tu dépends de Dieu et plus Dieu te donnera. »

Quand je lui demande de me raconter son histoire, son visage s'assombrit et sa voix se teinte de tristesse :

« Je suis arrivé à Sofia en octobre 2013. J'ai passé la frontière dans un groupe de huit ou dix personnes. Il y avait des Syriens et des Afghans, plus trois ou quatre Africains.

– Par où es-tu passé en Turquie ?

– Je suis resté caché à Istanbul dans une maison du quartier de Kurtuluş, mais pas très longtemps, une semaine seulement. Je ne suis sorti dans la rue que trois ou quatre fois. J'avais peur que les policiers m'attrapent. On m'a dit que les Turcs frappent les Noirs avec des marteaux.

– Et pourquoi as-tu quitté le Ghana ?

– Pendant les élections générales de 2012, j'étais observateur pour le NPP, le New Patriotic Party, dans un bureau de vote de la ville de Kumasi. Le parti adverse, le National Democratic Congress (NDC), a gagné en fraudant – ils ont fait voter plusieurs fois les mêmes personnes. Quand j'ai voulu dénoncer la fraude à la police, les gens du NDC m'ont menacé. Ils sont musulmans, moi je suis chrétien. Alors je suis parti. »

À Sofia, il a réussi à entrer clandestinement dans un centre d'accueil pour migrants semblable à celui de Pastrogor. Je ne suis pas certain de bien comprendre :

« Tu veux dire que tu es allé de toi-même te présenter dans un centre pour migrants ? Il me semblait que les migrants cherchaient plutôt à fuir ce genre d'endroit. Pourquoi as-tu fait cela ?

– Ben, ils servent à manger deux fois par jour et offrent un toit ! »

Bien sûr : avec le recul, cela m'apparaît comme une évidence...

Au début, les autorités n'ont pas fait attention à lui, mêlé aux autres Africains. Mais un jour il y a eu un contrôle. Il n'avait reçu aucune autorisation pour séjourner là, et on lui a demandé de partir.

Assis sur une chaise à l'autre bout du dortoir, Yahya a le regard rivé sur les collines qui font face au camp. Il a 28 ans et une casquette vissée sur le crâne à la Gavroche. Il vient du Mali. D'une voix pleine de colère, il me raconte qu'il a dû fuir Bamako après la mort de ses parents : l'un de ses oncles a exigé de s'emparer de l'héritage familial en le menaçant. Comme les deux Ghanéens, Yahya a passé la frontière de nuit dans un groupe mixte de clandestins : sur dix-sept personnes, il y avait deux Africains, tous les autres étaient syriens. Les trafiquants africains travaillent avec les passeurs turcs, m'explique-t-il : ils leur apportent des clients en échange de la prise en charge de la logistique de la traversée. Comme partout pour mener à bien ce genre d'entreprise, la compétence primordiale est une bonne connaissance du terrain – les points de passage les plus faciles, la fréquence des rondes de police… Les passeurs africains ignorent tout de la Thrace turque et bulgare ; ils se feraient aussitôt repérer. Ils servent donc seulement d'intermédiaires.

Yahya a payé 800 euros pour passer la frontière, soit presque moitié moins que ce que me demandaient les deux Pachtounes à Izmir. C'est pour cette raison que la Bulgarie est réputée avoir la frontière la « moins chère d'Europe ». Le Malien s'esclaffe : « Il y a des gens qui se font avoir. L'autre jour, un Africain m'a dit avoir payé 1 300 euros pour venir ici. Quelle arnaque ! »

Alors que je suis sur le point de partir, il me retient par la manche. Il a une demande à me faire… Est-ce que je ne voudrais pas me lancer avec lui dans l'importation de voitures Nissan en Côte d'Ivoire ? Il a des acheteurs potentiels là-bas, les modèles Nissan Sony y sont très recherchés. Repensant à Thierry Henri qui voulait me faire participer à son affaire d'exportation de Toyota vers le Cameroun, je conclus que, décidément, je dois avoir une tête de concessionnaire automobile. En lui serrant la main, je lui dis que malheureusement cela ne va pas être possible.

29

« Les Bulgares ont la mémoire courte »

Un peu plus tôt cette semaine-là, Lazar et moi avons séjourné pendant quelques jours chez sa grand-mère, à Harmanli, une ville abritant un autre centre pour migrants que nous sommes allés visiter. Il s'agit d'une ancienne caserne militaire reconvertie. Marco Petrov, lui-même un ancien militaire devenu chef du centre, m'a accueilli en me chantant *La Marseillaise*. « Je l'ai apprise pendant ma jeunesse ! » m'a-t-il révélé avant de détailler les caractéristiques de son camp. Celui-ci accueille 900 migrants, dont 88 % de Syriens, le reste étant composé d'Afghans, d'Irakiens, de Pakistanais ou encore d'Algériens. « Chaque jour, 15 à 30 nouvelles personnes sont admises. Le rythme s'est ralenti depuis le début de l'année 2014. Au plus fort de l'immigration, en 2013, nous avions quotidiennement 100 à 150 arrivants. »

Harmanli est une ville grise de 18 000 habitants qui semble vouée à l'abandon. La grand-mère de Lazar vit seule dans une maison de deux étages trop vaste pour elle : elle n'en occupe que le rez-de-chaussée. Elle et son défunt mari avaient fait construire un second niveau en pensant que leur fille – la mère de Lazar – viendrait vivre là un jour avec sa propre famille, mais cela ne s'est jamais fait. Le premier étage n'est qu'une enfilade de pièces envahies de meubles recouverts de draps blancs et parcourues par des courants d'air. C'est là que nous avons fait nos lits, après avoir aéré pour dissiper l'odeur de renfermé.

Un soir, nous dînons tous les trois dans la petite salle à manger du rez-de-chaussée. Sur la table, des saucisses grillées, des légumes et du *kashkaval*. Lazar est végétarien. Sa grand-mère ne comprend pas cette jeunesse qui refuse de manger de la viande : « Tu ne veux même pas une saucisse ? »

La vieille dame ne parle que le bulgare. Lazar doit assurer la traduction. Il lui raconte mon expulsion par les policiers bulgares et notre visite des camps de migrants de la région. Elle soupire, secouant son chignon blanc, et part dans un long monologue dont je ne saisis pas un mot. Son visage prend une expression mélancolique, ses beaux yeux se perdent dans le vide. Lazar la laisse terminer, puis se tourne vers moi pour me traduire ses propos : « Elle dit que les Bulgares ont la mémoire courte et que les hommes font toujours les mêmes erreurs. Les Bulgares qui s'en prennent aujourd'hui aux migrants syriens et qui grossissent les rangs de l'extrême droite oublient qu'il y a trente ans c'étaient des Bulgares qui étaient persécutés ici même. »

Dans les années 1980, alors que le système communiste commençait à vaciller, les autorités, dans un ultime sursaut pour tenter de se maintenir au pouvoir, ont joué la carte du nationalisme et voulu instaurer un « processus de régénération », c'est-à-dire assimiler de force tous les Bulgares d'origine turque. « Beaucoup d'entre eux ont dû émigrer en Turquie alors que leur famille n'y vivait plus depuis des générations ! »

À l'été 1989, 360 000 Bulgaro-Turcs ont ainsi quitté le pays, franchissant la frontière que les migrants syriens tentent aujourd'hui de traverser dans l'autre sens, et 850 000 personnes ont été forcées de changer leur nom. La « Grande Excursion », comme on l'a appelée, fut le plus important déplacement de population survenu en Europe depuis 1945. Un chapitre sombre et méconnu de la fin des régimes communistes.

Avant même cet épisode, des centaines de Bulgares ont essayé de fuir le bloc soviétique en passant par cette même frontière. Déjà à l'époque, un mur se dressait entre la Bulgarie et la Turquie, pays membre de l'OTAN. La clôture de barbelés de trente kilomètres que l'État bulgare a érigée en 2014 n'est que la dernière péripétie en date de la longue histoire des déplacements illégaux dans la région.

En remontant encore plus loin dans le temps, on découvre aussi que c'est ici, en Thrace, qu'ont afflué des milliers d'immigrés goths fuyant les Huns et la famine. En l'an 376, ils ont cherché à pénétrer sur le territoire de l'Empire romain. Le *limes* – la frontière de l'empire – était surveillé par des gardes armés qui les refoulèrent en masse. Tout cela déboucha en 378 sur la sanglante bataille d'Andrinople, qui se solda par une victoire des Goths. Cette bataille fut l'un des facteurs qui précipitèrent la chute de l'empire un siècle plus tard. Aujourd'hui, Andrinople se nomme Edirne.

L'Histoire balbutie : les policiers de Frontex ont remplacé les Romains, les Syriens et les Africains se sont substitués aux Goths.

Le silence retombe dans la maison de Harmanli. La vieille dame a débarrassé nos assiettes et apporté le dessert – des pommes et du raisin. La télévision bourdonne de l'autre côté de la pièce.

Harmanli est une ville qui se meurt. Depuis que la grande fabrique de tabac du centre-ville a fermé, il n'y a plus grand-chose à espérer par ici. Toute la région est pauvre et abandonnée. Si ce n'était le panneau au bord de la route nationale indiquant que celle-ci a été financée par des fonds européens, personne ne pourrait croire que nous sommes bien dans l'Union européenne…

Le lendemain, vers 19 heures, Lazar et moi décidons d'aller boire un verre en ville. Nous accélérons le pas pour atteindre le bar avant que l'averse n'éclate. De gros nuages noirs moutonnent dans le ciel et les premières gouttes commencent à tomber.

Tout en courant vers notre abri, je regarde les avis de décès placardés un peu partout sur les murs des maisons, les pylônes électriques, les poubelles et les réverbères. À première vue, on pourrait les prendre pour des affiches électorales ou des publicités. Sur chacun d'eux, une photographie, un nom, une date de naissance et de décès. Certaines personnes sont mortes depuis quinze ans, d'autres il y a quelques jours seulement. « C'est notre façon de commémorer nos défunts, m'explique Lazar. Cela permet de rappeler aux voisins et amis que la date anniversaire de la mort d'Untel ou Untel approche. »

Tandis que nous traversons la place principale, un homme s'approche de nous et pose sa main sur l'épaule de Lazar. Celui-ci pousse un grand cri de surprise : « C'est pas vrai ! Qu'est-ce que tu fais là ? » Ils tombent dans les bras l'un de l'autre, puis Lazar se tourne vers moi : « Je te présente Hani, mon ami syrien traducteur. » Il m'a déjà parlé de lui, mais nous n'avions pas encore eu le temps d'organiser une entrevue.

« Alors, lui demande-t-il, qu'est-ce qui t'amène par ici ?

– Jusqu'à cet automne, je travaillais avec Médecins sans frontières, mais maintenant je fais de la traduction pour une ONG, Helsinki Citizens' Assembly, qui visite les camps de migrants de la région. »

Nous rions tous les trois de la coïncidence : nous sommes tous dans le coin pour les mêmes raisons ! « Venez boire un verre avec nous, ajoute-t-il. Je suis avec deux collègues. »

Deux jeunes filles sont assises à l'une des rares terrasses de café ouvertes. Une bâche a été tendue au-dessus des tables ; la pluie qui tambourine fait un bruit assourdissant. Anna est une petite Italienne brune à la lèvre boudeuse, Diana une Bulgare à la peau diaphane emmitouflée dans un coupe-vent. Nous commandons deux grandes bouteilles de bière.

Les trois travailleurs de Helsinki Citizens' Assembly ont, comme nous, rencontré Marco Petrov, le directeur du centre de Harmanli. Ils ont eu droit à son discours plein d'optimisme sur la capacité record du camp, les chambres dignes d'un hôtel trois étoiles, les conditions d'accueil impeccables. Ils ont même été invités à une « fête des enfants » organisée le lendemain. À en croire Petrov, Harmanli est un summum d'humanité.

À mon tour, je raconte mon enquête, en particulier mon expulsion dans le coffre de la voiture de police bulgare. Anna et Diana s'emportent : elles reconnaissent bien là les pratiques douteuses des autorités bulgares. Après la publication du rapport de Human Rights Watch sur les *pushbacks*, Nikolai Chirpanliev, le chef de l'Agence d'État pour les réfugiés, a traité les membres de l'ONG de crétins : « Il a dit qu'il ne lirait pas le rapport, que c'était de la merde et que HRW n'était pas une organisation sérieuse ! s'indigne Diana. Dans le camp de Harmanli, j'ai pourtant rencontré des personnes qui ont été renvoyées illégalement, et même plusieurs fois pour certaines. »

Elle nous livre le récit poignant d'une famille syrienne qu'elle a trouvée là-bas. Les parents ont entrepris la traversée de la frontière de nuit avec leurs quatre enfants, le plus jeune âgé de quelques semaines seulement. Ils leur ont fait avaler des somnifères pour être sûrs qu'ils ne donneraient pas l'alerte en pleurant ou en criant. La mère a montré à Diana la boussole qui leur avait servi à s'orienter pendant ce périple. Elle lui a dit que, si la situation ne s'améliorait pas pour eux ici, ils reprendraient la route avec la boussole jusqu'en Europe de l'Ouest. Et elle a ajouté que jamais elle ne lâcherait cette boussole…

En quittant le bar ce soir-là, je me dis que décidément les hommes sont prêts à tout pour rejoindre l'Europe.

30

« C'est un problème européen, pas un problème bulgare »

Les propos d'Anna et de Diana sur Nikolai Chirpanliev ne m'ont pas surpris. J'avais lu sur un site d'information bulgare ses déclarations affirmant que le rapport sur les *pushbacks* n'était qu'un « tissu de mensonges ». Nous avions prévu de le rencontrer : je voulais entendre ces inepties de sa bouche.

Nous voici donc de retour à Sofia. Notre rendez-vous, initialement programmé à 9 h 30, a été décalé de deux heures à la dernière minute.

Le siège de l'Agence d'État pour les réfugiés occupe un cube de béton dans le quartier de la gare centrale. Nikolai Chirpanliev, vêtu d'une chemise italienne à rayures, nous reçoit dans son bureau. Je ne peux m'empêcher de noter avec amusement le contraste entre l'austérité du personnage et la décontraction de Lazar, avec son piercing et ses fringues bariolées.

Chirpanliev trône au bout d'une longue table rectangulaire, comme s'il présidait une réunion d'actionnaires du CAC 40. On le sent habitué à commander et à ne jamais être contredit. Il ordonne, les autres exécutent. D'emblée, il prévient : « Nous ne parlerons que des réfugiés. Je ne veux pas de questions sur les clandestins. C'est clair ? Vous avez trente minutes exactement. »

Je lui demande si le nombre de migrants arrivant en Bulgarie a augmenté entre 2013 et 2014. Il saisit un feuillet devant lui et se met à déverser une avalanche de chiffres, à la manière d'un expert-comptable présentant le bilan d'une entreprise. Je commence à noter fébrilement dans mon carnet : 2 867 demandes de statut de réfugié déposées pour les cinq premiers mois de 2014, 5 300 décisions rendues, 3 961 statuts humanitaires et de réfugié accordés. Rien que pour mai 2014, 516 personnes ont fait une demande de statut, 208 l'ont obtenu, 65 ont eu un refus, les autres sont encore en instruction.

D'une voix monocorde, le nez plongé dans ses notes, il continue de m'asséner des chiffres. Bientôt, je cesse de les prendre en note. Je comprends que ce sont les seules informations qu'il est disposé à partager. Dès que je tente de l'interrompre pour lui poser une question, il lève la main pour me signifier qu'il n'a pas terminé. Les chiffres forment bientôt dans mes oreilles une farandole sans queue ni tête. Rien de tel que d'étourdir votre interlocuteur de données chiffrées pour vous assurer qu'il ne saura pas déceler les informations importantes, et surtout qu'il ne vous posera pas de questions embarrassantes.

Alors qu'il s'empare d'un nouveau feuillet pour poursuivre, je parviens à glisser une question : de quels pays viennent les étrangers appréhendés en Bulgarie ? « Il y a 70 % de Syriens, 12 % d'Afghans, des Irakiens aussi, et d'autres dont nous ne sommes pas parvenus à déterminer la nationalité. »

À ma grande surprise, au lieu de reprendre sa litanie de statistiques, c'est lui qui me pose une question :

« Vous avez visité le camp de Harmanli : qu'est-ce que vous en pensez ? C'est bien, hein ?

– C'est un peu étonnant de voir les demandeurs d'asile logés dans les bâtiments les plus vieux et les plus sales, alors que les nouveaux locaux restent vides.

– C'est tout à fait normal. Les bâtiments neufs ne seront utilisés qu'en cas d'arrivée massive de nouveaux migrants. Il faut nous comprendre : si nous y logeons des migrants dès maintenant, ils vont dégrader les lieux. Mieux vaut les préserver pour plus tard. »

Mis en confiance par cet échange un tout petit peu moins guindé, je me lance et pose LA question, la seule dont la réponse m'importe vraiment : « Est-ce vrai que la police bulgare expulse les clandestins ? Un migrant affirme avoir été expulsé le 22 mai au matin. Il est arrivé dans le village de Radovets, a rencontré le maire, puis les policiers sont venus le chercher et l'ont ramené en Turquie dans le coffre de leur voiture. Des habitants du village turc d'Uzgaç l'ont aperçu. »

Nikolai Chirpanliev plisse ses petits yeux, mais le reste de son visage demeure impassible. Il lâche sur un ton glacial : « Les migrants ne sont pas renvoyés par les autorités bulgares, mais par les Turcs. Nous avons signé une convention avec eux. Et, de toute façon, ce que disent ces gens n'est pas vrai. Les migrants racontent n'importent quoi. Nous voulons que la Bulgarie soit une frontière sûre de l'Union européenne. Si quelqu'un veut déposer une demande d'asile chez nous, qu'il le fasse aux postes-frontières. C'est aussi simple que cela. » Il ajoute, comme pour insister sur le fait que cela coûte cher de ne pas faire les choses comme il faut : « Au printemps, quand la neige a fondu, on a retrouvé les corps de migrants mangés par les loups… »

Agacé que nous nous soyons éloignés de ses colonnes de chiffres, il conclut : « À l'Agence pour les réfugiés, nous ne nous occupons que des personnes qui nous sont présentées. Pour ce que vous affirmez, il vaut voir directement avec la police aux frontières. »

L'heure tourne, les trente minutes sont écoulées. Alors que nous sommes sur le point de nous séparer, Nikolai Chirpanliev plante ses yeux dans les miens et me dit de sa voix éteinte : « Dites bien à votre gouvernement que la Bulgarie et les pays du sud de l'Europe ne peuvent pas supporter seuls l'immigration. C'est un problème européen, pas un problème bulgare. »

Depuis le début de notre entretien, c'est la première fois que je sens une pointe de sincérité dans ses propos. Il n'est plus dans le discours balisé. « Aujourd'hui, l'Europe de l'Ouest fait son marché : elle ne prend chez elle que les immigrés qualifiés, les médecins, les ingénieurs… À nous, il ne nous reste que les Kurdes analphabètes qui viennent de la campagne. Il faut appliquer le principe de solidarité. La position géographique des pays du Sud ne doit pas être le critère de répartition des migrants. Il faut se baser sur le PIB et la croissance économique pour que chaque pays accueille les migrants en fonction de ses capacités. »

La proposition de Nikolai Chirpanliev me paraît pleine de bon sens : il n'est qu'à voir l'état de délabrement de la Bulgarie pour le comprendre. Pourtant, les pays les plus riches de l'Union européenne (la France, l'Allemagne, le Royaume-Uni) semblent vouloir externaliser la question migratoire autant que possible, comme ils l'ont fait précédemment avec la Turquie et la Libye. Ils érigent une forteresse de murs et d'accords bilatéraux pour repousser au plus loin les clandestins. Les *pushbacks* sont l'expression la plus violente de cette politique.

Quatrième partie

FRANCE

31

« Un Afghan qui fait monter soixante personnes dans des camions en trois jours, ça commence à devenir une vraie petite entreprise »

Le 4 × 4 noir semble glisser sur l'asphalte. Je respire à plein nez l'odeur de la mer qui entre dans l'habitacle par les fenêtres ouvertes. « On va commencer par le terminal des ferries, vous allez tout de suite comprendre pourquoi on ne parle que des migrants à Calais. »

L'avocat vient de me récupérer sur la place d'Armes, dans le centre de Calais, en face de la brasserie Le Centaure où l'on peut se régaler de moules-frites et de welsh, ce plat typique du Nord à base de fromage fondu, de pain et de jambon. Au milieu des hommes qui prennent l'apéritif en terrasse, quelques touristes en bermuda admirent la statue en bronze du général de Gaulle et de sa femme Yvonne (originaire de Calais). Autour de l'esplanade s'alignent des immeubles falots et des hôtels rongés par le sel.

Il est 19 heures. Avec ce ciel bas et gris et le vent qui siffle à nos oreilles, difficile de croire que nous sommes à la fin du mois de juin. Après la Bulgarie, je suis rentré à Paris pour m'accorder quelques jours de repos et passer un peu de temps avec mes proches, puis j'ai repris le fil de mon enquête. L'épisode de mon voyage dans le coffre des policiers bulgares m'a secoué. J'en ai fait des cauchemars pendant plusieurs semaines, revivant le désarroi et la panique qui m'avaient saisi lorsque j'avais cru me retrouver au fin fond de la campagne roumaine sans papiers ni contact. En parcourant la presse à la recherche de récits similaires, j'ai découvert que les polices grecque et italienne étaient elles aussi soupçonnées de renvoi illégal aux frontières.

À mes côtés, l'avocat porte un beau costume gris anthracite et une chemise blanche à peine froissée par sa journée de travail. En me voyant contempler son véhicule d'un air admiratif, il sourit : « Vous allez penser que tous les avocats roulent dans de grosses cylindrées ! En fait, je viens juste de l'acheter. »

Quand nous avons fait connaissance dans son cabinet quelques jours auparavant, il s'est proposé de me montrer où et comment les passeurs opèrent dans la périphérie de Calais. Il en a défendu plusieurs récemment, rémunéré comme « commis d'office ». « À la différence des trafiquants de drogue, la plupart des passeurs de clandestins ne dépensent pas un centime pour se faire assister devant la justice », m'a-t-il glissé, faisant écho aux propos que m'avait tenus une de ses confrères, rencontrée un peu plus tôt : « Les passeurs viennent des pays pauvres, les mêmes que les migrants. Ils considèrent que c'est une perte d'argent de se payer un avocat. Ils préfèrent faire leur temps en prison et tout réinvestir chez eux. Leur raisonnement, c'est : je fais deux ou trois ans de prison, après ça la vie sera assurée pour mes enfants et les générations suivantes. »

Nous empruntons la rue de Thermes, puis la rue du Commandant-Bonningue, deux artères tristes et laides bordées d'immeubles de deux ou trois étages. Plusieurs panneaux « À vendre » sont accrochés aux garde-corps des fenêtres. La plupart des intérieurs sont dissimulés derrière des rideaux : ici, tout le monde semble vivre tapi chez soi.

Nous débouchons sur la place de Suède : « Regardez, c'est le camp des migrants », me dit l'avocat en ralentissant. Derrière un grillage, j'aperçois des tentes Quechua, des vêtements qui sèchent sur des fils et, tout autour, une myriade de petits groupes d'hommes assis, fumant des cigarettes. Ils sont peut-être cent ou deux cents en tout, majoritairement africains – soudanais ou érythréens, sans doute –, avec quelques Afghans ou Pakistanais. Un type maigrelet, torse nu, s'asperge d'eau à une pompe.

Après avoir franchi un pont, nous nous engageons sur la large avenue du Commandant-Cousteau et longeons un double grillage blanc d'au moins trois mètres de haut. Derrière, c'est le terminal des ferries. Au loin, j'aperçois la silhouette massive de l'un d'entre eux, à la coque bleue et blanche. Des camions et des voitures font la queue pour embarquer. Le vent fait claquer les drapeaux tricolores accrochés aux bâtiments du port.

« Regardez, ils sont là ! On ne peut pas les rater. » Des grappes d'hommes, par petits groupes de quatre ou cinq, marchent à pas lents le long du grillage, leur sac sur l'épaule. Ils ont la même allure que ceux aperçus quelques minutes plus tôt dans le camp, maigres et hâves, comme s'ils n'avaient pas dormi depuis plusieurs jours.

« Où vont-ils ?

– Nulle part. Ils attendent le bon moment pour escalader le grillage et tenter de se cacher dans les camions ou le coffre des voitures qui embarquent pour l'Angleterre. Ils font ça toute la journée. Mais il est encore tôt. Il faut venir la nuit : là, vous les verrez passer par-dessus les grillages en masse. Pas ici précisément – le poste de douane est trop proche –, mais un peu plus loin. Je vais vous montrer. »

Notre voiture dépasse la longue file d'exilés jusqu'au rond-point qui relie le terminal des ferries à l'autoroute, surplombé par un pont. « Les clandestins attendent le plus souvent sous le pont, juste devant l'entrée des ferries. À cet endroit, les camions font la queue, parce que ça bouchonne au poste de douane du terminal. C'est le meilleur moment pour monter dedans, en ouvrant les portes arrière ou en se glissant en dessous. » Entre les piliers du pont, je distingue une dizaine de types accroupis dans l'ombre, immobiles.

Nous bifurquons dans une voie étroite qui finit en cul-de-sac. De part et d'autre, derrière des grillages, sont stationnées des centaines de voitures flambant neuves, pas encore immatriculées, qui attendent d'être chargées dans le ventre des bateaux. Elles seront vendues en Angleterre. « Pendant un temps, les clandestins se cachaient dans les coffres de ces voitures neuves, car les douanes ne les contrôlaient pas.

Je ne sais pas très bien pourquoi ils ont cessé de le faire... Maintenant, on va rejoindre le parking d'Eurotunnel. Je vais vous montrer où opèrent les passeurs là-bas. »

Le 4 × 4 s'engage sur l'autoroute A16, où la circulation est dense en cette fin de journée. Des camions immatriculés dans toute l'Europe bouchonnent sur la file de droite. L'A16 est la colonne vertébrale du trafic de clandestins, son influx nerveux. Elle relie la frontière belge à la région parisienne en longeant la Côte d'Opale. Sur les 75 kilomètres qui séparent Dunkerque de Boulogne-sur-Mer, les stations-service sont toutes « tenues » par des clans de passeurs, comme me l'explique l'avocat : « En journée, il ne se passe rien. Mais la nuit, ça n'arrête pas. Chaque groupe de passeurs a son parking. Ils sont très organisés, les tâches sont bien réparties. »

L'aire de repos du Beau-Marais, par exemple, est tenue par les Érythréens. Tandis que nous la dépassons, l'avocat me dit avec un air malicieux : « Avant, c'était un lieu connu pour les rencontres coquines... » Je suis allé vérifier par la suite sur Internet et j'ai trouvé ces commentaires sur un site de rencontres :

« Pas mal de monde s'y arrête et ça drague pas mal. »

« Lieu de drague réduit à néant ! Squatté par les migrants... Dans un état pitoyable !! »

Les réseaux de passeurs s'organisent en cercles concentriques autour de Calais. Plus les parkings sont proches du centre-ville et du port, plus les trafiquants y sont installés depuis longtemps. Les Albanais sont arrivés parmi les derniers dans le business. Pourtant, ils sont loin d'être des amateurs. Ils tiennent l'immense aire de la Baie de Somme, sur la route d'Abbeville, ainsi que la station de l'Épître, entre Boulogne-sur-Mer et Calais. « Sur ce parking, me raconte l'avocat, il y a eu un mort il n'y a pas longtemps. Un Albanais, si je me souviens bien. Il s'est pris plusieurs coups de couteau. On ne sait pas si c'est un trafiquant ou un clandestin : l'enquête est en cours. »

Les Albanais ont aussi longtemps opéré sur le parking du péage de Herquelingue, dans les environs de Boulogne-sur-

Mer. C'est le cadre d'une des affaires dont j'ai eu connaissance.

Le 26 mars 2013, très tôt le matin, trois clandestins cachés dans un camion sont interpellés dans le port de Calais. Le poids lourd a fait un dernier arrêt au péage de Herquelingue vers 4 heures. Dans le portable d'un des migrants, les policiers trouvent le numéro d'un certain Freddi, de son vrai nom Alfred S., un Albanais qu'ils ont placé sur écoute quelque temps plus tôt. Avec trois comparses – Sokol C., surnommé Koli, Fatmir X. et Gazmir D. –, il officie sur l'aire de Herquelingue, faisant monter des compatriotes dans des poids lourds en partance pour l'Angleterre.

Quinze jours plus tard, dans la nuit du 9 au 10 avril, Freddi et ses trois acolytes sont arrêtés. L'ordonnance de renvoi du tribunal de Boulogne-sur-Mer résume les faits dans le langage aride caractéristique de l'administration judiciaire : « La surveillance effectuée cette nuit-là avait permis de voir Alfred S. et Sokol C. prendre le train en gare de Calais avec treize personnes (des migrants), puis arriver en gare de Boulogne-sur-Mer. Alfred S. avait ensuite indiqué des directions aux personnes qui les accompagnaient, et le groupe s'était séparé en deux. »

Plus tard, tout ce petit monde se retrouve sur le parking de l'aire de Herquelingue. L'ordonnance poursuit : « Les enquêteurs avaient ensuite constaté qu'Alfred S. et Sokol C., assistés de deux guetteurs, avaient chargé sept personnes dans un poids lourd. Quarante minutes plus tard, ils assistaient à un autre chargement de personnes dans un deuxième poids lourd. Les quatre passeurs quittaient ensuite les lieux et étaient interpellés à la gare de Boulogne-sur-Mer. Les deux personnes repérées comme étant des guetteurs s'avéraient être Fatmir X. et Gazmir D. Dans le même temps, sept et quatre clandestins étaient découverts dans deux poids lourds. »

D'après les témoignages des clandestins entendus par la police, les tarifs pour le passage en Angleterre variaient entre 1 000 et 3 000 euros par personne. Freddi et Koli étaient chargés d'ouvrir les bâches des camions, tandis que leurs deux complices faisaient le guet.

Lors de son audition par la police, Freddi dit avoir effectué une quinzaine de montées dans les camions en vingt et un jours de travail sur l'aire de Herquelingue et s'être partagé avec les autres passeurs les 500 livres sterling demandées à chaque migrant. Koli a affirmé s'être rendu sur le parking une dizaine de fois. Les deux guetteurs, comme très souvent dans ce genre d'affaire, ont assuré à la police qu'ils n'avaient rien à voir avec le trafic et n'étaient présents que parce qu'ils voulaient eux-mêmes grimper dans les camions. Sur les comptes Western Union ouverts en janvier 2013 par Freddi et Koli, on a retrouvé respectivement 2 589 et 2 600 euros.

Gilles Debove, un policier de Calais, membre du syndicat SGP-FO, avec qui j'ai pu avoir un entretien quelques mois après cette affaire, m'a expliqué : « Les Albanais sont plus faciles à repérer que les autres passeurs. Ils flambent dans les boîtes de nuit de Calais et ne peuvent pas s'empêcher de montrer qu'ils ont du fric. Tous les passeurs ne sont pas comme ça. »

Le 4 × 4 de l'avocat arrive aux abords du tunnel sous la Manche. Nous nous retrouvons sur un immense parking à rouler au pas entre des poids lourds immatriculés en Lituanie, en Allemagne, en Pologne, en Roumanie… Avant d'embarquer, les transporteurs doivent attendre dans cette zone de transit, parfois pendant une journée entière. Les chauffeurs prennent le frais entre les véhicules, torse nu, en shorts et en tongs, la cigarette aux lèvres, des canettes de bière à leurs pieds.

« Quel rôle jouent les chauffeurs dans ce trafic ? Est-ce qu'ils y participent ?

– Ça dépend, me répond l'avocat. Certains se font payer pour faire monter des types, mais la majorité ne sont au courant de rien. Ils risquent gros en trempant dans ce genre de business. »

Pierre-Henri Dumont, le tout jeune maire de la commune de Marck, que je rencontrerai quelque temps plus tard, m'expliquera que les chauffeurs se font taper sur les doigts par leurs employeurs : « Avec les passeurs qui découpent les bâches au couteau et les migrants qui endommagent les cargaisons, les compagnies de transport ont décidé de déporter la zone d'attente de leurs camions cent kilomètres en amont, du côté de Lens. »

Un jour, deux Afghans chefs de réseau se sont fait pincer par la police sur le parking où nous nous trouvons. Les officiers les surveillaient, cachés dans un camion, grâce à un dispositif d'enregistrement vidéo. Le va-et-vient des migrants montant dans les poids lourds avec l'aide des passeurs a été gravé sur la bande. Quand les flics ont intercepté l'un des deux trafiquants, il s'est défendu en clamant qu'il n'était qu'un migrant qui voulait, comme les autres, gagner l'Angleterre. Un détail l'a trahi : il était le seul des candidats au départ à ne pas porter de sac à dos. (Je repense à Istanbul, quand nous avions failli nous faire démasquer par Lamine le logeur parce que Hanan n'avait aucun bagage.) Selon la police, le bandana noué autour de son crâne était sûrement un moyen de se faire reconnaître par les autres. Il a été condamné à quinze mois de prison ferme.

De fait, comment distinguer un passeur de ses clients quand ils ont tous la même nationalité, la même langue, les mêmes vêtements ? L'avocat confirme que les passeurs jouent largement des confusions possibles : « Leur défense est toujours la même. Ils disent qu'ils sont de simples migrants qui ferment les portes sur leurs amis pour se payer leur propre voyage. Mais bon, un Afghan qui fait monter soixante personnes dans des camions en trois jours et se fait payer chaque fois plusieurs centaines d'euros, ça commence à devenir une vraie petite entreprise. »

Au bout du parking, une vaste zone de terrains vagues jouxte l'autoroute. Un responsable associatif m'a raconté que pendant longtemps a été installé là un camp de Soudanais qui fonctionnait avec une sorte de « concierge », un homme qui faisait le planton vingt-quatre heures sur vingt-quatre dans une cabane en dur. Toute personne désirant séjourner dans le camp et avoir accès aux camions du parking devait le stipendier.

Les abords du tunnel sous la Manche ont aussi été abondamment utilisés par les Albanais. Le 10 avril 2013, les policiers de la PAF (police aux frontières) ont arrêté l'un d'eux, Alban B., dans sa chambre d'hôtel. Il était soupçonné d'organiser des voyages « garantis » ou « VIP » vers l'Angleterre : au lieu d'être transporté dans un camion avec plusieurs dizaines d'autres migrants, le VIP voyageait seul ou avec un unique compagnon dans le coffre d'une voiture. Un traitement de faveur qui avait bien sûr un prix : les Albanais réclamaient 5 000 euros, contre quelques centaines d'euros pour les voyages groupés. Les policiers ne sont pas parvenus à remonter la filière. Ils ont seulement pu apprendre que le « grand chef albanais » au Royaume-Uni, selon les termes d'un prévenu, se prénommait Azgan.

À quelques encablures du parking Eurotunnel se trouve le centre de rétention administrative de Coquelles, où sont retenus les sans-papiers. Devant le bâtiment, en retrait de la route, est garé un camion utilitaire bleu. L'avocat sourit : « Ce camion a été saisi par la police il n'y a pas longtemps. Il appartenait à un Allemand qui transportait quinze personnes à l'intérieur. » Un peu plus loin se trouve un hôtel où des passeurs albanais ont fait dormir des migrants sur le départ.

De l'autre côté de l'autoroute se dresse la zone industrielle Marcel-Doret, l'un des points chauds du trafic. L'endroit est tenu depuis longtemps par des Kurdes – le clan Halabja, comme l'ont surnommé les policiers, du nom de la ville du nord-est de l'Irak, près de la frontière iranienne, dont ils sont originaires.

À ce stade de notre « visite », je me rends compte que le trafic est partout, tentaculaire et artisanal à la fois. Il s'est mis en place il y a une quinzaine d'années avec l'arrivée des premiers migrants kosovars. Si l'avocat connaît tous les lieux où il se déploie, les policiers aussi. Pourquoi, alors, ne parviennent-ils pas à l'endiguer ? Me reviennent en mémoire les mots de monsieur T., le policier de l'ambassade de France à Islamabad : « Il y a tellement de gens qui veulent partir...

Je ne pense pas qu'on puisse réellement empêcher ces gens d'aller en Europe. On peut les freiner, mais les arrêter, non. » Sitôt que la police démantèle un réseau, un autre voit le jour. C'est un jeu de dupes, et les discours déterminés des ministres de l'Intérieur successifs ne changent rien à l'affaire.

Le jour a commencé à décliner depuis un bon moment. Dans cette atmosphère entre chien et loup, nous prenons la direction de la zone de fret Transmark. Cette petite zone industrielle en bordure d'autoroute n'a l'air de rien, elle est pourtant l'épicentre du trafic à Calais.

Au milieu des entrepôts, l'avocat me désigne un grand bâtiment en tôle bleu-gris. C'est un magasin Cash & Carry, un supermarché spécialisé dans la vente d'alcool aux Britanniques de passage, ouvert sept jours sur sept et vingt-quatre heures sur vingt-quatre. Les commerces de ce genre ont fleuri sur la Côte d'Opale depuis la fin des années 1980. C'est un business rentable dans le Pas-de-Calais : l'alcool étant moins taxé en France qu'au Royaume-Uni, les Britanniques et les chauffeurs routiers se ravitaillent ici avant de traverser la Manche.

Tandis qu'on vend de la bière et du whisky à l'intérieur du magasin, le parking est le théâtre du commerce des hommes. Durant toute la décennie 2000, il a été le territoire d'un clan de Kurdes irakiens appelés les Chamchamali, du nom de leur ville d'origine, Chamchamal, non loin de Kirkouk. Rivaux du clan Halabja, ils étaient réputés violents et très organisés. Selon la police aux frontières, ils fonctionnaient comme une véritable PME. Des « recruteurs » se cachaient dans les « jungles » parmi les migrants pour démarcher les candidats au départ. La nuit, des « lieutenants » assuraient la montée dans les camions en ouvrant les bâches des poids lourds d'un coup de couteau. Le business a tenu une dizaine d'années, et gare à qui venait rivaliser sur leur territoire.

En 2011, au terme de fastidieuses écoutes téléphoniques et de longues planques de nuit, les policiers de la brigade mobile de recherche (BMR) ont procédé à plusieurs arrestations et porté un sévère coup au clan. Affaiblis, les Chamchamali n'ont eu d'autre choix que d'ouvrir leur territoire à la concurrence. Des passeurs afghans, érythréens, égyptiens sont apparus dans le paysage, auxquels les Kurdes ont octroyé des créneaux horaires, se réservant toutefois le meilleur : entre minuit et le lever du jour. L'obscurité est le plus sûr des alliés dans ce business.

Les Kurdes ont continué à régenter le trafic pendant un temps. L'une des dernières affaires les concernant date de 2013. Le 27 mars, la PAF ouvre une enquête préliminaire : elle vient de découvrir que deux hommes, surnommés Faraj et Hama, font monter des clandestins dans des camions stationnés devant le Cash & Carry de Transmark. Hama a déjà été condamné à deux ans de prison en 2007 pour avoir organisé des passages entre 2005 et 2006. Les policiers mettent sur écoute les téléphones des passeurs et surveillent le parking. Le soir même, sept migrants sont retrouvés à l'arrière d'un camion. Les mises sur écoute se multiplient. Pas loin de dix trafiquants sont impliqués dans le réseau.

D'ordinaire, les trafiquants se contentent de faire passer les hommes de leur communauté : les Afghans s'occupent des Afghans, les Albanais des Albanais, les Érythréens des Érythréens… Les Kurdes du clan Chamchamali, eux, sont multicartes : ils font passer pêle-mêle des Kurdes, des Afghans, des Pakistanais… et des Vietnamiens. Les « petits yeux », comme ils les appellent, sont leurs meilleurs clients, car ils paient plus cher que les autres. Faraj est en contact avec deux intermédiaires vietnamiens, David et Tony, qui lui fournissent des clients. David les transporte de Paris à Calais. Pendant sa garde à vue, Hama avouera avoir fait passer une dizaine de « petits yeux » par mois à raison de 850 euros par personne.

Le 25 mai 2013, les policiers reçoivent un coup de téléphone. C'est un Syrien mort d'inquiétude : son fils vient de l'appeler de l'intérieur d'un camion frigorifique dans lequel il est en train de mourir de froid. Il s'y est fait enfermer par les Chamchamali avec seize autres Syriens. Ce soir-là, la PAF réussira à venir à leur rescousse.

Dans la plupart des affaires, on ignore où va l'argent des clients. Les banquiers des organisations de passeurs restent tapis dans l'ombre. Avec les Chamchamali en 2013, les policiers de la BMR ont eu de la chance, puisque le nom du banquier a été entendu dans plusieurs écoutes. Il s'agit d'un certain Omar Ako Mahmoud, domicilié en Grande-Bretagne. Un virement Western Union à son attention, daté du 26 février, sera découvert par la suite, émanant de Monia G., une Française en couple avec Faraj, comme l'atteste son compte Facebook.

Le 6 août 2013, le banquier demande par téléphone à Hama de préparer des clients – des « gros oiseaux », dit-il – pour un « passage garanti ». Ils seront transportés par un chauffeur iranien qui demande 5 000 livres sterling par personne. Dans une autre conversation téléphonique avec l'un des passeurs avec lesquels il travaille, il évoque des « poulets garantis ».

Omar Ako Mahmoud est un homme polyvalent. Non seulement il réceptionne l'argent versé par les migrants, mais il fait fonction de bailleur de fonds et de fournisseur de clients. Un jour, Hama l'appelle pour « passer commande » : il est au « chômage technique » – pas de clients à faire passer. Une autre fois, un de ses interlocuteurs lui suggère d'acheter un terrain en Irak pour y faire construire des maisons. Un autre jour, un passeur appelé Malmosta lui demande d'envoyer de l'argent en Irak pour son propre compte.

Mais Omar n'est pas à l'abri des poursuites. Le 28 mai 2013, il annonce à Hama qu'il va devoir couper ses lignes téléphoniques. Côté anglais, trente-sept Kurdes viennent d'être arrêtés par la police, dont deux à Peterborough, une ville moyenne située dans le centre du pays et qui se révélera être le lieu de résidence principal des trésoriers de l'organisation. Le 11 juin, la police débarque chez Omar Ako Mahmoud et saisit tous ses téléphones. Le banquier enjoint à Hama de ne plus le contacter.

D'autres noms de banquiers apparaissent dans les écoutes, mais on connaît très peu de chose à leur sujet. L'un d'entre eux, qui se fait appeler Aboufarid, perçoit l'argent des migrants syriens et, d'après un témoin, tient une agence de la Western Union quelque part à Londres. Un autre est surnommé Adnan. Un troisième, Faridoun, est en relation avec les Vietnamiens. Leur statut demeure flou : sans être les grands chefs, ils semblent être des personnes haut placées dans la hiérarchie des organisations.

Les écoutes téléphoniques de 2013 révèlent un autre aspect du trafic : le clan des Chamchamali est en concurrence avec des passeurs arabes, des Égyptiens qui, apparemment, veulent s'approprier le parking du Cash & Carry. Le 16 juillet 2013, Ara, le deuxième chef kurde après Hama, passe commande d'armes auprès d'un intermédiaire. Il dit vouloir s'équiper en vue d'un règlement de comptes avec les passeurs arabes. Un autre jour, une rivalité avec des passeurs afghans est évoquée, toujours pour le contrôle des zones d'embarquement. Dans la nuit du 12 au 13 septembre, une fusillade éclate entre Kurdes et Égyptiens. Peu après, au téléphone, Ara raconte à Hama qu'il a « envoyé la confiture à ces fils de pute ».

Une semaine plus tard, les 19 et 20 septembre, la police aux frontières lance un vaste coup de filet. Hama est interpellé à Calais dans la zone industrielle des Dunes, où sont installés plusieurs campements de migrants. Les policiers trouvent sur lui un pistolet semi-automatique 7.65 avec sept cartouches ainsi que 230 euros et 180 livres sterling en liquide.

Ara, en revanche, reste introuvable. Les policiers pensent qu'il est retourné en Irak. C'est aussi le cas de Faraj, l'un des lieutenants. Celui qu'on appelle Shamal est interpellé à Paris, dans le Xe arrondissement. D'autres membres du réseau – Malmosta, Khala, Sheraka et Bassam – sont cueillis à Calais et dans ses environs. Sur les six Kurdes mis en examen, on compte un ancien employé de station-service, un professeur et un surveillant d'école ; les autres n'ont pas déclaré d'emploi.

En garde à vue, Hama reconnaît avoir fait passer, en quatre mois, une cinquantaine de migrants. La moitié seulement est arrivée à destination, explique-t-il ; les autres se sont fait surprendre par les routiers ou arrêter par la police.

Au total, il a gagné 15 000 euros. Il expédiait l'argent à sa sœur, en Irak. Khala dit avoir gagné 5 000 euros en six mois de travail ; Bassam, 8 000 euros pour quinze personnes. Devant le juge d'instruction, Shamal affirme avoir été rabatteur pour un dénommé Diako qui se chargeait de récupérer les migrants à la gare de Calais ou sur les lieux de distribution de repas. Il aurait ainsi gagné 6 700 euros.

Ces sommes ne sont pas exorbitantes au regard des cinq ans de prison que chacun encourt. Hormis Hama, personne n'a touché l'équivalent d'un smic. Comme me le dira plus tard un policier, « ce ne sont que des petites mains que nous attrapons ».

La guerre avec les Égyptiens, ajoutée aux arrestations policières, a eu un effet dévastateur sur les affaires des Kurdes à Transmark. Les Chamchamali ne sont plus maîtres des lieux. Désormais, les Égyptiens s'organisent avec d'autres nationalités – des Afghans et des Érythréens pour l'essentiel. Chacun a ses créneaux horaires, même si les changements d'équipe occasionnent parfois des accrochages entre groupes rivaux.

Après cette première visite, je reviendrai à de nombreuses reprises à Transmark au cours des mois suivants, différents jours de la semaine, à différentes heures de la journée. Chaque fois, je distinguerai des migrants dissimulés dans les herbes de l'autre côté de la route, accroupis, semblables à des bêtes traquées. Un après-midi, je les verrai s'enfuir comme une volée de moineaux tandis que deux policiers à moto s'arrêtent sur le parking du Cash & Carry.

Lors d'un de mes passages, un jour de septembre vers 16 heures, j'avise une dizaine d'Afghans qui attendent là. Le seul qui parle anglais se prénomme Ahmad. C'est un étudiant de 26 ans qui vient de Kaboul. Il porte un gros blouson de cuir fermé jusqu'au cou. En allumant une cigarette, il me dit : « Nous, les Afghans, on a jusqu'à 18 heures pour monter dans les camions. Après, il faut qu'on laisse la place aux Africains. On ne peut recommencer que le lendemain matin à partir de 6 heures. À cette heure-là, il fait encore un peu nuit, c'est notre meilleure chance.

– Qui t'a dit que ça se passait comme ça ?

– Je ne suis à Calais que depuis quatre jours, je fais comme les autres, c'est tout.

– Pourquoi les Afghans ne peuvent pas être là la nuit ?

– Je n'en sais rien... »

Je sens sur nous le poids du regard des autres Afghans. Il semble aussi gêner Ahmad. Quand je lui demande s'il a payé pour avoir le droit d'être ici dans la journée, il tire sur sa cigarette en détournant les yeux, faisant semblant de ne pas comprendre. « Il faut que je retourne avec les autres », s'excuse-t-il. Son passeur fait peut-être partie de ceux qui nous observent.

Les craintes d'Ahmad me rappellent une affaire survenue sur ce parking. Le 18 novembre 2012, Mirwais S., un Afghan de 20 ans en situation irrégulière, dépose plainte au commissariat de Calais contre cinq passeurs de sa communauté, chefs de la filière afghane à Transmark. Pour avoir refusé de payer les 800 livres sterling (1 000 euros) réclamées pour passer en Angleterre, il s'est fait démolir par les trafiquants : coups au visage, coups de couteau, la fesse et la main droites entaillées. Une enquête est ouverte pour « aide au séjour et à la circulation d'étrangers en situation irrégulière », passible de cinq ans de prison et 30 000 euros d'amende selon l'article 622-1 du Code de l'entrée, du séjour des étrangers et du droit d'asile (Ceseda). D'après les écoutes téléphoniques de la police, le chef du réseau, surnommé Sheikh, recevait des coups de fil de France, de Belgique, de Grèce et de Grande-Bretagne, des clients qui appelaient pour se renseigner. Quels tarifs ? Comment effectuer les virements ? Le « roi des Afghans », comme l'a désigné un témoin, était en contact avec « des garants ou des banquiers en Grande-Bretagne et au Pakistan, chargés de gérer l'argent généré par le trafic ». Selon le « degré d'affinité avec le migrant », le tarif pour un passage en Angleterre variait de 550 à 1 500 livres sterling. Chaque soir, les hommes de main de Sheikh faisaient monter une à quatre personnes dans les camions. Sous ses ordres, ils recrutaient les clients et collectaient ce qu'ils appelaient les « OK », garantissant que l'argent avait été versé. La nuit, sur les parkings, ils ouvraient et refermaient les portes des véhicules, découpaient les bâches, orientaient leurs clients. Sheikh, lui, ne se rendait sur place qu'en cas de problème.

Quand l'avocat me dépose devant mon hôtel, j'ai un goût amer dans la bouche. Cette excursion dans le Calais des migrants m'a fait prendre conscience de l'infinie complexité du trafic. La ville entière semble être devenue un terrain d'opérations en vue de faire passer les clandestins en Angleterre. Ses moindres recoins sont exploités. Dans une région minée par le chômage, les filières de passeurs représentent l'une des activités les plus lucratives qui soient. Un sale petit commerce prospérant sur la misère des hommes.

Le Royaume-Uni paie cher pour que la France renforce sa lutte contre ces réseaux. En 2002, le centre d'accueil pour migrants de Sangatte avait été fermé au nom de cette lutte. Pour quel résultat ? Comme en Bulgarie et en Turquie, l'Histoire se répète.

Le lendemain, en fin de matinée, je me rends au Saint-Germain, un bistrot de la place d'Armes où les habitués viennent jouer au tiercé. Avec ses sièges en bois brun, le café est plutôt sombre, mais il a quelque chose d'accueillant et de chaleureux. Une belle tireuse à bière trône derrière le comptoir et, au fond de la salle, un écran de télévision diffuse les courses.

Je n'ai pas choisi ce café par hasard. C'est ici que certains intermédiaires albanais retrouvent les migrants et les chauffeurs qu'ils recrutent. Ces derniers sont en général des citoyens britanniques, qui ont moins de chances de se faire contrôler à la frontière.

Le Saint-Germain apparaît dans le dossier des Albanais du parking de Herquelingue. Dans l'ordonnance de renvoi du tribunal de Boulogne-sur-Mer, la juge d'instruction a écrit : « Le 8 mars, les écoutes de Luis S. [un Albanais] indiquaient qu'il devait rencontrer une personne susceptible d'être britannique pour lui remettre deux clients qu'il devait aller chercher peu de temps avant au bar Le Saint-Germain à Calais. Luis S. était effectivement vu à 11 h 30 devant ce bar avec Kujtim B. [un autre Albanais sous surveillance] et un client en train de discuter. »

Les flics français ont pris en filature le véhicule dans lequel Luis S. s'est engouffré avec ses deux clients et un « individu de type européen », puis ils ont passé le relais à leurs homologues anglais. L'ordonnance concluait : « Les autorités britanniques signalaient avoir intercepté le véhicule à 15 h 15, dont le conducteur était britannique et dans le coffre duquel se trouvaient deux clandestins. »

Tandis que je bois tranquillement mon café en parcourant les journaux locaux, le Pakistan me rattrape tout à coup. Dans les pages « International » du *Nord Littoral*, un titre s'étale en grosses lettres : « Arrestations massives à Peshawar ». En dessous, je lis : « La police pakistanaise a annoncé avoir arrêté hier près de 200 suspects au lendemain des tirs sur un avion qui ont tué au moins un passager à Peshawar, dans le nord-ouest, où l'armée mène une offensive contre les rebelles talibans. » La suite de l'article évoque plus en détail le conflit, les menaces formulées par les talibans et la fuite du pays des compagnies étrangères.

Tout en écoutant d'une oreille les deux types à côté de moi qui échangent des blagues salaces, des images de Peshawar me reviennent : Hanan et ses frères, l'attentat à la bombe, les barrages de police, les bakchichs versés, mes conversations avec des candidats à l'exil… Calais et Peshawar sont deux univers totalement différents, et pourtant leurs destins sont intimement liés. Combien d'Afghans et de Pakistanais partis sur les routes atterrissent-ils ici, devenant des clients des passeurs du Calaisis, voire, pour certains, des passeurs eux-mêmes ?

32

« Les passeurs isolés, c'est toujours la même chose, ce n'est pas intéressant au quotidien »

Si le trafic de clandestins se déroule sur les parkings, il se termine aussi parfois dans les salles d'audience des tribunaux. Calais dépend du tribunal de Boulogne-sur-Mer. Tous les dossiers de passeurs atterrissent ici. Le 3 juillet 2014, je m'y rends pour assister aux comparutions immédiates.

Vers 14 heures, je me gare devant les remparts centenaires de la vieille ville qui dissimulent l'élégant bâtiment blanc du tribunal. Je me hâte vers l'entrée, dépassant un groupe de touristes anglais rouges comme des écrevisses qui écoutent attentivement leur guide. Je suis en retard, les audiences ont déjà commencé. Dans la salle du rez-de-chaussée, deux collègues de la presse locale sont déjà sur le banc réservé aux journalistes. L'une d'elles me tend le rôle de la journée, où figurent les noms des personnes qui vont comparaître. Six d'entre elles sont des passeurs présumés : un Égyptien, un Libérien, un Italien, deux Bulgares (un homme et une femme) et un Albanais. J'ai déjà raté les trois premiers.

Le président du tribunal appelle à la barre Asenova Demirkova. Âgée de 27 ans, coiffée d'une queue-de-cheval, cette Bulgare porte une veste écossaise cintrée qui lui donne des allures de golfeuse. À son côté, pas d'avocat, mais une interprète qui lui traduit à l'oreille les propos du juge. La jeune femme est accusée d'avoir fait monter de nuit trois clandestins albanais dans sa camionnette à proximité du tunnel sous la Manche. Les policiers l'ont vue faire.

« Comment êtes-vous entrée en contact avec les migrants ? demande le magistrat.

– Un Albanais m'a approchée pour me demander de faire passer trois amis à lui en Angleterre contre de l'argent.

– Pour quelle somme ?

– 1 000 livres sterling. »

Comme toujours dans ce genre d'affaire, le juge cherche à savoir si la rencontre fortuite ne dissimule pas les activités d'un réseau : « C'est étonnant que vous sympathisiez si subitement avec un Albanais dans la rue. » Il lui fait remarquer qu'on a retrouvé dans son téléphone des photos d'hommes brandissant des drapeaux albanais. Asenova Demirkova répond qu'il y a beaucoup d'Albanais en Angleterre. « Tout le monde a des amis albanais là-bas », traduit l'interprète. Je repense à mon excursion de l'autre jour avec l'avocat : de fait, les Albanais étaient partout, en France comme au Royaume-Uni.

Jean-Pierre Valensi, le procureur, se lève : « Comme très souvent dans ce tribunal, nous n'avons affaire qu'à un bout de réseau albanais qui opère entre la France et le Royaume-Uni. Nous n'avons que les petites mains. » Il réclame deux mois de prison ferme.

C'est ensuite le tour d'Ahmed Rufad, l'autre Bulgare. L'interprète reste en place. Le prévenu, vêtu d'une veste de sport, est accusé d'avoir fourni une fausse carte d'identité bulgare à un Turc et d'avoir cherché à le faire passer en Angleterre à bord de sa voiture. C'est un certain « Ersin » qui a produit les faux papiers.

« Et c'est vous, monsieur Rufad, qui les avez donnés au client turc, souligne le président du tribunal.

– Oui, mais je n'ai fait que servir d'intermédiaire.

– Vous l'avez aussi transporté dans votre voiture. Vous avez bien fait passer quelqu'un sans-papiers en Angleterre ? »

Réponse confuse du Bulgare. De nouveau, le procureur se dresse. Il demande deux mois de prison ferme : « Encore une fois, nous avons un maillon d'un réseau albanais dont on ne connaît pas grand-chose. Ce n'est qu'un pion, sans que nous puissions remonter plus haut, parce que les circuits de financement ne passent pas par la France. »

Il me semble entendre les mêmes mots qu'il vient de prononcer dans l'affaire précédente. Justement, la journaliste assise à côté de moi me glisse : « Les passeurs isolés, c'est toujours la même chose, ce n'est pas intéressant au quotidien. » Aujourd'hui, elle est venue pour suivre une affaire d'escroquerie qui n'a rien à voir avec les trafiquants.

Le dernier cas de la journée est celui de Iuan Elezi, un Albanais aux cheveux roux qui avance plié en deux, comme si on l'avait frappé. Lui non plus n'a pas d'avocat, seulement un interprète. Des policiers qui patrouillaient dans le port de Calais ont découvert dans sa fourgonnette un migrant caché derrière des pneus. Iuan Elezi raconte sa version des faits. Un « intermédiaire » surnommé Titi lui a promis de l'argent s'il acceptait de garer son véhicule sur le parking d'un magasin des environs de Calais et d'aller « faire un tour ». Pendant ce temps, Titi a fait monter le clandestin dans la fourgonnette. Iuan Elezi proteste qu'il ne sait pas ce qu'il fait devant ce tribunal, puisqu'il n'a même pas reçu les 3 000 livres sterling qui devaient lui revenir. Il semble ignorer que, dans la loi française, il n'est pas nécessaire qu'il y ait eu échange d'argent effectif entre le passeur et son client pour que l'infraction soit constatée.

« Combien de personnes deviez-vous transporter à l'origine ? demande le juge.

– Une seule.

– Ce n'est pas ce que vous avez déclaré en garde à vue. Vous avez dit que vous deviez transporter trois à quatre personnes, mais qu'elles ne s'étaient pas présentées.

– Oui, c'est vrai. Titi voulait que je les attende, mais je n'ai pas voulu rester. »

Le réquisitoire du procureur ressemble étrangement aux précédents. Les deux Bulgares et l'Albanais sont condamnés à la même peine : six mois de prison avec sursis plus une interdiction de séjour dans le Nord-Pas-de-Calais pendant deux ans.

J'ai vu comparaître aujourd'hui des passeurs qui assuraient leur propre défense, mais certains se paient les services d'un avocat. Et les avocats qui traitent ce type d'affaire ont parfois de drôles de surprises. L'une d'entre eux (qui préfère rester anonyme) se retrouve un jour dans son cabinet face à l'un de ses clients, un passeur dont le procès vient de se terminer. Elle lui demande de régler ses honoraires. L'homme extrait de sa poche une grosse liasse de billets qu'il pose sur la table. Elle compte : la somme n'y est pas, lui dit-elle. Il sort alors un long couteau qu'il dépose à côté de l'argent, une façon de lui signifier qu'il ne versera pas davantage. L'affaire s'est terminée à la police.

Ce 3 juillet 2014, après la séance au tribunal, je reçois sur Facebook un message de Khaled, l'ami d'enfance de Hanan rencontré à Peshawar en septembre 2013 : « *Hi dear arthur iam khalid friend of hanan u remember me iam in bulgaria please tell hanan to call me have a nice day*[1]. » Quelle coïncidence ! Nous nous sommes presque croisés en Bulgarie. Je lui réponds aussitôt, lui demandant où il se trouve exactement. Le lendemain, il m'écrit : « *I am in sofia in the capital i hope u all fine i try to call hanan he did not answer i have some economical problem here let hanan know this have a nice day........ be happy*[2]. »

Avant de quitter Calais pour rentrer à Paris, il me reste une personne à voir. Philippe Wannesson fait partie des dizaines de petites mains qui, vaille que vaille, s'occupent de nourrir, d'accompagner et de dépanner les migrants. Son blog, « Passeurs d'hospitalités », est l'un des mieux documentés sur la situation calaisienne.

Je le retrouve le lendemain de ma visite au tribunal, en début d'après-midi, à la terrasse du Centaure. Le soleil a réapparu et tout le monde a sorti les shorts. On aurait presque envie d'aller se baigner.

1. « Bonjour cher Arthur, c'est Khaled, l'ami de Hanan, tu te souviens de moi ? Je suis en Bulgarie, s'il te plaît dis à Hanan de m'appeler, bonne journée. »

2. « Je suis à Sofia, la capitale. J'espère que tout va bien pour toi. J'ai essayé d'appeler Hanan, il n'a pas répondu. J'ai des problèmes d'argent ici. Dis-le à Hanan. Bonne journée... Sois heureux. »

Philippe Wannesson est un homme à la carrure massive mais à la voix douce, avec des cheveux ébouriffés de savant fou. Lorsque je l'ai contacté par mail quelques semaines auparavant en lui disant que je souhaitais parler des passeurs avec lui, il m'a répondu qu'il acceptait de me rencontrer, mais en émettant une réserve quant à l'emploi du terme « passeur » qui m'a surpris et un peu refroidi.

Il s'en explique devant nos cafés : « Je n'aime pas beaucoup ce mot, car les politiques et les policiers mettent tout et n'importe quoi derrière. C'est très pratique pour eux. Je préfère le terme de "facilitateur". J'ai vu trop de sans-papiers se faire attraper par la police alors qu'ils refermaient la porte d'un camion pour aider des copains à eux. On les accuse d'être passeurs, de faire partie d'un réseau, et hop, on les condamne. Cela fait du chiffre et donne l'illusion qu'on agit. En réalité, celui qui ferme la porte un soir, d'autres fermeront la porte derrière lui le lendemain. C'est du système D, de la débrouille… »

Il marque une pause et tempère quelque peu : « Bien sûr, il existe des réseaux de trafiquants, mais ce n'est pas du tout la majorité des cas. La lutte contre ces réseaux est instrumentalisée par les politiques pour faire la chasse aux migrants. Ce sont toujours ces derniers qui se retrouvent poursuivis, pas les soi-disant passeurs. » En 2009, Éric Besson, alors ministre de l'Intérieur, avait orchestré un grand ramdam médiatique autour du démantèlement des filières de passeurs. Au final, les camps où logeaient les exilés avaient été détruits sans que l'activité des réseaux soit affectée sur le long terme.

Les mots de Philippe Wannesson rejoignent ceux de Jennifer Vasseur, une avocate énergique que j'ai rencontrée dans son cabinet de Boulogne-sur-Mer. Elle me raconte avec émotion l'histoire d'un de ses clients, un Kurde irakien, instituteur dans une autre vie. Il s'est fait pincer alors qu'il refermait des portes de camion pour le compte d'un réseau afin de financer son propre passage en Angleterre. « Ce n'est pas du tout un passeur professionnel. Comme beaucoup de migrants, il a fui pour trouver une vie meilleure. Arrivé à Calais, sans argent pour continuer son périple, il s'est mis à côtoyer les trafiquants. S'il a fait cela, c'est qu'il n'avait pas le choix. » L'homme a fait quelques années de prison dans un établissement du Nord-Pas-de-Calais.

La situation est d'autant plus confuse que les réseaux, tels les Chamchamali ou le clan Halabja, recrutent des migrants contre la promesse de les faire passer un jour. Ainsi, passés et passeurs se confondent, et le droit s'empêtre dans une réalité humaine complexe. Parmi les personnes traduites en justice, combien de véritables passeurs et combien de simples migrants ? Que mettre derrière l'expression « aide au séjour et à la circulation d'étrangers en situation irrégulière » ? En quittant Calais, je ne sais plus que répondre à ces questions…

33

« Pourquoi des Mongols ont-ils subitement eu l'idée de venir en Indre-et-Loire ? »

En quoi le trafic de clandestins diffère-t-il des autres marchés illégaux ? À cette question, que j'ai posée à tous mes interlocuteurs, je n'ai jamais obtenu de réponse vraiment satisfaisante jusque-là. Chacun l'aborde en fonction de sa propre vision du monde. C'est comme s'il me manquait une pièce du puzzle, un bout de vérité.

C'est finalement dans la banlieue est de Paris, quelques jours après mon retour du Pas-de-Calais, que je vais entendre le point de vue le plus convaincant à ce sujet. À Lognes, petite ville-dortoir où les pavillons blancs à jardinet s'alignent comme des maisons de poupée derrière des haies bien taillées, se trouve un imposant immeuble de brique rouge abritant le siège de l'Office central pour la répression de l'immigration irrégulière et de l'emploi d'étrangers sans titre (Ocriest). Son patron, Julien Gentile, me reçoit dans son bureau.

Cet homme de près de deux mètres aux tempes grisonnantes dirige l'Ocriest depuis trois ans. Environ deux cents affaires passent par sa direction chaque année. Des Kurdes, des Chinois, des Bangladais, des Algériens transitent par les cellules de garde à vue de ses services. Depuis la veille, trente Vietnamiens sont entendus dans les locaux où nous nous trouvons. « On a dû faire ça en catastrophe, parce qu'ils allaient repartir pour l'Angleterre », m'explique-t-il. Il faut faire vite pour rameuter des traducteurs et auditionner tout ce petit monde, car dans deux ou trois jours doit intervenir l'arrestation d'une dizaine de Congolais sur lesquels ses services enquêtent depuis quelque temps. Le nombre de cellules n'est pas extensible…

Pour Julien Gentile, le trafic de clandestins est un commerce artisanal, de la débrouille, presque de l'entraide entre voisins, mais sur huit mille kilomètres de distance ! « On commet trop souvent la même erreur lorsqu'on analyse cet univers criminel : on y projette le monde que l'on connaît, celui de l'administration, avec des organisations pyramidales et hiérarchisées. Souvent, c'est tout le contraire qu'on observe. Au fil des années, j'ai constaté que nous avions surtout des structures informelles, avec des rôles qui n'étaient pas clairement définis. »

Il poursuit en faisant de grands moulinets dans l'air avec ses mains, comme un acteur de théâtre : « C'est comme des petits commerçants. Imaginons que moi, je sois dans la quincaillerie. Un client vient me demander une tondeuse à gazon. Il ne veut travailler qu'avec moi pour une question de confiance. Je vais m'arranger pour lui en trouver une en allant chez un autre commerçant qui fait de la motoculture. À l'inverse, celui qui fait de la motoculture, si on lui demande deux oliviers à planter, il ira chez un copain pépiniériste…

« Ceux qui font du clandestin fonctionnent comme cela. Prenons un exemple. Il y a un Africain spécialisé dans le passage illégal. Chaque fois qu'il va en Afrique, il ramène des gens qu'il connaît, des copains, des amis d'amis, de la famille éloignée… Un jour, il a besoin d'un certificat médical bidon. Il va faire appel à un autre type qui va lui fournir du faux document. Et ce type qui fait du faux, si ça se trouve, il connaît lui-même des gens en Belgique, en Angleterre ou en Espagne qui pourront rendre un autre service… Et ainsi de suite. Au bout d'un moment, vous finissez par avoir non pas une organisation structurée avec des rôles bien cadrés, mais une nébuleuse de personnes qui s'entraident. »

Les Indiens, les Pakistanais, les Africains, notamment, fonctionnent de cette façon. Les Chinois, les Vietnamiens, les Thaïlandais, eux, ont des organisations plus structurées : « Ce sont des gens qui sont davantage allés à l'école, ou alors qui sont passés par l'armée et ont connu un autre monde avant de devenir bandits. »

Pour Julien Gentile, le « gros dossier » au niveau français, c'est celui des faux documents. Le statut de réfugié, notamment, occasionne un véritable commerce parallèle. Pour obtenir ce sésame, délivré par l'Ofpra (Office français de protection des réfugiés et apatrides), les exilés doivent prouver qu'ils ont été victimes de persécutions dans leur pays d'origine au moyen d'éléments matériels : des certificats médicaux, des décisions de justice, des articles de journaux... Beaucoup de migrants, partis de chez eux dans la précipitation, n'ont rien de tout cela lorsqu'ils arrivent en Europe.

Certains réseaux y ont vu l'occasion de faire des affaires. En 2012, l'Ocriest a démantelé une filière bangladaise qui fabriquait de faux « kits » de condamnation à mort : faux jugements, faux mandats d'arrêt délivrés par la justice bangladaise, le tout imprimé sur du papier à en-tête officiel ! « Les Bangladais sont les spécialistes du dossier de demande d'asile bidon. La technique est simple : ils se font envoyer du papier fiduciaire par des fonctionnaires travaillant au Bangladesh. Comme ces derniers sont très mal payés, ils ne se font pas prier pour vendre des ramettes entières de papier officiel, du beau papier filigrané avec des micro-impressions et tout. En France, il existe des officines où des types, sur des machines à écrire, rédigent de fausses condamnations à mort, des actes de poursuite pour homosexualité, pour dissidence politique, etc. Ensuite, les clients présentent cela à l'Ofpra en disant : “Vous voyez, je suis martyrisé dans mon pays.” Dans cette affaire, on a dû récupérer 3 000 à 4 000 timbres humides et des milliers de documents. C'est énorme. » En trois ans, 330 personnes auraient bénéficié de la filière, selon les articles de presse publiés au moment de la découverte du pot aux roses.

J'ai déjà entendu ce genre d'histoires dans la bouche de clandestins. Tout comme dans le cas des passeurs, la réalité est infiniment plus complexe que ce que dit le droit, avec ses trois ans de prison et 45 000 euros d amende pour « faux et usage de faux ».

Beaucoup de dossiers de demande d'asile sont copiés sur d'autres. L'Ofpra les repère rapidement. Une ancienne salariée m'a raconté que, dans les années 2000, l'organisme a soudain vu affluer des dizaines de dossiers quasi identiques racontant des persécutions de Congolais qui se disaient membres du BDK, le Bundu dia Kongo. Ce mouvement politico-culturel et religieux défend le peuple Kongo, qui vit à cheval sur les deux Congos, l'Angola, le Gabon et le Cameroun. Les « vendeurs de récit » à l'origine de ces copier-coller officiaient dans le quartier de Château-Rouge, à Paris. D'autres Congolais clament être membres du parti d'opposition Union pour la démocratie et le progrès social (UDPS). De même, pendant le conflit au Kosovo, les Kosovars albanais se présentaient avec des histoires similaires de vengeances privées et de représailles entre villages.

Sans le savoir, les candidats qui recourent à ces histoires toutes faites se tirent une balle dans le pied : « Parfois, il y a des gens réellement menacés dans leur pays, mais qui n'ont aucun document pour le prouver. Alors ils racontent le récit qu'on leur a dit de répéter ou qu'on leur a vendu. Ils n'obtiendront rien, tout cela se décèle facilement. »

Devant une telle complexité, un doute commence à poindre dans mon esprit : la convention du 28 juillet 1951 qui définit le statut de réfugié a-t-elle encore un sens ? Adoptée pour venir en aide aux exilés juifs perdus sur les routes de l'Europe et aux dissidents soviétiques cherchant à rejoindre le bloc occidental, elle liste des motifs *politiques* d'octroi du statut : celui-ci s'applique à toute personne « craignant avec raison d'être persécutée du fait de sa race, de sa religion, de sa nationalité, de son appartenance à un certain groupe social ou de ses opinions politiques ». Près de soixante-cinq ans plus tard, les raisons économiques se sont superposées aux motifs politiques, et il est devenu bien difficile de faire la part des choses. Quand on pense qu'à Peshawar une bombe explose tous les trois jours en moyenne, comment ne pas considérer que tous les habitants de la ville pourraient avoir droit au statut de réfugié ?

Dans son bureau de Lognes, Julien Gentile commence à énumérer les affaires qu'il a eu à traiter, pliant et dépliant ses longues jambes sous la table.

Il y a quelque temps, un Cap-Verdien s'est rendu dans une agence Pôle emploi à la Réunion en se faisant passer pour un créateur d'entreprise. Il a demandé à rencontrer des candidats en vue de lancer une nouvelle société. L'agence lui a présenté plusieurs centaines de demandeurs d'emploi qui lui ont fourni un extrait d'acte de naissance et un livret de famille. « Le type est revenu en métropole avec tous les papiers, 300 à 400 dossiers, et a fait délivrer des cartes d'identité par les mairies, qui ne vérifient pas l'authenticité des documents. Ensuite, il a revendu ces pièces à des Africains ou à des Indiens, qui peuvent passer pour des Réunionnais. Il en demandait de 1 000 à 3 000 euros. »

Une autre fois, du côté de Tours, voilà qu'on commence à arrêter pour vol à l'étalage des flopées de Mongols qui prétendent tous être chinois. « Les Mongols avaient une complicité au sein du consulat de Pologne à Irkoutsk, en plein cœur de la Russie. Ils se faisaient passer pour des Chinois et obtenaient des visas de tourisme pour la Pologne. De là, ils voyageaient à travers l'espace Schengen jusqu'à Tours. »

Je m'étonne : « Pourquoi des Mongols ont-ils subitement eu l'idée de venir en Indre-et-Loire ? » Il sourit : « C'est exactement la question qu'on s'est posée ! Je n'en ai pas la moindre idée. J'imagine qu'un premier type est arrivé là un jour et que les autres ont suivi. Au commissariat de Tours, c'était l'enfer, ils passaient leur vie à arrêter des Mongols ! »

Récemment, les polices européennes ont identifié un nouveau mode opératoire : des filières de passeurs se sont mises à utiliser des sites Internet de covoiturage, comme Mitfahrgelegenheit en Allemagne ou Blablacar en France, pour faire passer leurs clients d'un pays à l'autre sans prendre de risques. Les conducteurs ne sont évidemment pas au courant que leurs passagers voyagent sans papiers.

Julien Gentile se penche soudain vers moi et poursuit sur un ton plus confidentiel : « Si on prend un peu de recul, on se rend compte que les flux d'immigration irrégulière, ils se font toujours ! La logique qui consiste à créer une forteresse, qu'elle soit européenne ou nationale, c'est impossible ! C'est un raisonnement sans recul historique. »

Je reste interdit quelques secondes. Après monsieur T. à l'ambassade de France à Islamabad, c'est le deuxième policier à me tenir ce discours sur l'immigration inévitable sur le long terme : du Fernand Braudel dans le texte.

Il est parti pour une longue tirade : « On peut multiplier les opérations de contrôle aux frontières, construire plus de murs, comme le long du fleuve Évros, en Turquie, mais on voit bien que ça n'arrête rien. Les flux sont seulement détournés. C'est comme boucher des trous dans un sous-marin. Quand on voit le niveau de risque que prennent certaines populations, on se dit que, de toute façon, ça se fera. Surtout pour des pays en guerre comme l'Érythrée ou le Soudan. Dans des cas comme ça, les flux sont tout simplement irrésistibles.

« Le vrai problème, c'est que l'immigration clandestine est une question extrêmement sensible au niveau politique dans la plupart des pays européens. Avec la création de l'agence Frontex, on est parvenus à amortir les flux sur cinq à dix ans, mais c'est tout. Quant à ceux qui annoncent qu'en sortant de l'espace Schengen on empêchera les gens d'entrer chez nous, c'est tout bonnement stupide. Et totalement faux. La plupart des migrants arrivent dans l'Union européenne comme touristes et ne deviennent illégaux qu'en dépassant la durée de séjour autorisée. Vous ne pouvez pas empêcher les gens de venir faire du tourisme. Le concept de la frontière fermée est une illusion pure ! Tout ce qu'on peut faire, c'est essayer de lutter contre les dysfonctionnements les plus graves, les filières les plus importantes, de renforcer les points de passage les plus faibles. »

Il reprend son souffle. Pendant ce court silence, le ronflement d'une tondeuse envahit la pièce, accompagné d'une bonne odeur de gazon frais.

« Aujourd'hui, c'est très difficile d'avoir une approche rationnelle et dépassionnée sur le sujet, conclut Julien Gentile. Le réseau associatif est puissant et dispose d'une grande capacité de mobilisation médiatique. Tout le monde a un avis. Pourtant, il y a de vraies questions à se poser : quel niveau d'immigration régulière est tolérable ? Quelle proportion d'immigration irrégulière peut-on accepter ? Parce qu'il y a toujours une part de l'immigration clandestine qui finit par être absorbée, lorsque les gens restent dix, quinze ans. »

En sortant du bâtiment de Lognes, je repense aux Mongols, au Cap-Verdien, aux Congolais, aux Albanais, aux Bangladais que nous avons évoqués, puis aux Afghans, aux Pakistanais, aux Maliens, aux Ghanéens, aux Camerounais, aux Sénégalais que j'ai rencontrés au cours de l'année écoulée. Tant de personnes de nationalités différentes liées par une seule chose : l'illusion de croire que la richissime Europe résoudra tous leurs problèmes.

34

« C'est très simple : le trafic de clandestins est un crime sans victime ! »

Le nom de Perry Wacker ne dira rien à la plupart des gens qui liront ces pages, mais tous les policiers qui luttent contre le commerce de clandestins en Europe le connaissent bien. Son histoire, c'est Theo Den Haan qui me la raconte au printemps 2014 dans les bureaux d'Europol, à La Haye. Den Haan est l'un des tout premiers flics à avoir travaillé sur les questions d'immigration clandestine au sein de cette agence européenne.

Perry Wacker est néerlandais. C'est un blond aux pommettes saillantes. Au moment des faits, il a 33 ans. Le 18 juin 2000, aux alentours de 15 heures, il quitte un entrepôt de Waalhaven, une section du gigantesque port de Rotterdam, au volant d'un camion Mercedes blanc modèle 1995. Il tracte derrière lui un de ces longs containers réfrigérés qui servent à transporter de la viande sur de longues distances. Le système de réfrigération est hors d'usage depuis quelque temps déjà. Wacker y transporte 700 cageots de tomates.

La journée est une des plus chaudes de l'été. L'Euro de football, qui se déroule aux Pays-Bas et en Belgique, a commencé huit jours plus tôt. L'avant-veille, les Néerlandais ont écrasé les Danois 3 à 0 et rêvent déjà de remporter le trophée.

Le camion s'engage sur l'autoroute en direction de Zeebrugge, le grand port belge situé à 182 kilomètres au sud. Trois heures plus tard, Perry Wacker s'insère dans la file d'accès au terminal des ferries. L'*European Pathway*, un ferry de la compagnie britannique P&O spécialisé dans le fret, est à quai. À 19 heures, un employé du port fait signe à Wacker qu'il peut embarquer avec son véhicule. Ce dernier gare son camion dans l'espace réservé et rejoint la plate-forme passagers.

La journée a été longue. Wacker s'attable au restaurant et commande de l'agneau rôti, du riz et une salade de crevettes. Durant les quelques heures de traversée, il regarde deux films. À 23 h 30, l'*European Pathway* accoste dans le port de Douvres, au Royaume-Uni. Perry Wacker reprend le volant et se dirige vers les contrôles douaniers.

Quand les officiers de la douane anglaise ouvrent les portes de la remorque, un détail les frappe immédiatement : un souffle chaud s'en échappe. La température y est bien plus élevée qu'elle ne devrait l'être dans un camion frigorifique. « Hello ? » lance l'un d'eux. Il perçoit un faible bruit, puis le silence. Deux employés des docks pénètrent dans le container et découvrent ce qu'ils pensent être dans un premier temps des palettes de tomates renversées sur le sol. En réalité, ce sont des corps humains. « Une mer de corps », dira l'un d'eux, Barry Betts, lors du procès de Wacker, en avril 2001.

Car derrière les cagettes de tomates, séparée d'elles par des planches en bois, Perry Wacker a aménagé une cache. À l'intérieur s'entassent 60 Chinois. Quand les douaniers de Douvres les découvrent, 58 d'entre eux sont déjà morts. Étouffés. Les corps sont entassés comme des pantins inertes, une montagne de chair, de membres, de torses, de têtes. Des corps quasi nus, car les clandestins ont ôté tous leurs vêtements dans un dernier effort pour survivre.

Au milieu de ce tas de chair, seuls deux garçons respirent encore d'un souffle presque imperceptible : Ke Su Di, 20 ans, et Ke Shi Guang, 22 ans. Lors du procès, les deux survivants ont expliqué qu'une fine trappe d'aération maintenue ouverte à l'aide d'une cordelette permettait à l'air de circuler dans le container aménagé. Mais Wacker a refermé ce clapet au cours d'un arrêt sur l'autoroute avant d'arriver à Zeebrugge. Il craignait que les Chinois ne fassent du bruit et n'attirent l'attention à bord du ferry. À l'audience, Ke Su Di a raconté que, quand l'oxygène est venu à manquer, les passagers ont commencé à s'affoler. « Certains d'entre nous ont poussé les cagettes de tomates pour essayer d'ouvrir les portes. On a crié, hurlé, mais personne n'est venu. »

Certains clandestins, dans leurs derniers instants, se sont mis à croquer des tomates. Dans la culture confucéenne, on dit qu'il ne faut pas mourir l'estomac vide, sans quoi vous devenez un fantôme affamé pour l'éternité.

Perry Wacker a été condamné à quatorze ans de prison pour homicide. Jugé en même temps que lui, un intermédiaire, nommé Ying Guo, devait accueillir les clandestins en Angleterre. Il a été puni de six ans d'emprisonnement.

Theo Den Haan fait basculer le dossier de son fauteuil et caresse sa moustache, perdu dans ses pensées. Ce qui me surprend le plus, c'est qu'il se souvienne d'autant de détails, bien que l'affaire soit vieille de quinze ans : le nombre de cagettes de tomates, les heures précises... Pourtant, combien d'affaires a-t-il vues passer depuis celle-ci ?

La police aurait-elle pu empêcher le drame ? Non. Den Haan m'explique que, au-dessus de Perry Wacker, c'est un réseau de trafiquants turcs qui tenait la filière. Les policiers néerlandais les surveillaient depuis quelque temps, mais pour une tout autre raison : ils les soupçonnaient de piloter un trafic d'héroïne. Deux des Turcs avaient des casiers judiciaires avec des antécédents en la matière. « Nous faisions une observation statique de la *safe house* de Rotterdam pour une affaire de drogue. On avait fait quelques photos de surveillance. Nos policiers sur place ont vu le camion quitter la maison, sans se douter de ce qu'il transportait. Ce n'est que deux jours plus tard, lorsque la police britannique nous a contactés pour nous apprendre la tragédie, qu'on a fait le lien. »

Le policier conclut son récit par ces mots : « L'affaire de Douvres a clairement marqué un tournant pour toutes les polices européennes. » Il y avait déjà eu des cas avérés de trafic par le passé, mais jamais sous une forme aussi industrielle ni de manière aussi organisée. La logique de rentabilité poussée à son paroxysme. À partir de cette date, il est devenu évident qu'un nouveau type d'activité criminelle était en train d'émerger en Europe, plus pernicieux qu'auparavant. Pour la première fois, le client était aussi une marchandise.

Perry Wacker et son complice Ying Guo n'étaient que des petites mains dans le trafic de clandestins, des intermédiaires sans envergure, tout comme les Égyptiens, les Bulgares, les Albanais, les Kurdes, les Britanniques et les Français qui encombrent les salles de comparution immédiate du tribunal de Boulogne-sur-Mer.

Pour remonter à la tête du réseau responsable de la tragédie de Douvres, il faut se tourner vers la Chine, point de départ des migrants. Ce sont les Snakehead, un gang chinois spécialisé dans l'exportation de clandestins asiatiques, qui ont organisé la venue en Europe des 60 Chinois. La plupart de ces derniers étaient originaires de la province du Fujian, dans le sud-est du pays, face à l'île de Taïwan. Ils avaient payé 20 000 livres sterling pour faire le voyage jusqu'à Londres.

Lors du procès de Wacker, les deux rescapés ont expliqué s'être rencontrés pour la première fois à l'aéroport de Fuzhou, le 7 juin 2000. Avec treize autres migrants, ils ont ensuite pris un autre avion à Pékin en direction de l'Europe, discrètement encadrés par deux membres des Snakehead, qui les guidaient autant qu'ils les surveillaient. Ils voyageaient alors avec leurs vrais passeports.

Ils ont atterri à Belgrade, en Serbie. Là, ils ont été cachés dans une planque où on leur a remis des passeports coréens volés : c'est sous ces nouvelles identités qu'ils ont poursuivi leur voyage.

De Belgrade, ils ont été conduits en voiture par petits groupes à la frontière hongroise, après quoi ils ont gagné la France, en passant notamment par l'Autriche, dissimulés à l'arrière de vans. En France, on les a fait embarquer dans un train en direction de Rotterdam, aux Pays-Bas. Logés dans une nouvelle *safe house* là-bas, ils y ont retrouvé d'autres Chinois attendant de passer en Angleterre.

Le 18 juin 2000, les passeurs ont fait monter les clandestins dans deux vans – 27 dans l'un, 33 dans l'autre – et les ont conduits à l'entrepôt du port de Rotterdam où Perry Wacker les a « chargés ». Quarante-huit heures plus tard, il ne restait que deux survivants.

L'affaire Wacker a indéniablement marqué un tournant en Europe, mais y a-t-il une année zéro du trafic de migrants ? De quand date-t-on le début de l'immigration clandestine ? Je pose la question à Theo Den Haan, qui sourit sous sa moustache grise et fait semblant de réfléchir quelques secondes : « En fait, je dirais que le premier cas recensé remonte à... trois mille ans ! Le premier passeur, c'est Moïse qui quitte l'Égypte pour la Terre promise ! Tout est dans la Bible ! » Il éclate de rire, fier de son trait d'esprit : « Eh oui, la question de l'immigration est aussi vieille que l'humanité. »

Pour ce qui est des Pays-Bas, le premier cas remonte à octobre 1994, alors que Den Haan était un tout jeune officier. Il me le raconte avec un brin de délectation. C'est celui d'un Pakistanais. Il fait la route en voiture de Rotterdam au Royaume-Uni. En Angleterre, les policiers contrôlent son passeport néerlandais. *A priori*, tout est en règle, hormis un détail qui n'échappe pas à leur vigilance : dans la case « Sexe » est inscrit un « F » majuscule, comme « Female », au lieu du « M » de « Male ». Pourtant, le voyageur est un homme ! Le passeport est un faux.

« Les Anglais nous renvoient le type. Le lendemain, un dimanche, à 6 h 30, il se retrouve dans nos bureaux de Rotterdam. L'officier en chef et moi, on se met à l'interroger pour possession de faux documents. On commence à lui poser les questions habituelles, où il habite, etc. Le Pakistanais était sûrement un peu con, parce qu'il commence à nous livrer plein d'informations : il nous dit qu'il était caché dans une *safe house* à Rotterdam, et avant cela dans une autre à Amsterdam. Il nous donne des contacts, des numéros de téléphone, des noms, des adresses... »

Les flics commencent leurs investigations, pensant enquêter sur un important réseau de fabrication de faux documents.

Ils mettent sur écoute des téléphones et planquent devant la *safe house* désignée par le Pakistanais. Dans leurs conversations, les membres du réseau surveillé communiquent par codes : « J'ai cinq moutons », « J'ai trois moutons »... Les policiers sont perplexes : que désignent ces fameux « moutons » ? Ils notent aussi que de nombreux étrangers entrent et sortent régulièrement de la maison surveillée... « On a fini par comprendre : les moutons, c'étaient des clandestins ! En ce début des années 1990, personne n'aurait pu imaginer cela. » Les migrants arrêtés viennent tous du sous-continent indien : ce sont des Pachtounes et des Punjabis du Pakistan, ainsi que des sikhs originaires du nord-ouest de l'Inde qui parlent aussi le punjabi.

À la suite de cette affaire, le gouvernement néerlandais décide de légiférer. En 1995, la peine encourue pour trafic d'hommes (chef d'accusation créé en 1993) passe de un à quatre ans de prison. En 2002, elle est allongée à huit ans. En 2013, elle passe à douze ans pour tous les passeurs faisant courir aux migrants un risque « pour leur vie », comme le stipule l'article 197a du code pénal batave. En vingt ans, la peine a été multipliée par douze !

« Peu à peu, dans d'autres pays aussi on commence à considérer que le trafic de clandestins est un crime », poursuit le policier. La France et l'Angleterre se dotent de lois ; Europol, fondé en 1999, constitue une cellule « Immigration » ; Frontex voit le jour en 2005.

Pour autant, ce dispositif judiciaire et policier n'enraye pas la mécanique migratoire. Un problème central demeure aux yeux des spécialistes : le transport de clandestins n'est pas considéré comme un crime dans la plupart des pays de départ. Là-bas, les passeurs sont regardés comme des héros, pas des escrocs.

Cela fait deux bonnes heures que nous discutons. Il fait chaud. Au cœur de l'immense paquebot de verre d'Europol, pas une seule fenêtre ne donne sur l'extérieur. J'en viens à la question qui me taraude depuis le début de mon enquête : « Qu'est-ce qui distingue le trafic de migrants des autres business illégaux ? » Pour Julien Gentile, c'était le fait qu'il s'agisse d'un commerce artisanal et nébuleux, d'un univers de débrouille et de petites combines. Theo Den Haan a aussi son idée sur le sujet : « C'est très simple : le trafic de clandestins est un crime sans victime ! »

Je ne peux cacher ma surprise. Sans y prêter attention, le policier reprend : « Dans le trafic de drogue, des consommateurs meurent. Ce sont eux, les victimes. Et puis, il y a l'État qui est victime à un autre niveau, parce que cela pose un problème de santé publique et qu'il faut aider les toxicomanes à se débarrasser de leur addiction. Dans le cas d'un cambriolage, la victime est le propriétaire : il a travaillé dur pour s'acheter sa télévision à 2 000 euros et il devra recommencer à travailler dur pour s'en acheter une nouvelle. Mais, dans le cas de l'immigration, qui est la victime ? » Il laisse planer un silence de quelques secondes : « Nous, à Europol, nous considérons les migrants comme des *clients*. [Il appuie sur ce dernier mot.] Des clients, pas des victimes. »

Je ne peux m'empêcher de rétorquer : « Mais ce sont les migrants, les victimes ! Ceux qui meurent en route, en mer ! »

Le policier garde son aplomb, levant à peine un sourcil : « Victimes de quoi ? Les gens que vous avez rencontrés à Peshawar, personne ne les a forcés à être transportés illégalement en France. C'est de leur propre initiative qu'ils ont fui le climat politique instable du Pakistan et sont partis chercher une vie meilleure à Paris. La responsabilité incombe à la personne elle-même ! Ou à sa famille, qui la pousse à partir. On sait que, dans certains pays, avoir un enfant qui vit en Europe et peut vous envoyer de l'argent est un véritable "statut". »

Je repense à l'oncle d'Ayoub, rencontré dans le camp de réfugiés de Tajabad : depuis que son fils est installé en Suisse, il a pu emménager dans une maison avec l'électricité et l'eau courante. Certes, il a vu ses conditions de vie s'améliorer quelque peu, mais de là à parler d'un meilleur « statut social », c'est une analyse que je trouve très exagérée.

Les flics ne sont pas des hommes insensibles pour autant, tient à préciser Theo Den Haan. « À Europol, on a tout à fait conscience que des migrants perdent la vie en essayant de gagner l'Europe. Alors, oui, il y a des victimes, mais personne ne les a obligées à monter dans le bateau. Quand une embarcation coule en faisant 300 morts, les médias et les politiques disent : "C'est une tragédie, il faut qu'on fasse plus !" Très bien, mais faire plus de quoi ? »

Aucun de nous deux n'a la réponse.

35

« Six ans de taule pour quelques migrants, vous vous rendez compte ? »

Je suis de retour au palais de justice de Boulogne-sur-Mer, quatre mois après ma première visite. En ce 28 octobre 2014 se tient le procès de neuf passeurs – huit Égyptiens et un Tunisien – accusés de trafic de clandestins en bande organisée dans un coin de Calais surnommé « the Square » (le Carré) par les migrants.

L'audience commence à 10 heures. Cette fois, je suis en avance. Dans les couloirs du tribunal, j'aperçois Jean-Pierre Valensi, le procureur, qui flâne les mains dans les poches. Un peu plus loin, je croise l'avocat qui m'a baladé en voiture dans Calais la dernière fois.

« Je savais bien que vous viendriez ! me dit-il avec un sourire.

– Est-ce que vous plaidez dans l'affaire d'aujourd'hui ?

– Non, pas cette fois. »

Sur le banc de la presse, une seule journaliste est présente, la correspondante dans le Nord-Pas-de-Calais d'une chaîne d'information en continu. Elle pensait que l'audience commençait à 8 h 30…

Je suis revenu à Boulogne-sur-Mer pour mettre en miroir les deux facettes du trafic : les « petites mains », que j'ai pu observer la dernière fois lors des comparutions immédiates, et les supposés « gros bonnets », comme dans l'affaire du jour. Je n'arrive pas à me faire une idée précise sur les passeurs. En matière d'immigration, toute généralisation est dangereuse, et les jugements à l'emporte-pièce n'ont pas beaucoup de valeur.

Le début de l'audience est annoncé et tout le monde s'installe dans la vaste pièce aux murs clairs qui abrite la première chambre correctionnelle.

Les prévenus que je vois entrer, menottes aux poignets, encadrés par une quinzaine de gendarmes et de policiers, ont des allures d'adolescents sortis du lit. En tenue de sport ou en jean, les cheveux mal peignés, ils arrivent de diverses prisons de la région. Je suis surpris par leur jovialité lorsqu'ils se retrouvent. On dirait des copains de classe après les vacances d'été : ils s'interpellent, parlent fort.

Maurice Marlière, le président de l'audience, aussi calme qu'un moine bouddhiste, réclame le silence. Une avocate assise devant moi chuchote à un confrère : « Ce sont des gosses, ils ne se rendent même pas compte de ce qui leur arrive. »

Un à un, les Égyptiens défilent à la barre. Je note aussi scrupuleusement que possible tous les échanges. Trois heures après le début de l'audience, c'est au tour de Magde Hashkel, 20 ans, de s'avancer à la barre. On l'accuse d'être le chef de la filière. L'œil brillant et le front haut, il semble indifférent à la chaleur étouffante qui règne dans la pièce : il a gardé sa veste en cuir, qui, avec ses cheveux gominés, lui donne un look de mauvais garçon.

Dans le dossier d'instruction, Magde Hashkel a écopé du sobriquet de Sayed, qui lui a été attribué pour des raisons de clarté, « parce que les identités des passeurs changent tout le temps et que l'on s'y perd », précise Maurice Marlière. Le président énonce les faits reprochés au prévenu : dans la nuit du 31 juillet au 1er août 2013, les policiers ont vu Sayed faire grimper sept Syriens dans la remorque d'un camion stationné sur un parking dans la périphérie de Calais, du côté des rues de Judée et Clément-Adler. Dans la soirée du 29 août, ce sont quatre autres migrants qu'il a introduits dans un poids lourd. Le 23 septembre, il a été aperçu à la gare SNCF de Calais, où il venait récupérer des clients en provenance de Paris.

« Les policiers vous attribuent 145 clients en tout, souligne Maurice Marlière.

– C'est faux ! Je n'en ai fait passer que quelques-uns, et je ne me faisais pas payer de toute façon !

– Ah oui ? En garde à vue, vous disiez pourtant entre 500 et 600 euros par personne, proteste le magistrat en agitant un PV.

– Non, 50, 100 euros, jamais plus !

– Les autres vous présentent comme l'un des chefs. Ils vous appelaient "boss" au téléphone.

– C'est une marque de respect chez les Égyptiens. »

J'ai le sentiment que Sayed relève plus de la filière organisée que du système D, si l'on en croit le nombre de fois où la police l'a surpris sur des parkings. Cependant, son mode opératoire paraît artisanal et mal ficelé.

Une heure plus tôt, au beau milieu de la séance, j'ai surpris son avocate en grande conversation avec lui à la manière d'un coach de boxe, lui délivrant ses dernières recommandations. Maintenant, elle se prend la tête entre les mains et peste : « Putain, mais c'est pas vrai ! Il ne comprend rien à ce que je lui ai dit ! »

Après six mois de surveillance, la police attribue à Sayed sept lignes téléphoniques. Elle le soupçonne aussi de s'être battu, dans la nuit du 12 au 13 septembre 2013, avec des membres d'un clan kurde pour s'emparer d'un parking. Le 15, il est revenu de Lille avec un fusil à pompe pour se faire justice – il a été filmé par les caméras de surveillance de la gare. Durant sa garde à vue, il a indiqué aux policiers l'emplacement d'une planque où il dissimulait une machette, des cutters et des pinces. Enfin, sur son mur Facebook se trouve une photo où il pose, une arme à la main. « C'est une fausse ! » assure-t-il au juge. Ce dernier reprend :

« L'un des prévenus en garde à vue nous a dit : "Sayed, c'est le diable !" Cela veut bien dire que c'est vous le chef ?

– C'est Rafik qui a dû dire ça. J'avais des problèmes avec lui.

– Pourquoi ?

– On s'aime pas, c'est tout. On n'est pas de la même nationalité. Lui, c'est un Tunisien. »

La journée promet d'être longue. Les avocats ont pris leurs aises, étalant leurs dossiers en pagaille. L'une d'entre eux joue à Candy Crush sous la table. La jeune journaliste télé s'éclipse par moments pour aller faire ses directs.

L'autre chef présumé de la filière égyptienne s'appelle Hany Salem. C'est du moins le nom qu'il a donné à la justice. Le juge a décidé de le surnommer Abou Walid. Je le regarde se traîner jusqu'à la barre d'un pas nonchalant, la lèvre boudeuse. Il était le seul de la bande à pouvoir agir sur les parkings sans demander la permission à Sayed.

Maurice Marlière l'informe que, ayant déjà été pincé dans une précédente affaire, il se trouve en situation de récidive légale. Il encourt vingt ans de taule.

Dans la nuit du 30 au 31 août 2013, il a été interpellé sur un parking avec des migrants. Dans la soirée du 19 au 20 novembre, il a été surpris en train de faire grimper des clients dans un poids lourd roumain chargé de kiwis. Sa spécialité : faire le tri entre les camions en vérifiant les étiquettes des cargaisons afin de s'assurer qu'ils partent bien pour l'Angleterre. Dans une conversation téléphonique avec un client enregistrée par les forces de l'ordre, il détaillait les formules proposées : « En vrac, c'est 800 euros le passage ; en VIP, c'est 5 000 euros. »

Les policiers savent aussi qu'il a travaillé avec un dénommé Ashraf, qui s'est évanoui dans la nature le 30 septembre, emportant une somme d'argent qui devait revenir à Abou Walid.

Ce dernier sait mettre en valeur ses muscles d'athlète pour impressionner les femmes. Une Calaisienne, Catherine D., a succombé à ses charmes, au point de travailler pour lui. Entre la fin septembre et le 10 novembre 2013, elle a traversé la Manche en voiture à huit reprises avec des clandestins cachés dans son coffre. Au retour d'un de ces voyages, elle est allée changer 5 000 dollars en euros au bureau de poste de Calais. Une conversation téléphonique entre elle et Abou Walid a été interceptée par les policiers :

« Tu vas bien ? lui demande-t-il.

– J'ai été arrêtée, ils ont regardé mon coffre… J'ai gardé mon calme. Tout est OK maintenant, je suis sur la route.

– Ils sont sortis ?

– Non, pas encore… C'est compliqué. J'attends d'être dans un endroit plus calme. »

Un autre prévenu, Rafik, lui aussi en couple avec une Française, a fait travailler pour son compte sa belle-famille. Son beau-père, les frère et demi-frères et les cousins de son amie ont fait des allers-retours entre la France et le Royaume-Uni.

Le dernier prévenu à se présenter à la barre s'appelle Tamer. Le visage taillé au couteau, des yeux bleu ciel et des cheveux qui frisottent sur ses épaules, il ressemble à un tueur à gages. Toutefois, lorsqu'il s'adresse au juge, il s'exprime d'une voix douce et feutrée, la tête basse et les mains jointes, comme un prêtre de confessionnal. Il est soupçonné d'avoir fait passer 277 clients dans des camions et 9 en « garanti ». Lui prétend n'avoir géré que 25 à 30 personnes pour un total de 10 000 euros. On l'accuse surtout d'avoir organisé des voyages avec « Ahmed l'Anglais », un Égyptien installé à Birmingham. Le 6 octobre 2013, ce dernier a été interpellé par la police britannique, qui l'avait placé sur écoute. Il avait réalisé quatre passages en « garanti » pour le compte de Tamer. La police a découvert un couple d'Irakiens avec leur gamine de 4 ans dans le coffre d'une voiture. Un jour, Sayed a récupéré via la Western Union un virement de 3 500 euros qu'il devait remettre à Tamer.

Il est 20 heures passées lorsque Maurice Marlière lève la séance pour une demi-heure. Je sors sur le parvis avec les quatre confrères qui suivent l'audience. Un grand drap bleu piqueté d'étoiles semble avoir été jeté au-dessus de Boulogne-sur-Mer. L'air est piquant, revigorant après l'atmosphère étouffante de la salle d'audience. Les magasins ont baissé leur rideau de fer.

Nous trouvons un petit restaurant encore ouvert, sur la place pavée de la mairie. « Vu comment c'est parti, le jugement va tomber après le bouclage de mon journal », se désole une des journalistes. En habituée, elle a déjà rédigé son article aux trois quarts ; il ne lui manque que la plaidoirie des avocats et le verdict. Nous avalons nos escalopes milanaises et nos pâtes aussi vite que possible, mais déjà un texto envoyé par un avocat me prévient : « On vient de reprendre. »

Lorsque nous pénétrons dans la salle du tribunal, la représentante du ministère public, une toute jeune femme brune coiffée d'une queue-de-cheval, a déjà commencé son réquisitoire de sa voix haut perchée : « Tous les deux jours à l'audience, on a des dossiers de passeurs. On se plaint d'ordinaire de ne jamais avoir les gros bonnets ; pour une fois, en voilà devant nous ! Ces réseaux organisés sont prêts à faire voyager des familles, des enfants... Quand j'entends Abou Walid dire qu'il fait cela pour aider, ça atteint un degré de cynisme !... »

Le volume monte encore un peu : « Vous n'avez pas affaire à une équipe de petits bras, mais à un réseau structuré. Les transferts d'argent sont impressionnants, de 800 euros à 5 000 euros pour un passage. Voilà qui est très rentable lorsque vous avez trois personnes dans votre voiture. Les passeurs sont présents six jours sur sept sur les parkings. On a bien compris qu'ils ne travaillent pas tous ensemble tout le temps, mais il y a tout de même une réelle bande organisée. Deux équipes distinctes se dessinent : celle de Sayed et celle d'Abou Walid. Et, entre les deux, quelques électrons libres. Il faut envoyer un message fort aux passeurs, alors que l'afflux de migrants est toujours plus important ! C'est l'appât du gain qui les motive ! »

Elle laisse planer un silence de quelques secondes, balayant la salle d'audience de ses yeux noisette, et annonce les peines requises : cinq ans de prison pour Sayed, six ans pour Abou Walid, cinq ans pour Tamer, quatre ans pour Rafik, cinq ans pour Guiza, trente-six mois dont dix-huit avec sursis pour Awad...

Tout l'enjeu de ce procès est de déterminer s'il y a ou non « bande organisée ». Si cette qualification est retenue, la peine encourue est doublée, passant de cinq à dix ans de prison. Au bout de dix heures d'audience, je ne parviens toujours pas à me faire une idée précise : les Égyptiens semblent bien agir de façon organisée, et pourtant tout cela conserve une dimension d'amateurisme et d'à-peu-près. Je repense à la mise en garde de Philippe Wannesson à propos du terme fourre-tout de « passeur ». Je comprends mieux ce qu'il veut dire maintenant, de même que les propos de Julien Gentile sur les « structures informelles » et les rôles qui ne sont pas « clairement définis ». L'affaire d'aujourd'hui est typique de cette zone grise.

Je me tourne vers les avocats, prêts à prendre la parole. Ils ont le teint blême et le visage grave. « La seule chance, c'est de faire tomber la bande organisée », dit l'un d'eux.

La première plaidoirie est celle du conseil du passeur Alexandria : « C'est un enjeu de civilisation. S'il y a des passeurs, c'est qu'il y a des gens en situation migratoire. C'est un problème qui dépasse largement le cadre classique de la justice, de la police, de l'ordre public ! En matière de drogue ou de proxénétisme, le train de vie des trafiquants les trahit le plus souvent. Mais ici, on a quoi ? Quelqu'un au RSA qui vit avec des allocations ! Mon client est un passeur *occasionnel.* »

L'avocat de Saïd : « Mon client ne sait même pas ce qu'est un passeur. Pour lui, il ne fait qu'aider les autres. »

Celui d'Ahmad : « Nous n'avons pas de bande organisée, mais des électrons libres qui appartiennent à une nébuleuse. Passeur est un métier en voie de disparition. Aujourd'hui, les migrants tentent le tout pour le tout et tentent de grimper dans les camions sans l'intermédiaire des passeurs. »

Celui de Guiza : « C'est le bouche-à-oreille qui fonctionne chez les migrants. Sur une période de trois mois, mon client n'a fait passer que quinze personnes. À ce niveau-là, ce sont plus des pauvres types sans vision, à cheval entre le système D et le système organisé. C'est une zone floue, une zone trouble. »

Celui d'Abou Walid : « On est dans le cadre d'un regroupement d'individus par intérêt, mais ce n'est pas un réseau de trafic d'êtres humains ! C'est un dossier classique comme on en voit régulièrement dans le Calaisis. »

Nouvelle suspension de séance. Maurice Marlière et ses deux assesseurs se retirent pour délibérer, quittant le tribunal par une petite porte incrustée dans le mur du fond qui semble mener aux coulisses d'un théâtre. Il est plus de 22 h 30. J'interroge mes confrères : « Ils en ont pour combien de temps, à votre avis ? » Personne n'en sait trop rien. Une heure, selon les plus optimistes. Deux heures au moins, trois peut-être, prédisent d'autres.

Nous sortons de nouveau prendre l'air. Je me dis qu'à deux kilomètres d'ici, invisible derrière les maisons bourgeoises du centre-ville, la Manche baigne les plages du Calaisis. Et qu'à cinquante kilomètres, de l'autre côté de cette étendue d'eau froide, se trouvent les portes du Royaume-Uni. L'assurance d'une vie sans contrôle de police pour les Pakistanais, les Érythréens, les Afghans, les Soudanais bloqués de ce côté-ci. Julien Gentile a bien souligné ce point : « En Angleterre, les migrants peuvent vivre des dizaines d'années sans avoir affaire à la police. Tant qu'ils ne commettent pas d'infraction, il est interdit de les contrôler. Jusqu'à maintenant, leur communauté parvenait à les absorber. Aujourd'hui, ça commence à ne plus être possible… C'est ça, le réel problème. »

Au bout de deux bonnes heures à errer dans les couloirs du tribunal, on vient nous chercher pour l'annonce du verdict.

Maurice Marlière appelle les prévenus à la barre, un à un. Sayed a perdu l'air effronté qu'il arborait au début de la journée. Ses joues creuses et ses paupières tombantes lui donnent un visage d'un autre âge. Le juge édicte : « Nous vous condamnons à cinq ans de prison dont quatre sans sursis et à une interdiction du territoire français de trois ans. » Les yeux dans le vague, Sayed secoue la tête sans rien dire. Il semble réaliser pour la première fois ce qui lui arrive. Le policier à son côté le tire par le bras pour le raccompagner à son siège.

Puis le président égrène les autres peines : six ans de prison ferme et cinq ans d'interdiction du territoire français pour Abou Walid – stupeur dans les rangs des avocats –, quatre ans ferme et un avec sursis pour Tamer, quatre ans ferme pour Rafik, trois ans ferme et un avec sursis pour Guiza, quatre ans ferme et un avec sursis pour Alexandria... Rafik, un petit nerveux, est le seul à réagir à l'annonce du verdict, en français : « Quatre piges ? J'ai rien fait et on me met quatre piges, monsieur ? »

Il est minuit passé lorsque je sors du tribunal. L'audience a duré douze heures. Deux avocates fument une cigarette sur le parvis. « Les peines n'ont jamais été aussi fortes, c'est du n'importe quoi ! s'emporte l'une d'elles. Six ans de taule pour quelques migrants, vous vous rendez compte ? Des affaires comme celle-ci, on en a tout le temps. Ça n'envoie aucun message aux passeurs. Ça ne changera rien du tout. »

À quoi tout cela rime-t-il ? Les Égyptiens d'aujourd'hui seront remplacés demain par d'autres clans, les migrants expulsés illégalement reviendront, de nouveaux murs sortiront de terre, d'autres hommes quitteront le Pakistan, d'autres encore mourront sur la route... Depuis le début de mon enquête, j'ai l'impression d'entendre sans cesse le même constat, dans tous les camps impliqués, la police comme les clandestins, les associations comme les passeurs : quoi qu'il arrive, l'immigration vers l'Europe se fera. Face aux désordres du monde, rien ne peut l'empêcher.

Lorsque j'ai démarré mes investigations en septembre 2013, je me suis fixé une règle : y mettre un point final dès que l'un des hommes que j'aurai rencontrés sur la route atteindra le Royaume-Uni. Un an plus tard, aucun d'entre eux n'y est parvenu. Khaled, l'ami de Hanan, a fini par quitter la Bulgarie ; il est maintenant coincé à Bari, en Italie. Thierry Henri n'est pas retourné au Cameroun et vit toujours à Istanbul. Rangin est en Allemagne... Comme bien des migrants croisés en France, ils finiront probablement par s'installer dans le pays où ils seront restés bloqués le plus longtemps.

En ce soir d'octobre 2014, sur le parking du tribunal de Boulogne-sur-Mer, je me dis qu'il est temps de mettre un terme à mes recherches, de rentrer chez moi et de retrouver les miens.

Épilogue

Le 15 juillet 2015, alors que je termine la rédaction de ce livre, je reçois un message sur Whatsapp : « *Kamelshah Azimi Artor* ». Je n'y comprends rien, mais je reconnais dans le dernier mot mon prénom d'emprunt écrit en phonétique. Le texto s'accompagne d'un plan Google Map avec une adresse à Dortmund, en Allemagne, et la photographie d'un homme brun, les cheveux coiffés vers l'arrière.

J'ai déjà vu ce visage, mais où ? Je me triture les méninges. Soudain, tout me revient dans un flash : c'est Kamal, l'Afghan borgne rencontré à Istanbul il y a presque deux ans ! Celui qui travaillait dans un restaurant pour touristes et s'était fait plumer par son passeur ! Qui n'avait pas changé de chaussettes depuis plusieurs jours et devait payer ses colocataires chaque fois qu'il utilisait le fer à repasser ! Comme il ne parlait presque pas anglais, je n'étais pas resté en contact avec lui sur Facebook, mais je lui avais laissé mon numéro de téléphone.

Je lui réponds en farsi : « *Salam Kamelshah ! Dortmund hasti ?* » (« Bonjour Kamal, tu es à Dortmund ? ») Il me propose de venir le voir là-bas. Le 3 août, je saute dans un train.

Lorsque je le retrouve dans le hall de la gare de Dortmund, je le trouve amaigri, les traits tirés. Deux printemps ont passé depuis la dernière fois que nous nous sommes vus. Il porte une chemisette claire, des sandales et une paire de Ray Ban accrochée au revers de sa chemise – « des vraies à 140 euros », précise-t-il. Nous tombons dans les bras l'un de l'autre, si heureux qu'on doit nous prendre pour des amis de toujours.

« Depuis combien de temps vis-tu ici ?

– Ça fait trois mois ! »

Il sort fièrement son permis de résidence, une carte plastifiée avec une photographie de lui prise avant qu'on lui pose sa prothèse à l'œil. Avec sa paupière close, il ressemble à un blessé de guerre. D'après ce document, il peut rester légalement en Allemagne jusqu'au 29 janvier 2016. L'Allemagne semble être devenue le nouvel eldorado des migrants. Contrairement aux autres États européens, elle enregistre les demandes d'asile sans rechigner – plus de 200 000 en 2014.

Kamal vit au bout de la ligne 49 du métro, à l'extrême sud de Dortmund. Il m'emmène dans le foyer pour immigrés où il loge, posé en bordure du jardin botanique. « Il n'y a que des Syriens, des Noirs, des Somaliens et des Albanais, ici. Personne ne parle dari. Je n'aime pas les Noirs et les Arabes, ils sont sales et bruyants. Mais j'ai de la chance, je suis tout seul dans ma chambre. » Je m'étonne un peu de sa remarque, mais il me dit qu'il n'a pas fait toute cette route pour se retrouver coincé avec d'autres exilés d'Afrique et d'Asie.

Le foyer est un alignement de cabanes de chantier semblables à celles où s'abritent les ouvriers les jours de forte pluie. La minuscule chambre de Kamal comporte, en plus du sien, deux autres lits inoccupés, un frigo et une armoire en fer au-dessus de laquelle il range son tapis de prière. Il a préparé du kabouli, un plat que j'adorais manger à Peshawar, à base de riz et de viande, avec des raisins et de l'orange.

Tout en mangeant, je presse Kamal de me raconter ses deux dernières années. À Istanbul, son patron l'a viré. Il a trouvé un passeur turc à Izmir qui lui a fait traverser la mer pour 1 700 dollars. À son arrivée sur l'île de Samos, la police grecque l'a arrêté et il a passé sept mois dans la prison de Drama. Il est parvenu à gagner Patras, où des trafiquants afghans l'ont caché sous un camion qui a embarqué sur un bateau pour l'Italie. À Milan, outre ses Ray Ban, il s'est acheté des billets de train pour sa destination finale : la

Norvège. Il a abandonné l'idée de l'Angleterre. Il a sur lui quatre billets : Milan-Paris ; Paris-Hambourg ; Hambourg-Copenhague ; Copenhague-Stockholm.

« C'est dans le train entre Paris et Hambourg que la police m'a attrapé. » Soudain, il pose sa fourchette et me regarde d'un air boudeur : « Dans la gare où j'ai pris le train en France, il n'y avait que des Noirs et des Arabes ! Comment c'est possible ? C'est pas ça, la France ! Ils sont où, les "vrais" Français ? »

Je lui demande pourquoi les Noirs et les Arabes n'auraient pas le droit de venir en France.

« Je sais pas...

– Tu veux bien aller en Norvège, toi, et pourtant tu n'es pas norvégien.

– C'est différent. Moi, j'ai perdu mon œil en Afghanistan. Si je reviens, les talibans me tuent. Pourquoi les Noirs et les Arabes viennent tous en Europe ? Ils n'ont pas de talibans, eux ! En Allemagne, c'est pareil, il y a des Turcs partout ! À Dortmund, c'est plein de Turcs et d'Arabes. Vous ne pouvez pas accueillir tout le monde en Europe !

– Ils viennent pour les mêmes raisons que toi, j'imagine... »

Il hausse les épaules. Nous nous plongeons dans la contemplation de nos assiettes. Notre conversation a pris une étrange tournure. Ce n'est pas comme cela que j'imaginais nos retrouvailles.

Un peu plus tard dans la journée, tandis que nous nous promenons dans les rues de la ville, nous passons devant une boutique de vêtements à la mode : 100 euros le pantalon, 250 la veste en cuir. « Il y a vraiment des gens qui ont tout cet argent ? » me demande Kamal. Dans un an, lui qui ne sait ni lire ni écrire, il s'imagine avec un « vrai » passeport d'Européen, voyageant partout, épousant une Française... J'ai beau lui dire que la vie risque d'être très dure pour lui ici aussi, il ne m'écoute que d'une oreille. Il est certain qu'il trouvera du travail : il est poli et toujours à l'heure. Même les Turcs trouvent du boulot.

Je cesse à mon tour de l'écouter. Je me demande s'il aura un jour la vie dont il rêve. Comme tous les clandestins, il semble prisonnier de cet univers invisible, ce « cinquième monde ».

Avant que nous nous quittions, il me glisse : « Tous les jours, je parle à ma mère au téléphone et je lui dis que tout va bien ici. Mais quand je raccroche, je pleure. La vie est trop dure… »

Une dernière bise sur chaque joue, une dernière poignée de main, et je le regarde disparaître à l'angle de la rue. Dans cinq mois, il redeviendra officiellement clandestin. Tout sera à recommencer.

Remerciements

Un grand merci à tous ceux qui m'ont aidé dans l'écriture de ce livre.

Une mention spéciale à Sophie de Closets, mon éditrice, pour sa confiance et sa patience, ainsi qu'à José-Alain Fralon.

Merci aussi à Sophie Shihab, Gaëlle Laleix, Anne Lebessi, Hanan, Lazar Angelov, Peter Vermaas, Franck Johannes, Marc Laleix, Altin Lazaj, Pierre Frayer, Mathieu Dubosc, Kadir Demir, Sarah Lecolle, Brigitte Gourret, Charlotte Stiévenard, François Chevré et Doan Bui.

Merci à Francis Huchet pour toutes ces années.

Table des matières

Deuxième partie
TURQUIE

Troisième partie
BULGARIE

Quatrième partie
FRANCE

Photocomposition Nord Compo
Villeneuve-d'Ascq

Imprimé en France
FROC031509170220
23459FR00015B/145

9 782213 672441